細節

The Power of Details

李穎 著

細節的力量

新 中 國 的 偉 大 實 踐

目　錄

引　言

傾情書寫偉大的時代

　　1919 年元旦，中國共產黨的主要創始人李大釗在《每週評論》發表新年獻詞《新紀元》。他說："這個新紀元是世界革命的新紀元，是人類覺醒的新紀元。""我們應該趁著這一線的光明，努力前去為人類活動，作出一點有益人類（的）工作。"

　　整整一百年後，2019 年 1 月 1 日，習近平發表新年獻詞。他明確指出："放眼全球，我們正面臨百年未有之大變局。"可謂兩位偉人前後跨越一百年滄桑時空的遙相呼應。

　　今年適逢中華人民共和國成立七十週年。七十年來，全國各族人民同心同德、艱苦奮鬥，取得了令世界刮目相看的偉大成就。今天，中國前所未有地靠近世界舞台中央，前所未有地接近實現中華民族偉大復興的目標。每一位中華兒女都會為趕上這個偉大的時代而感到榮幸和自豪。

　　作為專業中共黨史文獻工作者，身處這個偉大的時代，為黨續寫紅色家譜，是義不容辭的責任。習近平多次強調，歷史是最好的教科書。他希望廣大黨員、幹部認真學習黨史、新中國史，深刻認識紅色政權來之不易、新中國來之不易、中國特色社會主義來之不易。近年來，全黨、全社會掀起學習黨史、新中國史的熱潮。日前，"不忘初心、牢記使命"主題教育領導小組也印發學習黨史、新中國史的通知。這是黨史文獻工作前所未有的機遇，也對我們黨史文獻工作者提出了新的要求和挑戰。我一直在想：作為新時代的黨史文獻工作者，在新中國成立七十週年大慶之際，絕不能缺位、失聲，一定要做點兒什麼，作為對祖國母親的獻禮。

　　撰寫一本站位高、政治可靠、史實準確、資料豐富、真實可信又通俗易懂的新中國史，是我多年的心願。通過多年觀察和總結，我逐步形成了兩點基本認識：一方面，為適於普通黨員群眾閱讀，不能是大部頭的著作；另一方面，如果寫成通史，七十年十幾萬字，很難駕馭，很容易寫成面面俱到的流水賬，什麼都點到又什麼都沒講透，就很難給讀者留下深刻印象。經過反覆思考，我決定用重大事件反映新中國史的方式來寫這本書。書名定為：《細節的力量：新中國的偉大實踐》。全書的基本定位是：以"大事件"串聯新中國歷史，以"小細節"解析中國共產黨領導中國人民進行偉大實踐的成功密碼。

經與出版社的朋友多次溝通，在以往出版主題出版物積累的一定經驗基礎上，我在《細節的力量：新中國的偉大實踐》一書創作中主要注意把握以下幾點：

一是堅持以習近平新時代中國特色社會主義思想為指導，突出反映新中國七十年，特別是新時代的偉大成就。七十年滄桑巨變，新中國發生了很多事情。但有一個核心內容，就是在中國共產黨的堅強領導下，全國各族人民團結一心，迎難而上，開拓進取，奮力前行，中國從封閉落後邁向開放進步，從溫飽不足邁向全面小康，從積貧積弱邁向繁榮富強，創造了一個又一個人類發展史上的偉大奇跡，中華民族實現了從站起來、富起來到強起來的偉大飛躍。在明確這一核心內容後，我堅持以習近平新時代中國特色社會主義思想為指導，努力站在新時代的高度，著力打造一部政治站位高、質量過硬、經得起推敲的新中國史，特別注重反映新時代的歷史。

二是明確全書定位，發掘大視野下的小細節，書寫一部通俗易懂的簡明新中國史。當下中國傳媒流行的是"短平快"的傳播方式，年輕人常用的微博、微信、抖音、快手，採用的都是簡短通俗、輕鬆易懂、音視頻結合、圖文並茂的傳播手段。本書的定位人群是普通黨員群眾，預期效果是讓普通大眾愛讀、喜讀，願意翻、拿得起、看得進，這樣才能取得傳播正能量的實效。所以，無論是題目的選擇還是內容的撰寫，都注意把握體現大視野、大事件、大情懷，同時努力挖掘其中生動感人、寓意深刻的小細節。在細節呈現方面，力圖做到以小見大、見微知著，把那些鮮為人知或者知之不詳的歷史現場、幕後情節、事件脈絡準確還原出來。如《開國大典》，披露了新中國國名的討論詳情、廣場旗杆修建的波折等；《真理標準問題討論》，白描式介紹了"兩個思考的集體"的"應運而生"，以及《實踐是檢驗真理的唯一標準》一文發表後引發的激烈交鋒；《北京奧運》，是"鳥巢"九萬餘觀眾為創造新的世界紀錄的博爾特齊唱"祝你生日快樂"的震撼，是德國舉重選手施泰納眼含熱淚把亡妻蘇珊的照片和奧運金牌高高舉起的感動，是美國花樣游泳隊在"水立方"入場時用英文打出的巨大條幅"謝謝你，中國"的真誠，等等。

三是堅持人民立場，為人民寫書。毛澤東多次強調："人民、只有人民，才是創造世界歷史的動力。"堅持以人民為中心，也是習近平新時代中國特色社會主義思想的核心內容，是馬克思主義唯物史觀的歷史傳承和創新發展，是中國共產黨領導中國革命建設改革的經驗總結，是中國共產黨人不忘初心、牢記使命的時代要求。歷史是人民創造的。黨史、新中國史圖書，寫作的主體即描繪的主要對象，是人民群眾；寫作的客體即給誰看，還是人民群眾。所以，我心中時刻想著：我寫書，是寫人民，出書後是為了給人民看。要在書中體現人民在新中國發展史中的奮鬥身影、精彩瞬間，要通過作品把人民的士氣鼓舞起來、精神振奮起來，團結一致向前進。

四是精選大事要事，立足一手資料，注重綜合平衡。本書精心選取對新中國發展產生重大影響和重要推動作用的四十五個大事件，在具體選題上儘可能考慮全面性和平衡性，涵蓋經濟、政治、文化、社會、生態文明、軍隊和國防、「一國兩制」和祖國統一、外交、黨的建設等各方面。在每一個方面，選擇最具特色、最富代表性的事件，以點帶面。對跨時段較長的歷史事件，如《從"兩彈一星"到飛天中國》《脫貧攻堅戰》《"綠水青山就是金山銀山"》等，採取"瞻前顧後"、適當"打包"的方式，以便給讀者一個整體的觀感和縱向的了解。

五是力爭展現最新歷史，採用最新數據。例如，新疆和西藏經濟社會發展情況，分別採用的是 2019 年 6 月 27 日《人民日報》和 2019 年第 6 期《求是》中披露的最新總結和數據；《"一帶一路"》採用的是《求是》2019 年第 9 期中公佈的最新權威統計；《打鐵必須自身硬》採用了 2019 年 6 月 30 日中組部公佈的最新全國黨員人數和基層黨組織數量；《"天網行動"》一節採用了 2019 年 9 月 11 日發佈的"百名紅通人員"歸案的最新數據。

可以無愧地説，我是努力用心在做這本書，傾情書寫偉大的時代。但由於個人能力所限，加之工作任務繁重、出版時間緊迫，本書不可避免地還存在一些缺憾。比如，在大事件的選擇上，還有可推敲的地方，一些重大事件，還可考慮收入一些；新時代的內容，還可以再多些細節刻畫，還可再豐富生動一些。

儘管還有諸多不如意和需要改進之處，但還是希望朋友們願意翻、拿得起、看得進這本書，也懇請讀者朋友們多提寶貴意見。

正如習近平總書記指出的："歷史，往往需要經過歲月的風雨才能看得更清楚。"回顧中華人民共和國七十年風雨征程，我們更加清晰地感到，中華人民共和國的成立，不僅是中華民族發展史上的一個偉大事件，也是人類發展史上的一個偉大事件。

祝願偉大的祖國更加繁榮昌盛！

相信中國的明天必將更加美好！

李　穎

2019 年 9 月

關於新中國國名的討論。

"中華人民共和國"能不能簡稱"中華民國"呢？

最初選擇開國大典場地時，曾考慮到天安門廣場和西苑機場兩處。

整修天安門廣場。

原來，中央要求旗杆要與天安門城樓頂等高。

直到 10 月 1 日天蒙蒙亮，周恩來還親自登上天安門城樓作最後的檢查。

毛澤東莊嚴宣告："中華人民共和國中央人民政府今天成立了！"

1949 年 10 月 1 日 15 時，三十萬軍民在天安門前隆重舉行開國大典。伴隨著代國歌《義勇軍進行曲》激昂奮進的旋律，毛澤東親手按動電鈕，升起中華人民共和國的第一面五星紅旗。接著，毛澤東以他那濃重的湖南口音向全世界莊嚴宣告："中華人民共和國中央人民政府今天成立了！"這聲音傳遍天涯海角，震撼神州大地。從此，一個嶄新的時代開始了。

關於新中國國名的討論

為了向全世界鄭重宣告中華人民共和國中央人民政府成立，慶祝這個勞動人民當家作主的新政權的誕生，中共中央擬於 1949 年 10 月 1 日，在首都北京隆重舉行開國大典。

中共中央對開國大典的籌備工作十分重視。1949 年 7 月 1 日紀念中國共產黨的第二十八個生日後，就成立了開國大典籌備委員會，周恩來任主任，彭真、林伯渠、聶榮臻、李維漢任副主任。經過充分討論研究，擬定開國大典由三大議程組成：（1）中華人民共和國中央人民政府成立典禮；（2）中國人民解放軍閱兵式；（3）人民群眾遊行。

9 月 21 日至 30 日，中國人民政治協商會議第一屆全體會議在北平召開。會議的全過程自始至終充滿了極其民主而和諧的氣氛。從《共同綱領》、政府組成，到國名、國旗、國歌、國徽，無不是經過反覆的討論，按會議程序表決通過的。

新政協籌備會組織條例中原本提出的是建立"中華人民民主共和國"，直到最後一天的討論，清華大學的政治學教授張奚若提出質疑。他和幾位老先生都覺得這名字太長，不如就叫"中華人民共和國"。有了"人民"，就可以不要"民主"二字，焉有人民而不民主？何況，"民主"一詞 democracy 來自希臘文，原義與"人民"相同。於是，經過討論和表決，終於採納了這個提議，確定新中國的國名叫"中華人民共和國"。

北京天安門廣場，開國大典。

　　"中華人民共和國"能不能簡稱"中華民國"呢？這個問題的提出，是因為新政協籌備會第三小組在起草《共同綱領》時，使用了"中華人民共和國（簡稱中華民國）"的表述方式。周恩來對此作過解釋，說主要是考慮到"中華民國"已經叫了三十八年，一下子取消，怕有人不能接受。對"中華民國"這一簡稱的使用，大家有不同看法。考慮到這個問題的敏感性，周恩來和林伯渠極為慎重，聯名設午宴邀請三十位辛亥革命時期的前輩徵求意見。這些都是追隨過孫中山先生的老人。反覆交換意見以後，大家終於取得了一致的看法：中華人民共和國的誕生標誌著新民主主義革命的勝利，而中華民國只能代表舊民主主義，二者不能混淆，因此不能用其作簡稱。

　　這樣，在政協第一屆全體會議通過的所有大會文件中，統統去掉了"（簡稱中華民國）"幾個字。

廣場旗杆修建一波三折

在開國大典籌委會確定的三項議程中，無論哪一項，首要的問題都是選定場地。最初選擇場地時，曾考慮到天安門廣場和西苑機場兩處。經過周密對比研究，最後選定了天安門廣場。

天安門廣場原本是皇家專用的一塊禁地，是不許老百姓通過的。開國大典前的天安門廣場，就是中華北門及其東西兩道南北走向的紅牆之間，直到金水橋前凹形的空場，其南北長百餘米，東西寬七八十米，遠沒有現在這麼寬大。

8月9日至14日，北平市舉行第一屆市民代表會議，會上作出整修天安門廣場的決議。遵照這個決議，北平市政府責成有關部門制定了天安門廣場整修任務，主要包括以下四項：一是，整修廣場場地供群眾集會用；二是，修補東西長安街道路供遊行的群眾隊伍和閱兵式軍隊通過用；三是，粉刷天安門城樓；四是，在天安門廣場最合適的位置設計並修建與天安門城樓頂一樣高的旗杆，供大典時升國旗用。四項任務中的第四項為重中之重。全部整修工程必須在9月完成。

整修天安門廣場場地，主要是靠北平市各界群眾義務勞動實現的。共青團北平市委籌委會和北平市學聯，要求各校在9月10日星期六下午組織四千三百名學生到天安門廣場義務勞動。消息在報上和各學校一公佈，兩天時間內，就有一萬八千人報名。各校只好採取抽籤辦法決定誰能參加。9月10日15點，勞動開始。在廣大學生的影響下，北平市各界群眾紛紛來到廣場，參加義務勞動，廣場很快就舊貌換新顏了。

修建旗杆是整修廣場工程四項任務中的重點，完全由專業人員承擔。市建設局相關技術人員主持這項工程。當時提出要求：國旗自動升降，升旗時間要同國歌演奏時間相協調，國歌奏完，旗升到頂，並自動停止。原來，設想旗杆要與天安門城樓頂等高，限於當時的技術條件和時間緊迫，只能根據實際情況作些變更。

技術人員到自來水公司選了四根直徑不同的自來水用鋼管，套起來焊接到一起，只能做到22.5米高，報經上級批准後，按這個修建。施工人員日夜加班，靠搭腳手架，把22.5米高的旗杆樹起來，在底座上固定牢，同時安好了自動升降裝置。在裝上旗杆前，對這套裝置進行了仔細認真的調試，基本做到了正常運行，時間上也符合要求。

為了能在天安門城樓上操縱升旗開關，他們又在修補天安門前東西長安街道路時，預埋了一根橫穿馬路的鋼管，導線通過鋼管橫穿馬路，沿金水橋越過金水河，從城樓東南角引到城樓中央，在那裏接上一個開關按鈕。經過多次試驗，確認自動裝置運行正常了，施工人員才拆除了旗杆四周的腳手架。

　　9 月 30 日，在正式啟用前，技術人員作最後一次試驗。沒想到的是，旗子升到頂了，馬達還在轉動，結果旗子絞到桿頂的滑輪裏撕破了，卡在裏面退不下來。這時，腳手架已經拆除，無法修理了。

　　這下，可急壞了大家，馬上向建設局領導報告。很快，調來了組建不久的消防隊。可消防隊架起的雲梯比旗杆頂還低好幾米，根本夠不著。這時，有人急中生智，提議找來兩位善攀高、頗有些名氣的搭彩棚的高手。他們到現場一看，二話沒說，冒

中華人民共和國開國紀念郵票

著危險從雲梯爬過去，再攀到桿頂，把旗子從滑輪裏取了下來。

技術人員又連夜進行多次試驗，直到 10 月 1 日凌晨，終於有把握保證升降裝置正常運行了。但是，他們還是怕"萬一"再有意外。經報請大典指揮部批准，又準備了一套保障措施，即：開會時，讓一個人守在旗杆下，萬一再發生旗子升到頂自動裝置不停的情況，便立即手動切斷電源使升降裝置停下來；另一個人守在天安門城樓安裝開關電鈕的三腳架邊上，以便從技術上保障升旗順利完成。

開國大典隆重舉行

10 月 1 日在天安門廣場舉行的開國大典，標誌著偉大的中國革命的勝利，新的人民共和國的誕生，為舉世所矚目是理所當然的。

為了這一盛典，各項準備工作早在幾個月前就已經開始了。訓練參加閱兵儀式的各兵種部隊，準備好要放的禮炮、禮花，城樓和廣場的會場佈置，保證第一面五星紅旗的順利升起，以及組織三十萬群眾有條不紊地參加慶祝，所有這些都自上而下層層有專人負責，而且不斷檢查。直到 10 月 1 日天蒙蒙亮時，周恩來還親自登上天安門城樓作最後的檢查，然後又來到廣場審視了整個佈局。

這一天，天安門城樓上懸掛著八盞宮燈，八面巨大的紅旗迎風飄揚，使古老的城樓煥發出媚人的青春。當時還沒有電梯，登上城樓，得一步一步邁上那古老的台階。每一個登上城樓的人，都是那麼意氣風發，心花怒放。

15 時，"中華人民共和國中央人民政府成立慶祝大會"正式開始。廣場上軍樂隊奏起了國歌，《義勇軍進行曲》響徹雲霄。毛澤東按動電鈕，升起了第一面國旗——五星紅旗。與此同時，鳴禮炮二十八響。接著，毛澤東莊嚴宣佈中華人民共和國中央人民政府成立。

所有這一切，通過中央人民廣播電台的現場直播傳遍了神州大地。這還是中華人民共和國第一次進行這樣的現場直播，擔任播音的是當時最優秀的播音員齊越和丁一嵐。如今，重放當年的錄音，還能聽到丁一嵐那清脆悅耳的聲音："國旗已經上升到旗杆的頂尖，開始在人民首都的晴空迎風招展。她象徵著中國的歷史已經走入一個新的時代，我們的國旗——五星紅旗將永遠飄揚在人民祖國的大地上。"

接著舉行閱兵式，朱德總司令檢閱人民解放軍陸海空三軍的受閱部隊。10月2日《人民日報》發表《記中央人民政府成立盛典》一文，文中寫道：

密林般飄揚在高空的紅旗，無數紅色的五星燈、圓燈、各種兵器與鐮刀斧頭，都在"中華人民共和國萬歲"、"中央人民政府萬歲"、"毛主席萬歲"的巨幅標語下標誌出人們一致的強烈願望：要鞏固自己的祖國與人民政府。所以，在朱總司令檢閱人民的海陸空軍部隊與這些部隊在會場中心舉行分列時，群眾中湧起了同樣狂熱的歡呼。整整兩個半鐘頭的檢閱，許多人連坐也沒坐一下。電影機、照相機、望遠鏡和幾十萬雙眼睛，一直集中凝結在受檢閱的部隊身上，生怕看不清或漏過任何一個可以看得到的武器與戰士。

人民的武裝部隊兩個半小時的檢閱，給予人民的是更加堅固的勝利信心。我國年輕的海軍部隊與空軍部隊，第一次公開地列隊出現在人民領袖和廣大人民的面前了。海軍陸戰隊整齊的步伐、煥發的精神，使人堅信他們既然從無變成有，必將從小變成大。隨著我們偉大祖國的繁榮鼎盛，我們會建設起一支強大的海軍。空軍成列成隊地飛過會場的上空，人叢中帽子飛舞起來，手巾揮舞起來，手裏拿著的報紙和其他物件都飛舞起來。人們隨著軍樂隊奏出的《解放軍進行曲》的響亮節奏拍著手，合著拍子，發出這樣那樣的聲音，幾十萬的脈搏同速地跳動。

步兵部隊、炮兵部隊、戰車部隊與騎兵部隊以等距離、等速度整連整團整師地穩步行進，是檢閱中歷時最長的一段，一直頂到太陽西下。但是，人們不厭其多，不厭其久；人們互相詢問著："這是什麼炮呀？""這是什麼人呀！"每個人都把別人當成全知者，想更多地得到對自己部隊的知識。指揮台上久經戰陣的軍官們向身旁的非部隊人員不斷地解答著："頭兩輛並排的小吉普車是指揮員和政委，後兩輛是參謀長和政治主任，後面一輛是旗兵，這隊野炮是日式九零野炮，能打三十華里，這是美國的十五生的大榴彈炮，這是中型坦克，這是裝甲車營……"所有摩托車與戰車、炮車……都是油漆了的，裝了紅星與八一字樣，輪子一圈白，顏色壯美而一致。這是人民的戰士們加意裝飾了的。

往西長安街看，不知部隊已走出多少里；往東長安街看，不知還有多少里長的部隊準備走進會場來，人們越看越振奮，覺得自己祖國的武裝力量已是如此地強大。騎兵部隊的許多連隊最後以極整齊的五馬並跑經過主席台前時，激起多次的熱烈鼓掌。不僅跑的齊，而且馬的顏色也是以各個連隊為單位，要白全白，要紅全紅。最後一隊騎兵跑過去的時候，天安門紫壁上的太陽燈、各色燈光在黃昏裏開始發亮，人叢裏的燈籠火把都點著了火，全場一片火光紅浪；爆花筒向高空成群成群地放出紅色、綠色、雪白色火球，拉著無數美豔的火絲，回頭下降，劈劈啪啪響成一片。東西長安街上夾道的人群，開始圍觀提燈遊行的漫長行列，交互地喊起"中華人民共和國萬歲"、"中央人民政府萬歲"、"毛主席萬歲"的歡聲。

歷史，從此掀開了新的一頁。

毛澤東訪蘇

毛澤東不顧新政府面臨的千頭萬緒，又急切地提出了訪蘇的要求。

斯大林："你這次遠道而來，不能空手回去。"

毛澤東："搞個什麼東西，這個東西應該是既好看，又好吃。"

毛澤東說要提前回國。

簽訂《中蘇友好同盟互助條約》。

1949 年 6 月 30 日，在中國共產黨成立二十八週年的前夕，毛澤東在《論人民民主專政》一文中，提出了"一邊倒"的外交方針，旗幟鮮明地向全世界宣佈：中華人民共和國將堅定不移地站在以蘇聯為首的社會主義陣營一邊。

宿願得償

毛澤東非常重視同蘇聯的關係，早在中華人民共和國的桅杆剛剛冒出地平線時，他就多次提出過訪問蘇聯的要求。但由於種種原因，始終沒有成行。中華人民共和國剛一宣告成立，毛澤東不顧新政府面臨的千頭萬緒，又急切地提出了訪蘇的要求。

1949 年 11 月 5 日，毛澤東要求斯大林的聯絡員柯瓦廖夫向斯大林轉達他想去莫斯科的願望。他說，他希望 12 月就去莫斯科拜訪斯大林，因為那時恰逢斯大林七十歲大壽，蘇聯友好國家的代表團將從世界各地前往莫斯科，這樣，"訪問莫斯科將更具有公開的性質"。

為正式表達他的願望，三天後，毛澤東向莫斯科發出正式電報，表示希望訪問蘇聯。毛澤東仍不放心，考慮到以往的幾次訪蘇要求都被斯大林以各種藉口婉拒，他這一次下定決心要達到目的。因此，毛澤東又通過多種方式向斯大林表明他的強烈意願。

9 日，毛澤東以中共中央的名義專門致電新任駐蘇大使王稼祥，說明已請柯瓦廖夫通知斯大林，請他立即詢問蘇聯方面，斯大林準備何時邀請毛澤東去莫斯科。10 日，毛澤東又委託周恩來去會見蘇聯大使羅申，再請羅申將毛澤東的願望轉達給莫斯科。

經過這一連串的催促之後，蘇聯方面終於作出了正式答覆，同意毛澤東以中華人民共和國政府最高領導人的身份，於斯大林七十歲誕辰慶祝活動舉行之前，前往莫斯科開始他的正式訪問。

初次會晤斯大林

1949 年 12 月 16 日中午 12 時整，毛澤東乘坐的專列徐徐開進莫斯科的雅羅斯拉夫車站。

蘇聯部長會議副主席莫洛托夫、蘇軍元帥布爾加寧等人在車站迎接毛澤東。他們知道毛澤東在路上感冒，身體不適，解釋說，本來在車站上安排了隆重的歡迎儀式，因天冷，一切從簡，只有一個儀仗隊舉行迎接禮，只須繞行一趟，也無須答禮。如願發表談話，可把發言稿交報社發表。總之，所有檔案材料都表明，毛澤東並未受到他所期望的那種熱烈的擁抱和歡迎。

歡迎儀式結束後，毛澤東前往斯大林的第二別墅下榻。這是斯大林在衛國戰爭期間的住所，有一個很大的地下指揮部。

當天 18 時，斯大林在他的克里姆林宮辦公室的小會客廳會見毛澤東。18 時整，廳門打開了。斯大林和蘇共全體政治局委員及維辛斯基外長站成一排，迎接毛澤東。這是破例的一次，斯大林一般不到門口迎接外賓。斯大林緊緊地握著毛澤東的手，端詳了一陣說："你很年輕，紅光滿面，容光煥發，很了不起！"他回過頭來，又把自己的同僚一一介紹給毛澤東。大家圍站在大廳裏，相互問好，互表祝願。

斯大林對毛澤東讚不絕口："偉大，真偉大！你對中國人民的貢獻很大，是中國人民的好兒子！我們祝願你健康！"又說："你們取得了偉大的勝利，祝賀你們前進！"

這時氣氛十分熱烈、動人。毛澤東回答說："我是長期受打擊排擠的人，有話無處說……"不等毛澤東講完，斯大林立即插話："勝利者是不審的，不能譴責勝利者，這是一般的公理。"

大家邊談邊徐徐入座。蘇方官員列坐在斯大林的右側，毛澤東及翻譯師哲坐在左側。雙方的談話海闊天空，從前線的軍事情況談到經濟建設、糧食收成、土地改革以及群眾工作等。談話從一開始就使人感到，斯大林在揣摩毛澤東此行的意圖和願望。談話歷時兩個多小時，蘇方只有斯大林一人說話，其他人都未插話。

斯大林問毛澤東："你來一趟是不容易的，那麼我們這次應該做些什麼？你有些什麼想法或願望？"毛澤東表示：這次來，一是為祝賀斯大林七十壽辰；二是看一看蘇聯，從南到北，從東到西都想看一看。斯大林說："你這次遠道而來，不能空手回去，咱們要不要搞個什麼東西？"毛澤東回答："恐怕是要經過雙方協商搞個什麼東西，這個東西應該是既好看，又好吃。"這句現在經常引用的話當時頗令蘇聯人困惑不解，中方翻譯師哲試圖但並沒完全翻譯清楚這句話。

毛澤東這裏所談到的"這個東西"，其實指的就是兩國之間應該簽訂一個新的條約。這件事情在中華人民共和國成立前劉少奇秘密訪蘇期間已經作為一個重要問題與斯大林初步商談過了。毛澤東急於到蘇聯的目的，也正是為了"這個東西"。畢竟一個新中國的建立需要有一個完全不同於舊中國的新面貌，而以一種顯示共產黨國家之間平等關係的新條約來代替國民政府同蘇聯訂立的舊條約，也是向國人和世界證明毛澤東選擇"一邊倒"的必要性的最有力的證據。而斯大林沒有理解東方人的幽默，還是猜不透毛澤東此次訪問究竟要達到什麼目的，仍婉轉地繼續詢問。毛澤東不肯明說，可能是他認為蘇方應該主動提出幫助我們，不主動提是不誠懇的。他對斯大林說："我想叫周恩來總理來一趟。"斯大林表示驚訝，反問道："如果我們不能確定要完成什麼事情，為什麼還叫他來，他來幹什麼？"顯然，斯大林在追根尋底，但毛澤東沒有回答。

總之，在第一次會見中，斯大林和毛澤東都沒有猜透對方的心理和意圖。這是雙方首次會談遇到的難題。

莫斯科冬日的寒意

第一次會談之後，毛澤東感到有點奇怪，他不曾再見到斯大林或其他政治局成員再來進行任何實質性討論，這種情況一直持續到 1950 年 1 月。在這段時間，毛澤東可能僅在一個更大的場合與斯大林見了面，那是 12 月 21 日，這一天中國代表團和其他國際共產主義運動的代表團一起參加了斯大林七十大壽的慶典。

從此時到年交之際的那段時間，斯大林給毛澤東打了兩三次電話，但電話的內容非常普通，並沒有打算打破當時的停滯。這些電話的調子與斯大林和毛澤東初次見面的調子基本一致，暗示在 12 月斯大林仍不願推動正式條約的談判。

毛澤東曾在 1956 年與蘇聯大使尤金會談時對此進行了回憶：

在和斯大林的第一次非常會見中，我建議最後搞個國與國之間的條約，但是斯大林沒有回答。在我們第二次會見中，我又重談這個問題，給斯大林看了中共中央建議簽訂同樣條約的電報。我建議周恩來可以來莫斯科，因為他是外交部長。但是，斯大林反對這項建議，說這很不便利。因為資產階級的報刊會大叫整個中國政府都在莫斯科。接下來，斯大林避免與我見面。我試圖給他的公寓打電話，但他們總是回答斯大林不在，並提議我與米高揚見面。

就在 12 月 21 日壽辰慶典之前，毛澤東對蘇方的這種慢節奏開始表示憤怒了，並開始把他想與斯大林進行實質性討論的想法公之於眾。毛澤東在住處接待了柯瓦廖夫和使館參贊、中文翻譯費德林，並請柯瓦廖夫安排在 12 月 23 日或 24 日與斯大林見面，同時提供了兩種可供選擇的行動方案：要麼正式解決一攬子問題，其中中蘇條約是關鍵；要麼發表共同聲明，以體現雙方的某種理解。

以後，毛澤東曾回憶起 12 月在莫斯科的事情。他說，在他滯留莫斯科期間，他感覺到了不快，結果他下定決心待在別墅裏一動也不動。和柯瓦廖夫、費德林的談話氣氛是不佳的，他有意這麼做，因為他想通過這兩個人把他不滿的信息傳給斯大林。此時，這兩個人其實是擔任了翻譯、陪客和毛澤東與斯大林之間的“信使”。有一次和柯瓦廖夫交談時，毛澤東怒氣沖沖，要求知道請他來莫斯科的原因。“你們把我叫到莫斯科來，什麼事也不辦，我是幹什麼來的？難道我來這裏就是為天天吃飯、拉屎、睡覺嗎？”

後來湊巧發生了一件沒有預料到的事：英國通訊社造謠說，斯大林把毛澤東軟禁起來了。毛澤東訪問蘇聯，這是中華人民共和國成立後中國共產黨和國家最高領導人同蘇聯黨和政府最高領導人的第一次直接會晤，理所當然會引起國際輿論的高度重視。但十幾天來，竟沒有消息報道會晤有什麼實質性的進展。這當然要引起種種猜測。中國代表團為此很著急。此時，足智多謀的王稼祥提出以毛澤東主席答塔斯社記者問的形式，在報上公佈毛澤東到蘇聯的目的。1950 年 1 月 2 日，這個《答記者問》見報。

在《答記者問》中，毛澤東說：“我逗留蘇聯時間的長短，部分地決定於解決有關中華人民共和國利益的各項問題所需要的時間。""在這些問題當中，首先是現有的中蘇友好同盟條約問題，蘇聯對中華人民共和國貸款問題，貴我兩國貿易和貿易協定問題以及其他問題。"並說："我還打算訪問蘇聯的幾個地方和城市，以便更加了解蘇維埃國家的經濟和文化建設。"《答記者問》發表後，震動很大，謠言不攻自破。

不管怎麼說，新的一年開始之際，斯大林對待毛澤東有了根本轉變。儘管不十分清楚其中的原因，但仍有一定的線索可查。一方面，國際形勢的發展逐漸加強中國的地位。那時，印度、緬甸和英國已準備承認中國的新政權，並且，1月1日毛澤東在對蘇聯大使羅申談話時機智地提到了這些事。此外，在和柯瓦廖夫、費德林相處時，毛澤東一直說他要提前回國；在年交之際會見羅申時，他曾傳達了這種想法，表明了他對目前狀況一直不滿。有鑒於早時他預期離開北京三個月，毛澤東告訴大使，他現在打算僅待兩個月，希望在2月6日返回北京──事實上考慮到路途時間，訪問要少於兩個月，而現在只剩下四個星期了。

此時斯大林已不再堅持原有的想法，同意周恩來訪蘇了。

《中蘇友好同盟互助條約》簽訂

1950年1月2日20點，莫洛托夫和米高揚專門來到毛澤東下榻的別墅。自從與斯大林初次會見以來，毛澤東第一次與蘇聯領導人進行莊重的、實質性的討論。

在交談的過程中，毛澤東又一次提出了中蘇此次談判的三種選擇：（1）簽訂新的中蘇條約；（2）由兩國通訊社發表一個簡單公報，說明兩國對舊的中蘇友好同盟條約交換了意見，而實際上把這個問題拖下來；（3）簽訂一個聲明，內容是講兩國關係的要點。如果按二、三兩個方案做，周恩來可以不來。莫洛托夫馬上說："第一項辦法好，周恩來可以來。"毛澤東追問："是否以新條約代替舊條約？"莫洛托夫明確回答："是的。"

毛澤東當即說出了他的安排："我的電報1月3日到北京，恩來準備五天，1月9日從北京動身，坐火車十一天，1月19日到莫斯科，1月20日至月底約十天時間談判

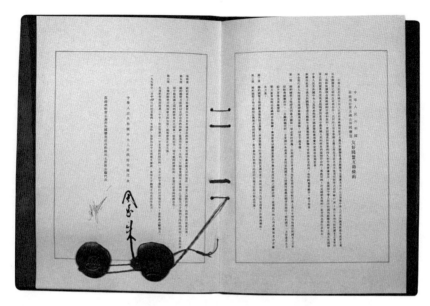

《中蘇友好同盟互助條約》中文文本

及簽訂各項條約，2 月初我和周一道回國。"

　　1 月 20 日，周恩來抵達莫斯科。兩天後斯大林與毛澤東的第三次會談，雙方的配合很默契。這一點可以從會談記錄的一個片段中清楚地看出來。

　　毛澤東：根據目前形勢，我們認為，我們應當藉助條約和協定把現存於我們之間的友好關係固定下來。這無論在中國還是在國際關係方面都會引起積極反應。在友好同盟條約中應當把保障我們兩國繁榮的內容固定下來，還應規定必須防止日本重新侵略。既然希望兩國繁榮，那麼就不能排除帝國主義國家企圖阻撓這件事。

　　斯大林：對的。日本保留了幹部，特別是在美國繼續奉行他們目前政策的條件下，日本必然會重新抬頭。

　　毛澤東：我說的兩點要把我們未來的條約同現條約從根本上區別開來。過去，國民黨只是口頭上談友誼。現在，情況變了，也具備了真正友誼與合作的一

1950 年 2 月，蘇聯斯維爾德洛夫斯克烏拉爾機械廠全體職工贈給毛澤東的禮品──青銅馴馬雕塑。

細節的力量：新中國的偉大實踐

切條件。此外，如果過去說的是在進行對日戰爭時的合作的話，現在說的應是防止日本侵略。新條約應當包括政治、經濟、文化和軍事合作的各項問題，最重要的問題是經濟合作。

斯大林：要不要保留寫入原友好條約的第三條規定呢？即"在兩個締約大國要求聯合國承擔防止日本今後侵略的責任以前，本條款繼續有效"。

毛澤東：我想，這一條就不必保留了。

斯大林：我也認為不必了。在新條約中應規定哪些條款呢？

毛澤東：我們認為，在新條約中必須規定在國際問題上協商的條文。把這一條列入條約將增強我們的地位，因為在中國，民族資產階級中還存在著在國際關係上反對向蘇聯靠攏的意見。

斯大林：好的。在締結友好合作條約時寫上這一條是理所當然的。

1950 年 2 月 14 日，中蘇兩國政府正式簽訂了《中蘇友好同盟互助條約》、《關於中國長春鐵路、旅順口及大連的協定》，以及《關於蘇聯貸款給中華人民共和國的協定》等文件。

在簽字儀式上，毛澤東與斯大林站在最中間。斯大林的身材比毛澤東略低，在記者給他們拍照時，斯大林總要往前挪上一兩步，這樣，在照片和影片上，他就不會顯得比毛澤東矮，或許還要高些。各種鏡頭對著他們，攝影燈在不斷地調整，場面相當熱烈。

"156 項工程"

中蘇開始蜜月時期。

蘇聯老大哥的一份"大禮"。

陳雲："第一個五年計劃的 156 項，那確實是援助。"

為慶祝《中蘇友好同盟互助條約》的簽訂，1950 年 2 月 15 日，劉少奇在北京邀集中央人民政府及其所屬各部負責人、各外交使節、各民主黨派和人民團體的負責人，舉行盛大的慶祝宴會，並發表演講，指出："中蘇兩大國人民之間的深厚友誼，是久已存在的，然而，只有到了今天，由於中國人民的歷史性的勝利，這種深厚的真誠的友誼，才用條約的形式把它確定與固定起來，因而就使中蘇兩國人民之間的友好關係，開始了一個完全新的時代。"

大規模援建項目協定的簽訂

　　可以說，毛澤東訪蘇，標誌著中蘇兩國開始了蜜月時期，"學習蘇聯"成為最火爆的標語、口號。在此時期，蘇聯老大哥給予中國人民的一份"大禮"就是著名的"156 項工程"。它是同中國國民經濟建設的第一個五年計劃分不開的。

　　要在經濟極端落後的基礎上儘快地把中國建設成為一個社會主義的工業化強國，首先必須充分利用本國的財力、物力、人力，調動一切積極因素，艱苦奮鬥。同時，還要根據需要與可能爭取外援。而當時的客觀條件決定了這種外援只能來自蘇聯等人民民主國家。

　　從 1950 年開始，中國同蘇聯簽訂了第一批委託蘇聯設計和成套供應設備的蘇聯援助中國建設的中蘇協議書。根據國民經濟恢復和建設的需要，第一批蘇聯供應成套設備的建設項目，主要是煤炭、電力等能源工業，鋼鐵、有色金屬、化工等基礎工業和國防工業的項目，共 50 項。抗美援朝戰爭爆發後，為了鞏固國防，取得戰爭的勝利，1953 年 5 月，中國以國防軍事工業及其有關的配套項目為重點，與蘇聯簽訂了第二批蘇聯供應成套設備建設項目中蘇協議書，共 91 個項目，即 2 個鋼鐵聯合廠，16 個動力機器及電力機器製造廠，8 個有色冶金企業，8 個礦井，1 個煤炭聯合廠，3 個洗煤廠，1 個石油煉油廠，32 個機器製造廠，7 個化學廠，10 個火力電站，2 個生產磺胺、盤尼西林和鏈黴素的醫藥工業企業和 1 個食品工業企業。1954 年 10 月，中國又與蘇聯簽訂了第三批蘇聯供應成套設備建設項目中蘇協議書，引進能源工業和原材料工業等項目共 15 項，並決定擴大原訂 141 項成套設備項目的供應範圍。至此，與蘇聯簽訂的援建項目共計達到 156 項，這就是以後通稱的 "156 項工程"。

1955 年 3 月，中國又與蘇聯簽訂了新的中蘇協定，協定包括軍事工程、造船工業和原材料工業等建設項目，共 16 項；隨後，通過口頭協議，又增加 2 個項目。由於對項目進行增減和拆併等調整，到 "一五" 計劃末期，蘇聯援建項目共計為 166 項，但習慣上仍稱為 "156 項工程"，這當中實際進行施工的為 150 項。

與此同時，中國和東歐各國也先後簽訂協定，引進成套設備建設項目。這些項目合計也有一百多項。

工業技術基礎的初步奠定

蘇聯和東歐各國幫助建設的項目，規模都是比較大的。中國從蘇聯和東歐各國引進的成套設備項目，幾乎都是為建立中國工業化基礎所必需的重工業項目。這些項目形成了中國 20 世紀 50 年代工業建設的核心。"一五" 計劃中就明確規定，五年計劃的基本任務之一是 "集中主要力量進行以蘇聯幫助我國設計的 156 個建設單位為中心的，由限額以上的 694 個建設單位組成的工業建設，建立我國的社會主義工業化的初步基礎"。

"156 項工程" 的主要項目有：鞍山、武漢、包頭三大鋼鐵聯合企業，長春第一汽車廠，武漢重型機床廠，哈爾濱汽輪機廠，蘭州煉油化工設備廠，洛陽第一拖拉機製造廠等。此外，規模比較大的外援項目還有：德意志民主共和國幫助建設的西安儀錶廠、鄭州砂輪廠；捷克斯洛伐克幫助建設的遼寧電站、影片洗印廠；波蘭幫助建設的新中國糖廠和佳木斯糖廠等。

引進的這些成套設備都是當時比較先進的。例如，蘇聯在幫助建設長春第一汽

蘇聯專家在中國

廠的過程中，曾動員了好幾個設計部門專家，綜合了蘇聯國內各廠的建設經驗，並結合中國的具體情況，設計出了最新的汽車製造廠。該廠的許多設備，當時在蘇聯也是最先進的。陳雲曾經這樣說過："蘇聯是社會主義國家，那時他們對我們的援助是真心誠意的。比方說，蘇聯造了兩台機器，他們一台，我們一台。"能做到這樣，確實是盡到了他們的國際主義義務。

　　蘇聯和東歐各國幫助中國建設的工業項目，不僅提供了企業所需的機器設備，而且從勘察地質、選擇廠址、收集設計資料、進行設計、指導建築、安裝和開工運轉、供應新產品的技術資料，一直到新產品製造完成，都給予了全面的、系統的幫助。蘇聯和東歐各國都派遣了優秀的技術專家，來中國實地收集設計基礎資料，並且具體指導建築安裝，同時還接受中國實習生前往學習先進技術和現代化企業的管理經驗。在此期間，蘇聯和東歐各國到中國工作的技術專家達 8000 多人，為中國培養的技術人員和管理幹部達 7000 人。而在建設過程中，凡是中國能夠生產的設備，能夠進行的設計，都主動提出由中國自行解決，以促進中國設計能力的提高和生產進一步發展。

中國 "一五" 計劃期間施工建設的 700 多個大中型工業項目中，從蘇聯引進的佔 147 個，加上與之配套建設的國內設計的 140 多個項目，五年內實際完成投資佔全部工業基本建設投資的 50% 左右。同期，東歐各國幫助中國建設的 108 個成套設備項目中，有 64 個開始動工興建。

到 1957 年止，蘇聯和東歐各國幫助中國建設的項目，全部和部分投產的分別為 68 個和 27 個。隨著這些項目的建成投產，形成了中國第一批大型現代化企業，大大增強了中國重工業和國防軍事工業的能力，填補了一批生產技術領域的空白，初步建立了獨立自主、自力更生發展國民經濟的工業技術基礎，並且取得了建設大型現代化項目的初步經驗。

其他方面的合作

蘇聯和東歐各國還通過與中國開展科學技術合作和給予中國優惠建設貸款的形式，幫助中國的社會主義建設。

在科學技術合作方面，1954 年 10 月，中國同蘇聯簽訂了科學技術合作協定。以後，中國又同東歐各國分別簽訂了科學技術使用協定。到 20 世紀 50 年代末，中國從蘇聯和東歐各國獲得了四千多項技術資料。這些先進的技術資料，對提高中國工業的技術水平和新產品的生產有著重大的意義。而且，在提供技術資料時，採取的是互相支援的優惠辦法，不按專利對待，僅收取複製資料的成本費用。

中國 1956 年制定的發展科學技術的十二年遠景規劃，也得到了蘇聯的合作與幫助，議定了一批兩國共同進行研究的和蘇聯幫助進行研究的重大科學技術項目。在掌握尖端科學技術、和平利用原子能方面，蘇聯也給予了一定的援助。

援助還表現在長期低息貸款方面。1950 年 2 月，中國同蘇聯簽訂了第一個貸款協定，金額為 12 億盧布（折合 3 億美元），年利率 1%，十年內償還。隨後，在 1951 年，又先後與蘇聯簽訂了十項貸款協定，年利率為 2%，償還期為二至十年。這樣長期低息的貸款，在世界上是罕見的，對中國無疑是一種巨大的援助。

1981 年 3 月，中共中央起草《關於建國以來黨的若干歷史問題的決議》時，陳雲特意對文件的起草人之一鄧力群說："第一個五年計劃的 156 項，那確實是援助，表現了蘇聯工人階級和蘇聯人民對我們的情誼。這樣一些問題，《決議》應該如實地按照事情本來面貌寫上去。要通過這些歷史問題的論斷，再一次說明中國共產黨人是公正的。"

　　當然，國與國之間的經濟關係，應當是互利的。1953 年 5 月 15 日中蘇兩國簽訂的協定中，就規定在 1954 年至 1959 年間，中方向蘇方提供鎢砂 16 萬噸、銅 11 萬噸、銻 3 萬噸、橡膠 9 萬噸等戰略物資，作為蘇聯援建項目的部分補償。

西藏和平解放

毛澤東曾提出以西北局為主經營西藏，後改為由西南局擔任此項任務。

十八軍擔任進藏任務。

鄧小平親自起草西藏問題十項政策。

政治重於軍事，補給重於戰鬥。

中華人民共和國成立時，地處祖國西南邊陲的西藏仍未獲得解放。中國共產黨和中央人民政府考慮到西藏地區的具體情況，確定了和平解放西藏的方針。此後，成功的和平談判，使雪域高原迎來了歷史上的春天。

西藏納入中國版圖的歷史

西藏是中國領土不可分割的一部分。早在 13 世紀 40 年代，從元代開始，西藏地區就正式成為中國的一個行政區域，成為中國版圖的組成部分。這是歷史發展的必然結果。從唐代以來，西藏地區和祖國內地的政治關係就日益密切，經濟文化的交流越來越頻繁，逐步建立起血肉相連的不可分割的聯繫。元代以後，儘管王朝更替，但無論是明代還是清代，及至中華民國時期，都對西藏行使著領土主權。在這期間，西藏地方政權也幾經更替，但是西藏與中央政府的政治隸屬關係從未間斷。

正如周恩來指出的："西藏在古時候曾是一個獨立王朝，但七百年來，已經成為中國大家庭的一員了。十三世紀，元朝蒙古族上層統治中國，西藏已經成為中國的一部分。西藏現在盛行的喇嘛教派（黃教），就是在蒙古族上層統治中國時成為主要的教派的，達賴成為西藏的統治者是十七世紀時清朝冊封的。'達賴'這個詞不是藏語，而是蒙古語，是大海的意思。七百年來，西藏屬於中國領土的一部分，這是一個歷史事實。"

19 世紀末 20 世紀初，帝國主義劃分勢力範圍，英帝國主義勢力侵入西藏。近代一百多年來，帝國主義者千方百計企圖損害中國在西藏地方的主權，製造所謂 "西藏獨立" 的陰謀，遭到全國人民的反對。帝國主義者為達到其長期侵略的目的，在西藏上層培植了一些分裂勢力，埋下了製造動亂、分裂的禍根。

西藏解放前是一個政教合一的封建農奴制社會。約佔西藏人口 5% 的農奴主階級，

根據協議的規定，人民解放軍於 1951 年 8—9 月間分四路進藏，10 月 26 日抵達拉薩，實現了西藏的和平解放。至此，中國大陸全部解放。

即官家、貴族、寺院上層僧侶三大領主，佔有西藏的全部土地、草場和絕大部分牲畜，而佔西藏人口 90% 以上的農奴階級，依附於三大領主，沒有自己的土地，也沒有人身自由。三大領主把農奴視為私有財產，當做會說話的牲口，可以隨意買賣、抵押或作為禮品相互轉讓，就連婚姻生育也要受農奴主干預，稍不如意，立刻遭到嚴刑毒打。三大領主具有對農奴完全的生殺予奪大權。這種社會制度是西藏地區貧窮落後和遭受帝國主義侵略壓迫的根源。

人民解放軍進藏

根據國際國內的形勢發展，毛澤東在前往莫斯科的途中，發出了"進軍西藏宜早不宜遲"的號召。在此之前，毛澤東曾致電彭德懷，提出以西北局為主經營西藏。

彭德懷回信提出，從北路進藏困難很大，短期內難以克服。經過十分慎重的思考和權衡，1950 年 1 月 2 日，毛澤東從莫斯科致電中央和彭德懷、鄧小平、劉伯承、賀龍，確定進軍西藏和經營西藏的任務由西南局擔任。電報專門指出："西藏人口雖不多，但國際地位極重要。""由青海及新疆向西藏進軍，既有很大困難，則向西藏進軍及經營西藏的任務應確定由西南局擔負。"

這樣，一項光榮而艱巨的任務歷史地落到了劉伯承司令員和鄧小平政委率領的第二野戰軍的肩上，一場偉大的舉世矚目的進軍西藏的壯舉揭開了歷史的序幕。

接到中央的電報之後，西南局、西南軍區首先考慮的是確定進藏幹部和部隊。

十八軍軍長張國華被選定具體執行進軍西藏的任務。這不僅因為年僅三十六歲的張國華是紅軍時期入伍的高級指揮員，勤奮好學，指揮作戰有方，具有掌握政策好、善做政治工作等一些長處，更重要的是他具有開闢新區鬥爭的豐富經驗。

1 月 8 日，劉伯承、鄧小平從西南軍區所在地重慶向中共中央和毛澤東發去電報，表示堅決執行中央的指示，並報告由十八軍擔任進藏任務，同時提請"在康藏兩側之新、青兩省及雲南鄰省各駐防兄弟部隊，如可能時則予以協助"。1 月 10 日，毛澤東覆電同意，並指示："經營西藏應成立一個黨的領導機關。""迅即確定，責成他們負責籌措一切。"

1 月 15 日，劉伯承、鄧小平向張國華、譚冠三及十八軍軍、師領導傳達中央及毛澤東關於進藏問題的指示，研究工作部署。1 月 18 日，西南局即向中央報告了進藏工作計劃及西藏工委組成名單。1 月 24 日，中央贊同十八軍為進軍西藏的主力，以及劉、鄧"由青海新疆及雲南各出一支部隊向西多路向心進兵"的提議，並批准了由張國華任書記，譚冠三為副書記，王其梅、昌炳桂、陳明義、劉振國、天寶（後又補充平措汪傑）為委員的中共西藏工委組成名單。

從此，十八軍的數萬官兵以及他們的後代永遠與西藏這片古老神聖的土地緊緊聯繫在一起了。進軍西藏、建設西藏這一光榮艱巨的重擔落在了他們的肩上。

政治先行，和平為上

在當時西藏這塊情況異常複雜，矛盾縱橫交錯，壓迫剝削殘酷，僧侶貴族統治黑暗，沒有黨的組織活動基礎的少數民族地區，完成進軍任務，進行革命和建設事業，是前無古人的，也沒有什麼現成的經驗可以借鑒。鄧小平作為西南局第一書記，作為中央解決西藏問題的直接執行者、第一線指揮員，始終站在歷史的前台，按照毛澤東和中共中央的指示精神，把解放西藏的籌碼擺到和平的天平上。

1950 年 1 月，劉伯承和鄧小平向十八軍傳達毛澤東關於進藏問題的指示時，就非常重視從政策上來解決問題。他們指示部隊 "成立政策研究室"，大力加強為西藏政策制定工作所需的調查研究，並進一步提出了 "政治重於軍事、補給重於戰鬥" 的重要原則。還語重心長地告誡進藏部隊：堅決執行黨的方針、政策，對我們進軍西藏、解放西藏是有決定意義的。政策就是生命。必須緊密聯繫群眾，依靠群眾，要用正確的政策去掃除中外反動派的妖言迷霧，去消除歷史上造成的民族隔閡和成見，去把西藏的廣大僧俗人民和愛國人士團結到反帝愛國的大旗下來。為了使進藏部隊模範地執行黨的政策，遵守紀律，尊重藏胞的風俗習慣，鄧小平指示起草進軍守則，並要求部隊學習藏語。

2 月 25 日，劉少奇代表中共中央電示西南局："我軍進駐西藏的計劃是堅定不移的，但可採用一切辦法與達賴集團談判，使達賴留在西藏與我和解。" 這一電報具體提出了爭取和平解放西藏的方針，並指示西南局、西北局認真研究西藏情況，物色適當人選去拉薩做爭取工作，並擬定與西藏當局談判的條件。

西南局堅決貫徹執行中共中央關於和平解決西藏問題的方針，立即組織得力人員，全面貫徹落實，緊緊抓住和平這個根本問題。

5 月 11 日，西南局向中央報告了解放西藏的四條方針政策，作為與西藏地方當局談判的基礎，即：西藏驅逐英美帝國主義勢力出西藏；西藏人民回到中華人民共和國祖國的大家庭來，實行西藏民族區域自治；西藏現行各種制度暫維原狀，有關西藏改革問題將來根據西藏人民的意志協商解決；實行宗教自由，保護喇嘛寺廟，尊重西藏人民的宗教信仰和風俗習慣。與此同時，西北局也向中央轉報了青海省委提出的六條方針政策。一週之後，中央覆電西南、西北局，認為西南局所提的四條較好，但還應起草可以作為和平進軍的談判基礎的若干條件。中央的批示，從原則上肯定了西南局關於貫徹和平解放西藏方針的政策和策略思想。

按照中共中央的指示精神，鄧小平親自起草了解決西藏問題十項政策：

（一）西藏人民團結起來，驅逐英美帝國主義勢力出西藏，西藏人民回到中華人民共和國祖國的大家庭中來。（二）實行西藏民族區域自治。（三）西藏現行各種政治制度維持原狀概不變更。達賴活佛之地位及職權不予變更。各級官員照常供職。（四）實行宗教自由，保護喇嘛寺廟，尊重西藏人民的宗教信仰和風俗習慣。（五）維持西藏現行軍事制度不予變更，西藏現有軍隊成為中華人民共和國國防武裝之一部分。（六）發展西藏民族的語言文字和學校教育。（七）發展西藏的農牧、工商業，改善人民生活。（八）有關西藏的各項改革事宜，完全根據西藏人民的意志，由西藏人民及西藏領導人員採取協商方式解決。（九）對於過去親英美和親國民黨的官員，只要他們脫離與英美帝國主義和國民黨的關係，不進行破壞和反抗，一律繼續任職，不咎既往。（十）中國人民解放軍進入西藏，鞏固國防。人民解放軍遵守上列各項政策。人民解放軍的經費完全由中央人民政府供給。人民解放軍買賣公平。

鄧小平主持起草的這份歷史性的文件，由西南局報到中央後，立即受到了中共中央、毛澤東的充分肯定和高度讚揚。這十條，既充分照顧到西藏各族各階層人民的利益，又維護了祖國的統一和民族的大團結；既成為和平解放西藏、同西藏談判的基礎條件，又是進藏部隊開展政治爭取工作的基本依據和必須遵守的基本準則。後來中央人民政府同西藏地方政府簽訂的和平解放西藏辦法十七條協議，就是以鄧小平和西南局提出的十條為基礎，在這大框架上發展起來的。

西南局的這個十條，後稱十大政策，在藏區廣泛、深入地宣傳後，受到了藏區廣大人民群眾的普遍歡迎，包括一些上層人士，都認為十條充分地考慮到了西藏社會的現實，照顧到了各階層的利益，非常符合西藏的實際情況。甚至有的藏族代表人士還覺得這十條太寬了些。對此，鄧小平在 1950 年 7 月歡迎赴西南地區的中央民族訪問團大會上，專門對西藏以及各少數民族的政策問題作了深刻的論述。

他說，我們對西藏的十條，"就是要寬一點，這是真的，不是假的，不是騙他們的，所以這個政策的影響很大，其力量不可低估"。"我們確定，在少數民族裏面，正是由於過去與漢族的隔閡很深，情況複雜，所以不能由外面的力量去發動少數民族內部的所謂階級鬥爭，不應由外部的力量去製造階級鬥爭，不能由外力去搞什麼改革。"" 改革是需要的，不搞改革少數民族的貧困就不能消滅，不消滅貧困，就不能消滅落後，但是這個改革必須等到少數民族內部的條件具備以後才能進行。" 現在我們民族工作的中心任務是：搞好團結，消除隔閡，只要不出亂子，能夠開始消除隔閡，搞好團結，就是工作做得好，就是成績。他還提出不要把漢人區域的一套搬到少數民族區域裏去，要誠心誠意為少數民族服務。後來在陳明義彙報修路情況時，他又指出："一切要從西藏的歷史、社會情況和民族宗教的特點的實際出發，要調查研究清楚了才辦事，搞不清楚的事暫時不辦，比亂整好。"

根據中央關於物色適當人員赴拉薩做政治爭取工作的指示，西北局先後派了兩批人去拉薩勸和。一批被西藏地方當局限令離境，一批遭扣押。西南局接到中央的電報後，在物色赴藏勸和代表人選時，當時的西南軍政委員會委員、西康省人民政府副主席、朱德總司令長征路過藏區時結識的好朋友、甘孜白利寺活佛格達，主動提出去拉薩勸和。鄧小平感到格達活佛的愛國精神可嘉，但鑑於當時西藏地方政府態度頑固，缺乏和平誠意，拉薩形勢比較複雜，因而數次急電勸告格達活佛暫不要前去拉薩，並將此意見報告朱德總司令。朱德也專門電告西南局，對格達活佛深明大義，以西藏民族的利益為重，捨身勸和的精神表示欽佩，但勸他暫不去拉薩。無奈格達活佛決心已定，他要在勸和成功後再進京拜見朱總司令等中央領導。西南局只得尊重他的意願。鄧小平專門修書，請格達活佛轉送達賴喇嘛，表明中共中央、毛澤東對和平解放西藏、統一祖國大陸的英明決策和一片誠意。十分遺憾的是，格達活佛壯志未酬，和平使命未竟，便在昌都慘遭暗害。

儘管中共中央、毛澤東對西藏的和平解放傾注了大量的心血，制定了一系列的方針政策，西南、西北局都為此作出了積極的努力，十八軍全體指戰員始終站在和平的大門前，等待西藏地方政府的醒悟。但是，在帝國主義和外國反動勢力的慫恿支持之下，以達扎為首的噶廈當局利令智昏，錯誤估計形勢，關閉了和平談判的大門，妄圖用戰刀來阻擋和平之盾。他們調集一半以上的藏軍，約九個代本（相當於團）和民兵三千餘人，佈防於昌都以東的金沙江一帶和昌都附近地區，企圖扼守天險，阻止人民解放軍和平進藏。在此情況下，一場以打促和的仗非打不可了。

1950 年 10 月 6 日，著名的昌都戰役全面拉開序幕。十八軍五十二師全部，五十三師、五十四師、軍直各一部，在青海騎兵支隊、雲南一二六團和一二五團的直接參加和新疆騎兵師先遣連的戰略配合下，對昌都實施了大的迂迴包圍和正面攻擊相結合的作戰，一舉解放昌都，爭取了藏軍第九代本起義，歷時二十天，共殲滅藏軍五千七百餘人，取得了昌都戰役的全勝。

西藏實現和平解放

昌都戰役為最終實現和平解放西藏創造了條件，奠定了和平談判的基礎。

昌都解放後，中央人民政府和人民解放軍並不以勝利者自居，仍然堅持和平解放西藏的一貫方針。中央督促西藏當局，周恩來總理直接通過印度給西藏地方政府做工作，進駐昌都的部隊和工作人員大力開展統戰、宣傳工作，以實際行動影響群眾，繼續爭取和談。在這樣的情形下，阿沛·阿旺晉美和西藏地方政府在昌都的其他官員，兩次上書達賴喇嘛，力主和平談判。事實再一次說明，中央和平解決西藏問題是真誠的。在政策的感召和從各方面進行大量工作的情況下，達賴喇嘛終於面對現實，拋棄了幻想，以西藏人民的利益為上，派出了以阿沛·阿旺晉美為首的西藏地方政府和談代表團。

1951 年 4 月 16 日，西藏和談代表阿沛·阿旺晉美一行到達重慶後，受到各界代表和群眾的熱烈歡迎。

5 月 23 日，中央人民政府和西藏地方政府的代表在北京簽訂了關於和平解放西藏辦法的《十七條協議》，西藏實現和平解放。和平解放使西藏擺脫了帝國主義侵略勢力的羈絆，打破了西藏社會長期封閉、停滯的局面，為西藏的民主改革和發展進步創造了條件。

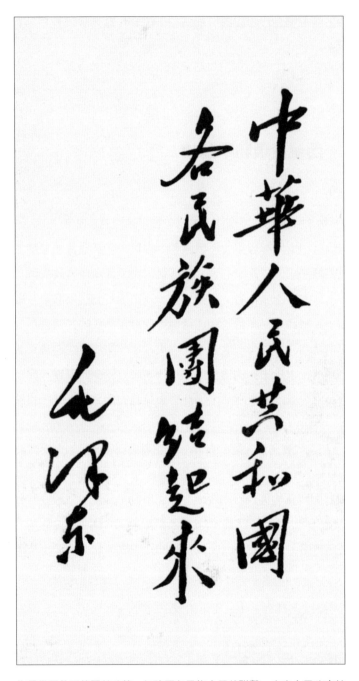

中華人民共和國各民族團結起來

毛澤東

為貫徹民族平等團結政策，加強同各民族人民的聯繫，中央人民政府於
1950—1952 年先後派出四個訪問團，分赴西北、西南、中南、東北和
內蒙古等地區慰問各民族人民。圖為毛澤東為中央民族訪問團題的詞。

抗美援朝

中國對朝鮮爆發的戰爭事先沒有任何準備。

聶榮臻：當時黨內意見傾向於"不到萬不得已的時候，最好不打這一仗"。

這是毛澤東第四次，也是最後一次下定決心出兵朝鮮。

正當中國人民為爭取財政經濟狀況的全面好轉而鬥爭的時候，1950 年 6 月，朝鮮戰爭爆發。美軍不顧中國政府的多次警告，越過三八線，直逼中朝邊境的鴨綠江和圖們江。面對嚴重威脅，毛澤東、中共中央以巨大的膽識和氣魄，作出重大決策——抗美援朝。

朝鮮戰爭爆發，美國全面介入

1945 年 8 月，在第二次世界大戰中結為反法西斯聯盟的美國和蘇聯，在朝鮮問題上達成妥協，確定以 "三八線" 為界分別進入朝鮮接受日軍投降，"三八線" 以南為美軍受降區，"三八線" 以北為蘇軍受降區。

蘇軍和美軍於 1948 年底和 1949 年 6 月先後撤出朝鮮後，朝鮮北南兩個政權、兩種制度在朝鮮統一問題上的鬥爭日趨尖銳，終於發展到了不可調和的地步。1950 年 6 月 25 日，朝鮮內戰爆發了。

朝鮮內戰剛一爆發，美國當局便從其全球戰略利益出發，立即進行了武裝干涉。6 月 26 日，美國即派出其駐日本的空軍和海軍部隊，支援南朝鮮李承晚軍隊作戰。同時，美派遣海軍第七艦隊侵入台灣海峽。這嚴重侵犯了中國的主權和領土完整。7 月上旬，又派出其地面部隊進入朝鮮。

與此同時，美國在聯合國積極活動，為其武裝干涉朝鮮尋求 "合法" 外衣，於 7 月 7 日操縱聯合國通過決議，組成以美國為首的所謂 "聯合國軍"（朝鮮戰爭期間，先後共有十六個聯合國成員國派出軍隊參加 "聯合國軍"）。7 月 8 日，美國任命其駐遠東軍總司令、五星上將道格拉斯·麥克阿瑟為 "聯合國軍" 總司令。7 月中旬，南朝鮮李承晚集團也將南朝鮮軍交 "聯合國軍" 司令部指揮。

中國人民在抗議和譴責美國侵略行徑的同時，同愛好和平的世界各國人民一樣，一再主張和平解決朝鮮問題。美國對此不予理睬，繼續增兵朝鮮。至 8 月中旬，美國入朝的地面部隊已達四個師和一個旅，共七萬餘人，由美第八集團軍司令部指揮。但是，美國在戰場上仍連遭失敗。朝鮮人民軍英勇作戰，於 7 月 20 日攻佔大田。至 8 月中旬，解放了"三八線"以南 90% 的地區，把美軍和南朝鮮軍壓縮到洛東江以東僅一萬平方公里的狹小地域內。

美國為了挽回在朝鮮的敗局，又抽調兩個師組成第十軍，加上南朝鮮一些部隊共七萬餘人，在 260 餘艘軍艦和 500 架飛機支援下，於 9 月 15 日，在朝鮮西海岸的仁川港實施大規模的登陸進攻，截斷了朝鮮人民軍的後路，在洛東江正面戰線的美第八集團軍和南朝鮮軍於 9 月 16 日發起了反攻，致使前線的人民軍部隊腹背受敵，被迫實施戰略撤退。朝鮮戰局發生了逆轉。

9 月 28 日，美第十軍攻佔漢城；29 日，美第八集團軍進抵"三八線"。這時，美國當局已經作出決定，即美軍越過"三八線"繼續北進，吞併整個朝鮮，並進而威脅中國大陸。10 月 7 日，美國和南朝鮮軍隊越過"三八線"大舉北進。

中國被迫介入衝突

1949 年中華人民共和國成立後，中國政府面臨著迅速醫治戰爭創傷，恢復正常的生產和生活以及穩定全國政治局勢的繁重任務。就全國範圍內的工作來說，大規模戰爭已經不在中國領導人議事日程之中了。1950 年 6 月 6 日，毛澤東說："新的世界大戰是能夠制止的。國民黨反動派散佈的戰爭謠言是欺騙人民的，是沒有根據的。"就在朝鮮戰爭爆發的前一天，《人民日報》刊登了毛澤東在全國政協第二次會議上的閉幕詞，宣佈"戰爭一關，已經基本過去了"。

公平地說，中國對朝鮮爆發的戰爭沒有政治準備、軍事準備和心理準備，在戰爭爆發前，中國確實無意對朝鮮衝突進行干涉和參與。

但是，1950 年 9 月 15 日美軍在仁川登陸成功後，朝鮮局勢急轉直下，出兵朝鮮問題也作為應急方案擺在中國領導人面前了。

9月17日，中央軍委決定立即派遣一個五人先遣小組赴朝熟悉情況，勘察地形，做戰場準備。這一建議本是東北邊防軍在此前提出的，但周恩來一直壓下未批，這時才以增派武官的方式派出先遣小組，隨中國駐朝鮮大使館參贊柴成文趕赴平壤。路過瀋陽時，高崗給柴成文看了一封毛澤東的來信，信上說，"看來不出兵是不行了，必須抓緊準備"。

由於戰爭局勢惡化，金日成不得不向蘇聯求救，並且通過蘇聯請求中國派兵赴朝作戰。9月27日，斯大林派往朝鮮的私人軍事代表馬特維耶夫給斯大林發了一份絕密電報，彙報了朝鮮的嚴重局勢："人民軍損失慘重"，"裝備彈藥嚴重供應不足，燃料缺乏，運輸差不多已完全癱瘓。兵員與彈藥補充的組織工作很差。部隊指揮系統從上到下一團糟"。正是在這種情況下，金日成和朴憲永於9月29日聯名給斯大林寫信，懇求斯大林給予"特別援助"，即"直接得到蘇聯的軍事援助"。金日成還要求斯大林："如果由於某種原因做不到這一點，那麼請幫助我們建立一支由中國和其他民主國家組成的國際志願部隊。"

1950年6月25日，朝鮮內戰爆發。27日，美國宣佈武裝干涉朝鮮內戰，同時派遣美國海軍第七艦隊開進台灣海峽，公然侵略中國領土。

10月1日，斯大林給蘇聯駐朝鮮大使什特科夫和馬特維耶夫回電，要他們立即去見金日成，轉告他的意見：準備在"三八線"以北與敵人作長期鬥爭；迅速組建預備隊，並在南方開展遊擊戰；蘇聯將提供必要的物質援助。

至於金日成要求派軍隊援助的問題，斯大林推到了中國身上：關於"給予武裝援助的問題，我們認為更可以接受的援助形式是組織人民志願部隊。關於這個問題，我們必須首先同中國同志商量"。在此之前，斯大林顯然已經有所考慮。師哲在回憶錄中提到，仁川登陸以後，斯大林曾來電詢問中國在瀋陽到丹東一線部署的兵力有多少，能否出兵援助朝鮮。在接到金日成的求援電報後，斯大林又給毛澤東發來電報："中國最終將被捲入戰爭，同時，由於與中國有互助同盟條約，蘇聯也將捲入戰爭。我們對此應該懼怕嗎？我的觀點是，我們不必懼怕，因為我們聯起手來將比美國和英國更強大。""如果戰爭是不可避免的，那麼讓它現在就來吧，而不要等數年之後，那時日本軍國主義就將恢復起來並成為美國的一個盟國。"斯大林的這番慷慨陳詞，顯然不僅僅是詢問中國的意見，而且是鼓動和要求中國捲入這場戰爭。

金日成在要求斯大林替他向中國尋求幫助的同時，也直接派人來北京求援。10月1日，朴憲永攜金日成給毛澤東的信抵達北京，直接向毛澤東、周恩來提出請中國出兵赴朝參戰。

幾天之內，形勢劇變，情況危急，蘇聯的鼓動和朝鮮的請求，加上中國對戰局發展前景的擔憂，迫使毛澤東當機立斷，作出決定。10月2日凌晨2時，毛澤東以中央軍委名義給高崗和鄧華發電，要高崗立即來京開會，讓鄧華下令"邊防軍提前結束準備工作，隨時待命出動，按原定計劃與新的敵人作戰"。同一天，毛澤東擬就了給斯大林的電報稿，電報稿中說中國已決定"用志願軍名義派一部分軍隊至朝鮮境內和美國及其走狗李承晚的軍隊作戰，援助朝鮮同志"。還通報說中國預先調至東北的十二個師將於10月15日開始出動，在朝鮮北部適當地區（不一定到"三八線"），進行防禦戰，待蘇聯武器到達後，配合朝鮮人民軍舉行反攻。這是毛澤東第一次明確表示派兵入朝作戰的意思，但是，這封連夜起草的電報卻並沒有發出，原因是在當天下午即10月2日召開的中央書記處會議上，大家意見很不一致。

10月4日，在中南海豐澤園召開的政治局擴大會議意見分歧仍然很大，許多人不贊成出兵。由於天氣原因，彭德懷於10月4日下午才飛抵北京。趕到會場後，彭德懷"發現會議的氣氛很不尋常"，意見分歧很大。當天下午，彭德懷沒有發言。5日上午9

時左右，鄧小平受毛澤東委託專程到北京飯店接彭德懷去中南海談話。顯然，毛澤東有意通過彭德懷扭轉會議的僵持局面。下午政治局會議繼續對是否出兵援朝問題進行討論時，仍有兩種意見。這時，彭德懷發言堅決支持毛澤東的主張。彭德懷的發言的確起了重要作用。會議同意了毛澤東的主張，決定出兵援朝。所以會議結束後，毛澤東才十分肯定地對彭德懷說："給你十天準備時間，出兵時間初步預定 10 月 15 日。"

10 月 6 日，周恩來主持召開黨政軍高級幹部會議。會上傳達了中共中央關於出兵朝鮮的決定，並研究部署志願軍出動的各項準備工作。林彪在會上繼續表示不贊成出兵，他的主要意見是，為了拯救朝鮮而把中國打爛不值得，因裝備太差與美軍作戰沒有勝利把握，美國可能用原子彈或大規模空軍襲擊中國大陸。因此，他還是主張最好不出兵，如果一定要出，就採取"出而不戰"的方針，屯兵於朝鮮，待機行事。周恩來批評了這種看法，強調出兵援朝的決心已定，現在只是研究如何執行的問題。

10 月 8 日，毛澤東發佈了關於組成中國人民志願軍的命令，任命彭德懷為志願軍司令員兼政委，率第十三兵團及所屬四個軍和邊防炮兵司令部及所屬三個炮兵師，待命出動。後勤供應事宜，統由高崗調度。同日，毛澤東發電將這一決定通知金日成。這是毛澤東第二次作出派兵入朝的決定。

中國決定出兵朝鮮的確是有很大困難的，其中軍事方面的問題主要在於中國軍隊裝備落後，而且沒有進行現代化戰爭必備的空軍。然而，就是在出動空軍的問題上，斯大林瞻前顧後，出爾反爾，以致中國在下決心出兵朝鮮的問題上再次出現波折。

周恩來是 10 月 8 日離開北京的，10 日到達莫斯科，11 日在布爾加寧陪同下乘專機飛到黑海之濱斯大林的休養地，當天下午舉行雙邊會談。會談的內容主要有以下幾點：（1）斯大林解釋蘇聯不能出兵的理由。斯大林認為蘇聯雖設想過幫助朝鮮，但早已聲明蘇軍從朝鮮全部撤出，所以不能出現在戰場，更不能同美國直接對抗。（2）斯大林勸中國出兵，如果中國出兵，蘇聯將供應武器和裝備。（3）周恩來闡明中國出兵的困難：中國人民長期遭受戰爭之苦，許多國計民生問題尚未解決，目前剛剛結束戰爭，正在恢復和建設等等。（4）斯大林建議，如果中國不出兵，就通知金日成早些撤過鴨綠江，保存有生力量，可將主力部隊撤到中國休整，以利再戰。

毛澤東得知蘇聯已確定暫不出動空軍的消息後，緊急發出兩封電報，指示東北的彭德懷、高崗以及華東的饒漱石、陳毅："10 月 9 日命令暫不實行"，"十三兵團各部仍就原地進行訓練，不要出動"，"宋時輪兵團亦仍在原地整訓"。同時，請高崗和彭德懷赴京商談。代總參謀長聶榮臻擔心電報輾轉延誤時間，又於當晚7時許匆忙趕到軍委作戰部值班室，直接用電話找到正在安東察看渡口的彭德懷，告訴他情況有變化，回北京當面談。

10月13日中午，彭德懷和高崗抵達北京。下午，毛澤東在頤年堂召開中央政治局緊急會議，對出兵和不出兵的利害關係再次展開討論。彭德懷聽說蘇聯不給予空軍支援後十分生氣，並表示要辭去志願軍司令職務。毛澤東再次掌握了會場，他說服彭德懷和其他與會者，雖然蘇聯空軍在戰爭開始階段不能進入朝鮮，但斯大林已答應對中國領土實行空中保護，並向中國提供大量軍事裝備。會議最後決定，即使暫時沒有蘇聯空軍的支援，在美軍大舉北進的情況下，不論有多大困難，也必須立即出兵援朝。隨後，毛澤東與彭德懷、高崗詳細研究了志願軍入朝後的作戰方案。

會議結束後，毛澤東即給周恩來去電：“與政治局同志商量結果，一致認為我軍還是出動到朝鮮為有利。”在談到出兵的意義時，毛澤東在電報中指出：“我們採取上述積極政策，對中國，對朝鮮，對東方，對世界都極為有利；而我們不出兵，讓敵人壓

應朝鮮黨和政府的請求，中共中央和中央人民政府決定抗美援朝，保衛國家。10月19日，中國人民志願軍分三路跨過鴨綠江，與朝鮮人民軍共同抗擊美國侵略者。

至鴨綠江邊，國內國際反動氣焰增高，則對各方都不利，首先是對東北更不利，整個東北邊防軍將被吸住，南滿電力將被控制。"總之，我們認為應當參戰，必須參戰，參戰利益極大，不參戰損害極大。"

由於沒有空軍掩護，毛澤東決定初期只與南朝鮮部隊作戰。第二天毛澤東又致電周恩來，通報了具體的作戰部署和方案，並說明志願軍出動的日期是 10 月 19 日。這是毛澤東第三次下決心出兵朝鮮。

10 月 15 日，平壤告急，金日成派朴憲永到瀋陽會見彭德懷，要求中國儘快出兵。彭德懷告訴他，中國已作出最後決定，預定 10 月 18 日或 19 日部隊分批渡江。同日，毛澤東致電高崗和彭德懷，要求志願軍出動日期提前。電報說"我軍先頭軍最好能於 17 日出動，第二個軍可於 18 日出動，其餘可在爾後陸續出動，十天內外渡江完畢"。

然而，就在中國軍隊箭已上弦，不得不發之時，莫斯科方面的情況又有變化。斯大林得知中國的決定後，於 10 月 14 日給什特科夫發出急電說，"經過一段猶豫不決，中國人已最後作出向朝鮮派出他們的軍隊的決定。我很滿意這個有利於北朝鮮的決定。在這個問題上，您不必考慮以前我們的高級官員與中國領導人會談時作出的建議"。這個"建議"顯然是指在此之前蘇聯與中國達成的一旦中國軍隊介入戰爭，蘇聯就將提供空中支援的協議。斯大林既已達到目的，自然要把蘇聯所承擔的風險降低到最小程度。然而，中國方面對此還寄予著很大希望。

幾經努力和斡旋，10 月 14 日，蘇聯政府承諾對援助中國的軍事裝備將採取信用貸款的方式，以及將出動十六個團的噴氣式飛機掩護中國志願軍入朝作戰。周恩來又致電在療養地的斯大林，進一步提出蘇聯除戰鬥機外，可否出動轟炸機配合中國軍隊作戰；除出動空軍入朝作戰外可否加派空軍駐紮在中國近海各大城市；以及除提供武器裝備外，可否在汽車、重要工兵器材方面也給予信用貸款訂貨的條件；等等。這時，斯大林卻改變了主意，他給莫斯科的莫洛托夫打電話說，蘇聯空軍只能到鴨綠江邊，不能配合志願軍入朝作戰。周恩來無可奈何，只得於 16 日離開莫斯科回國。

蘇聯決定不派空軍入朝作戰，也就意味著中國軍隊在朝鮮戰場根本無法得到有力的空中支援。這不能不使中國重新考慮出兵問題。於是，毛澤東在 17 日下午 3 時再次急電彭德懷和高崗改變計劃。原定先頭部隊 17 日出動，現改為"準備於 19 日出動"，並且說明 18 日"當再有正式命令"，電報還要彭、高二人再乘飛機回京商談。

18 日，毛澤東再次主持召開中共中央會議，研究出兵朝鮮問題。會上，剛回北京的周恩來介紹了幾天來同斯大林、莫洛托夫等人會談的情況，彭德懷介紹了志願軍出國前的準備情況。毛澤東最終決斷說："現在敵人已圍攻平壤，再過幾天敵人就進到鴨綠江了。我們不論有天大的困難，志願軍渡江援朝不能再變，時間也不能再推遲，仍按原計劃渡江。"會後，毛澤東於晚9時給鄧華等志願軍領導去電，命令部隊按預定計劃，自10月19日晚從安東和輯安兩地渡過鴨綠江，入朝作戰。這是毛澤東第四次，也是最後一次下定決心出兵朝鮮。

出擊必勝

出兵朝鮮是中國在極其困難的條件下被迫作出的決定，也是一個大無畏的決定。

這時，中國的經濟力量和軍隊裝備均無法同美國相比。中國戰爭創傷剛剛進行治理，財政經濟狀況相當困難，而美國是資本主義的頭號強國。中國1950年鋼產量為60.6萬噸，而同時期美國的鋼產量為8772萬噸，是中國的144倍。在軍隊裝備上，美軍是世界上第一流水平的，地面部隊全部機械化，其一個步兵師即裝備有坦克140餘輛，70毫米以上口徑火炮330餘門，火力、機動力均強，並有強大的海軍和空軍，掌握制空權和制海權。

中國空軍和海軍剛剛組建不久，短時間內不可能參戰，根本談不上制空權和制海權。中國的地面部隊只有少量機動火炮，坦克部隊也剛剛組建，每個步兵軍只有70毫米以上口徑火炮190餘門，還沒有美軍一個師裝備得多，並且，多是在抗日戰爭和解放戰爭時期繳獲的舊裝備，火力和機動力均很弱。中國出兵參戰困難太多。

儘管困難重重，但中國人民有堅強的決心，有戰無不勝的勇氣，中國人民是不可戰勝的。

從10月19日起，中國人民志願軍陸續跨過鴨綠江，進入朝鮮境內。

1950年10月25日到1951年6月的七個多月裏，志願軍根據中央軍委提出的作戰方針，結合朝鮮戰場的形勢，同朝鮮人民軍一起，實行戰略反攻，以運動戰連續進行了五次戰役，殲敵二十三萬餘人，將以美軍為首的聯合國軍和南朝鮮軍擊退到"三八

中朝軍隊協同作戰，取得了朝鮮戰場的偉大勝利。圖為中朝軍隊勝利會師時欣喜若狂的場面。

線”地區。此後，戰爭進入相持階段，雙方在“三八線”附近地區對峙。

　　美國和南朝鮮軍隊在遭受慘重打擊後，被迫於 1951 年 7 月接受停戰談判。在談判過程中，美國企圖以“軍事壓力”配合談判，達到其不合理的要求。美軍和南朝鮮軍發動了夏季攻勢和秋季攻勢，在戰爭中使用了滅絕人性的化學武器和細菌武器。他們還憑藉空中優勢實行了“絞殺戰”。志願軍根據毛澤東提出的“持久作戰，積極防禦”的戰略方針，以大規模的陣地戰頑強堅守，粉碎了美軍和南朝鮮軍的進攻，並於 1953 年發動強大的夏季反擊戰役，殲滅美軍和南朝鮮軍十二萬餘人，迫使其恢復談判和接受停戰。7 月 27 日，雙方在停戰協定上簽字，朝鮮戰爭宣告結束。在這場戰爭中，中國人民志願軍與朝鮮人民軍並肩作戰，共斃傷俘以美國為首的聯合國軍和南朝鮮軍一百零九萬餘人。1958 年 10 月，志願軍全部撤離朝鮮回國。

　　在朝鮮戰爭中，中國人民志願軍與具有現代化裝備的美軍作戰，扛住了美軍除原子彈以外一切武器的大規模攻擊，完成了抗美援朝、保家衛國的偉大任務。抗美援朝戰爭的偉大勝利具有深遠的歷史意義：中國出兵朝鮮作戰，同朝鮮人民結下了深厚友誼，從而使得中國有一個友好的鄰國。更重要的是，中華人民共和國以其大無畏的英雄氣概，在成立初期極其困難的條件下敢於面對世界頭號強國，英勇奮戰，致使戰後不可一世的美國也不得不來到談判桌前。這大大提高了中華人民共和國的國際地位和聲望，特別是給許多弱小的國家做出了不畏強權的榜樣，極大地提高了中國共產黨在全國人民心目中的威信，提高了中國人民的民族自信心和民族自豪感，頂住了美國侵略擴張的勢頭，打亂了帝國主義擴張勢力範圍的部署，維護了亞洲以及世界和平，為中國的經濟建設和社會發展贏得了一個相對穩定的和平環境。

土地改革

中國歷史上規模最大的土地改革運動。

《中華人民共和國土地改革法》頒佈。

農民盼了幾輩子的事情，終於實現了。

1950 年 6 月，中共七屆三中全會在北京召開。會議分析了國際國內形勢，總結了七屆二中全會以來即中華人民共和國成立前後一年多的工作。毛澤東向全會作《為爭取國家財政經濟狀況的基本好轉而鬥爭》的書面報告，代表中央向全黨和全國人民提出了當前階段的中心任務，指出，要獲得財政經濟狀況的根本好轉，要用三年左右的時間，創造三個條件，即：土地改革的完成；現有工商業的合理調整；國家機構所需經費的大量節減。

　　毛澤東在七屆三中全會的報告中指出："我們對待富農的政策應有所改變，即由徵收富農多餘土地財產的政策改變為保存富農經濟的政策，以利於早日恢復農村生產，

土地改革，使三億多無地少地的農民得到了七億畝土地和大量生產資料，徹底摧毀了封建制度的基礎——地主階級的土地所有制。各地派出土改工作團深入農村，領導土改運動。圖為四川金堂縣農民歡迎土改隊進村。

又利於孤立地主，保護中農和保護小土地出租者。"毛澤東強調，要"有步驟有秩序地進行土地改革工作"。七屆三中全會還聽取了劉少奇關於土地改革問題的報告，通過了《中華人民共和國土地改革法》（草案）。6月14日，政協第一屆全國委員會第二次會議召開，主要議題是土地改革，劉少奇在會上作《關於土地改革問題的報告》，全面闡述了土地改革政策的基本內容和進行土地改革的具體辦法。在閉幕會上，毛澤東進一步指明了土地改革的偉大意義，號召一切革命的人，都要站在革命人民一邊，過好土地改革這一關。

6月28日，中央人民政府委員會第八次會議討論並通過了《中華人民共和國土地改革法》，30日公佈施行。它總結了中國共產黨過去領導土地改革的經驗和教訓，又適應中華人民共和國成立後的新形勢確定了新政策，成為指導土地改革的基本法律依據。

中華人民共和國成立後的土地改革運動，是在人民革命戰爭已經取得全國勝利，統一的人民政權已經建立的條件下進行的。中國共產黨面臨的最迫切的任務，是恢復和發展國民經濟。其制定的各項政策和進行的各項工作，都應當圍繞著這個中心並為它服務。土地改革的目的也在於此。《土地改革法》第一條總則便是："廢除地主階級封建剝削的土地所有制，實行農民的土地所有制，藉以解放農村生產力，發展農業生產，為新中國的工業化開闢道路。"

根據歷史經驗和當時的實際，中國共產黨制定了一條較為完整，具有中國特色的土地改革總路線，並制定了相應的各項政策、法令、方針和措施。

——制定了土地改革總路線，即："依靠貧、僱農，團結中農，中立富農，有步驟有分別地消滅封建剝削制度，發展農業生產。"這條總路線是多年來中國共產黨進行土地改革運動經驗的繼承和總結，是符合中華人民共和國成立後農村實際的，又是土地改革中各項具體政策和措施的總依據。

——在政策上，對富農，由過去徵收富農多餘的土地財產改為保存富農經濟，即：保護富農所有自耕和僱人耕種的土地及其他財產；富農出租的小量土地一般也保留不動；半地主式富農出租大量土地，超過其自耕和僱人耕種的土地數量者，徵收其出租的土地。對地主，限制了沒收其財產的範圍。對小土地出租者，提高了保留其土地數量的標準。實行這些政策，是為了更好地保護中農，有利於分化地主階級，減少土改運動的阻力，還有利於穩定民族資產階級。歸根到底，是為了有利於生產的恢復和發展。

——在工作方法上，強調土地改革要有領導、有計劃、有秩序地進行。土地改革是一場激烈的階級鬥爭，必須貫徹黨的群眾路線，依靠貧農、僱農，團結中農，把廣大農民充分發動起來，使他們在打倒地主階級的鬥爭實踐中提高覺悟程度和組織程度，真正相信自己的力量，實現當家作主。土地改革運動中，反對不發動群眾，用行政命令方法把土地"恩賜"給農民的"和平土改"。同時，又強調，對群眾運動不能放任自流，必須把放手發動群眾同用黨的政策去武裝群眾、引導群眾結合起來。為了加強領導，訓練了大批幹部，組成土改工作隊，深入到農村工作。還在城鄉各界人民中進行宣傳教育，並吸收許多民主黨派人士和知識分子參加或參觀土地改革，形成城鄉最廣泛的反封建統一戰線。

從 1950 年冬到 1953 年春，根據中共七屆三中全會的部署，在進行抗美援朝戰爭的同時，中共中央在新解放區佔全國人口一多半的農村領導農民完成了土地制度的改革。到 1953 年春，全國除一部分少數民族地區及台灣外，土地改革都已完成。全國

1951 年 10 月 1 日，熱河建平縣發給崔景福的房屋執照。

有三億多無地少地的農民（包括老解放區農民在內）無償地獲得了約七億畝土地和大量生產資料，免除了過去每年向地主交納的約七百億斤糧食的苛重地租。這不僅是中國歷史上，而且是世界歷史上規模最大的土地改革運動。通過土地改革運動的勝利完成，在中國延續了幾千年的封建制度的基礎——地主階級的土地所有制，至此徹底消滅了，真正實現了耕者有其田。農民盼了幾輩子的事情，終於實現了。

三大改造

"把太多的小辮子梳成較少的大辮子。"

圍繞農業合作化速度問題，中央領導層發生了一場嚴重的爭論。

許多單幹農民直接參加高級社，被喻為"一步登天"。

資本主義工商業社會主義改造的計劃一再提前。

伴隨著第一個五年計劃的實施和社會主義工業化的起步，伴隨著過渡時期總路線的提出和宣傳，1953 年，國家對農業、手工業和資本主義工商業進行了系統的社會主義改造。

農業合作化運動初步展開

在農業社會主義改造方面，中共中央於 1951 年 9 月制定了《關於農業生產互助合作的決議（草案）》。針對當時老解放區農村互助組織渙散、不少中農嚮往單幹和許多幹部、貧農抱有"農業社會主義"思想，盼著早日實現大家生活"一拉齊"等情況，決議草案提出：要重視農民在土地改革基礎上發揚起來的個體經濟和勞動互助兩種生產積極性；批評了農業互助合作問題上存在的消極態度和急躁態度這兩種錯誤傾向，要求根據生產發展的需要和可能，引導個體農民沿著互助合作的道路前進。這個決議草案經過一年多的試行，於 1953 年 2 月由中共中央作為正式決議下發。

由於工業建設的全面鋪開，從 1952 年下半年起，全國糧食購銷開始呈現出緊張形勢。1953 年，糧食緊張情況有增無減，哄抬物價的風潮隨時可能發生。面對這種嚴峻情況，10 月，中共中央緊急作出一項重大決策：在農村實行糧食徵購，在城市實行糧食配給，嚴格管制糧食私商。這一政策簡稱"統購統銷"。具體政策為：計劃收購，計劃供應，由國家嚴格控制糧食市場和中央對糧食實行統一管理。

11 月，政務院下達《關於實行糧食的計劃收購和計劃供應的命令》。統購統銷政策的實行，很快緩解了糧食供求緊張的矛盾，但不能根本改變農業生產落後於工業發展的狀況。中央認為，解決糧食緊張的根本出路在於依靠農業合作化並在此基礎上適當進行技術改革。此外，實行糧食統購統銷，國家要同上億戶農民直接打交道，核定各戶餘糧，動員各戶交售，工作非常繁難。這也要求"把太多的小辮子梳成較少的大辮子"，把農民進一步組織到合作社裏來。

　　為進一步推動農業合作化運動的發展，12 月中央又公佈了《關於發展農業生產合作社的決議》，從克服農業同工業發展不相適應的矛盾出發，把逐步實行農業合作化作為農村工作中最根本的任務，提出初級社是引導農民過渡到完全社會主義的高級社的適當形式，要求把發展初級社作為領導互助合作運動繼續前進的重要環節。互助組是建立在農民小私有基礎上，因實行生產互助而具有社會主義萌芽性質。初級社是生產資料部分公有，屬於半社會主義性質，其特點是土地入股，實行按勞動力分配和一定比例的土地分紅，比較適合當時中國農村生產力的狀況，較容易為貧農、中農兩部分

遼寧蓋平縣農業生產合作社積極向國家出售新棉花

農民群眾所接受。高級社則是生產資料完全歸集體所有，實行統一經營、統一分配。這種高級形式的合作社，當時僅在個別地方進行試點工作，尚不宜推廣。

到 1955 年春，全國初級社迅速發展到六十七萬個。由於發展過猛，一些地方出現侵害農民——主要是中農利益的偏向，造成農村關係的緊張。為此，中央發出《關於整頓和鞏固農業生產合作社的通知》等一系列指示，強調農村工作的一切措施，都必須圍繞發展生產這一環節，必須從小農經濟的現狀出發，在糧食方面採取"定產、定購、定銷"措施，安定農民的生產情緒；在擴展合作社方面，實行"停、縮、發"方針，一般停止發展，適當收縮，全力鞏固農業合作社。經過整頓，全國共收縮了兩萬個社，鞏固下來的六十五萬個社，當年夏收有 80% 增產，開始轉入健康發展軌道。

糧食實行統購統銷以後，接著實行油料的統購和食油的統銷，1954 年又實行棉花的統購和棉布的統購統銷。統購統銷政策與農業互助合作相互聯繫、相互促進，實際上使國家掌握了私營工商業的原料供給和銷售市場，從而直接推動了對資本主義工商業的社會主義改造進程。

關於農業合作化推進速度的爭論

1955 年夏季以後，圍繞農業合作化速度問題，中央領導層發生了一場嚴重的爭論。在此之前，整個社會主義改造總的來說是按計劃、有步驟地穩步前進的，爭論之後，社會主義改造的步伐猛烈地加快了。

根據局部農村整社後的形勢，中央農村工作部提出農業合作社到 1956 年春發展到一百萬個的計劃，得到中央政治局批准。但 1955 年 6 月毛澤東從南方視察回到北京後，對農業合作化發展作出了新的觀察和判斷，主張修改計劃，發展到一百三十萬個。國務院副總理、中央農村工作部部長鄧子恢認為不妥，力主合作社要穩步發展。他提出：合作化運動應與工業化進度相適應，發展不宜過快；群眾覺悟水平和幹部領導能力需要逐步提高，要求不能過急；目前合作化發展已經很快，存在的問題很多，應該著重做好鞏固工作，為下一步的發展打好基礎。後來的實踐表明，鄧子恢的意見是正確的，是符合農村實際情況的。但在當時，毛澤東認為鄧子恢的思想右了，是對合作化不積極。

7月31日至8月1日，省、市、自治區黨委書記會議在北京舉行，毛澤東在會上作了《關於農業合作化問題》的報告。報告嚴厲批評了鄧子恢和他領導的中央農村工作部的所謂"右的錯誤"，認為"在全國農村中，新的社會主義群眾運動的高潮就要到來"，"而我們的某些同志卻落後於群眾"，"像一個小腳女人，東搖西擺地在那裏走路"，對合作化運動有"過多的評頭品足，不適當的埋怨，無窮的憂慮，數不盡的清規和戒律"，這是"錯誤的方針"。報告強調農村中"將出現一個全國性的社會主義改造的高潮"，為此，必須實行"全面規劃，加強領導"的方針。這次會議定下了加快農業合作化步伐的基調，助長了在農業合作化問題上的急躁冒進情緒，成為農業社會主義改造進程的一個轉折點。

10月，中共擴大的七屆六中全會在北京舉行。全會根據毛澤東《關於農業合作化問題》的報告，討論和通過了《關於農業合作化問題的決議》。《決議》把鄧子恢和中央農村工作部的"錯誤"性質進一步升級，確定為"右傾機會主義"；並對不同地區規定了合作化的進度，絕大部分地區都規定了很高的指標。七屆六中全會結束後，各地

上海市裝訂生產合作社社員入股的股金證

再次修訂加快合作化步伐的規劃，使合作化運動形成異常迅猛的發展浪潮。到 12 月下旬，全國已有 60% 以上的農戶加入了合作社。

這時，毛澤東主持編選的《中國農村的社會主義高潮》一書出版。他為這本書寫了序言和一百零四條按語，主導思想是“批右”，不僅對合作化運動中的所謂“右傾機會主義”給予更尖銳的批評，而且認為在其他許多方面的工作中也有“右傾保守思想”在“作怪”。由於激烈批判“右傾”所形成的政治壓力，以及一再提出超前的發展計劃，農業合作化運動像海嘯一般席捲中國大地。

1956 年 1 月，入社農戶由上年 6 月佔全國總農戶的 14.2%，猛增到 80.3%，基本上實現了初級社化。6 月，毛澤東以國家主席名義公佈《高級農業生產合作社示範章程》，剛剛建立的初級社隨之向高級社轉變，各地併社升級的浪潮愈發不可遏制，許多單幹農民直接參加高級社，被喻為“一步登天”。到 1956 年底，加入合作社的農戶已達全國總農戶的 96.3%，其中入高級社的農戶佔 87.8%。在短短幾個月的群眾運動高潮中，驟然完成由半社會主義合作社到全社會主義合作社的轉變，全國基本上實現了高級社化。

對資本主義工商業和手工業的社會主義改造

1953 年 6 月，中央確定通過國家資本主義改造資本主義工商業的方針。

國家資本主義的初級形式，一是國家委託私營工廠加工訂貨，對其產品統購包銷，工業資本家獲取一定的工繳費，企業利潤實行“四馬分肥”（即國家所得稅、企業公積金、工人福利費、資方紅利四個部分），企業雖然仍由資本家管理，但基本上是為國計民生服務，具有一定的社會主義性質。二是國家委託私營商店經銷和代銷商品，商業資本家獲取合理的批零差價和代銷費。這些形式屬於國家同資本家在企業外部的合作，並不觸及生產資料的資本家所有制。

國家資本主義的高級形式是公私合營，即國家通過注入資金和委派幹部，使社會主義成分同資本主義成分在企業內部合作，企業由私有變為公私共有，公方代表和工人群眾結合在一起掌握企業的領導權，資本家失去原有的支配地位，生產關係發生重要變化，便於勞資矛盾、公私矛盾朝著有利於勞方和公方的方向解決，有利於改進生產，納入國家計劃。

在 1953 年底以前，以加工訂貨、經銷代銷為主的初級國家資本主義形式，在私營工商業中已有較大發展。隨著糧棉油統購統銷制度的實行，從 1954 年起，國家轉入重點發展公私合營這種高級形式的國家資本主義。私營工商業由國家資本主義的低級形式向高級形式的發展，事實上也就是逐步改造其生產關係，使企業逐步走向社會主義的過程。1954 年到 1955 年，擴展公私合營的工作取得很大進展，公私合營企業數量不斷增加。1954 年 12 月，中央提出統籌兼顧、歸口安排、按行業改造的方針。1955 年，北京、上海、天津等地一部分行業先後實行了全行業公私合營。

在農業合作化運動迅猛發展的推動下，資本主義工商業全行業公私合營的浪潮也很快席捲全國。1956 年 1 月底，全國五十多個大中城市相繼宣佈實現全市的全行業公私合營。1956 年底，全國私營工業戶數的 99%，私營商業戶數的 82.2%，分別納入了公私合營或合作社的軌道。原定用三個五年計劃基本完成資本主義工商業社會主義改造的計劃一再提前，結果在 1956 年內就實現了。

手工業的合作化，在總路線提出以後採取"積極領導、穩步前進"的方針。組織形式是手工業生產合作小組、手工業供銷合作社和手工業生產合作社，步驟是從供銷入手，由小到大，由低到高，逐步實行社會主義改造和生產改造。農業合作化的猛烈發展，也影響了手工業的合作化速度。1955 年底中央提出要求：在兩年內基本完成手工業合作化。實際上，到 1956 年底，參加合作社的手工業人員已佔全體手工業人員的91.7%。

1956 年社會主義改造的基本完成，在中國實現了生產資料所有制的深刻變革。農民、手工業者個人所有的小私有制，基本上轉變為勞動群眾集體所有制；資本家所有的資本主義私有制，基本上轉變為國家所有制即全民所有制。在整個國民經濟中，全民所有制和勞動群眾集體所有制這兩種社會主義公有制形式，已佔據絕對優勢地位。儘管改造後期實際工作中出現了一些偏差，但從改造的方向和全過程來看，基本上是符合中國工業化初期經濟發展的客觀需要的。在中國實現對農業、手工業、資本主義工商業的社會主義改造，可以說是一件有偉大歷史意義的事情。

1956 年 1 月 18 日，天津實現了工商業全行業公私合營。圖為天津盛錫福帽廠公私合營
後，掛上了新廠牌。

　　　　　　　　　　　　　　　　　　　　　　　細節的力量：新中國的偉大實踐

初露鋒芒日內瓦

中華人民共和國第一次以大國身份參加大型國際會議。

朝鮮問題的討論形成"僵局"。

周恩來舌戰群雄。

日內瓦會議是中華人民共和國成立以後第一次參加的重要國際性會議，中共中央
對此十分重視，決定派周恩來率代表團前往參加。

中國高度重視日內瓦會議

根據朝鮮停戰協議，1954 年 1 月在柏林召開了蘇、美、英、法四國外長會議，於
2 月 19 日發表公報，建議 1954 年 4 月 26 日在日內瓦舉行會議，以期和平解決朝鮮問
題，並討論恢復印度支那和平問題。

3 月 3 日，中國政府覆電蘇聯政府：中國接受蘇聯根據柏林會議發來的邀請，"同
意派出全權代表參加日內瓦會議"。

2 月底至 3 月，為了開好日內瓦會議，周恩來做了大量準備工作。3 月 31 日，
周恩來出席中共中央政治局擴大會議，報告關於日內瓦會議的估計及準備情況。會議
批准周恩來報告的意見，並委託周恩來先期赴莫斯科同蘇共中央商談出席會議的有關
事宜。

4 月 1 日，周恩來一行人起程赴蘇。在莫斯科，周恩來同赫魯曉夫等人進行了多
次圓桌會議形式的商談。赫魯曉夫先談了對即將召開的日內瓦會議的設想和看法。他
說："這是一次帶政治性的國際會議，但對它不必抱有過大的希望，不要期望解決什麼
問題。它可能根本解決不了什麼問題。"

周恩來則代表中國政府從不同的角度談了對日內瓦會議的不同考慮。他說："中
國、朝鮮、越南能夠一同出席這次會議，這本身就是一件不同尋常的事，是我們的一
個勝利。我們能夠利用這次機會，闡明對各項問題所持的原則立場，對若干有關問題
作出解釋和澄清性的說明，如果能解決某些問題就會有更大的收穫。"周恩來還一再
聲明：中國是第一次參加這樣的國際會議，缺乏國際鬥爭的知識和經驗，中蘇之間必

針對會議中某些國家對中國內外政策的誤解和非議，周恩來即席作了補充發言，提出了著名的"求同存異"的方針。圖為 4 月 19 日下午，周恩來在會議短暫休息時趕寫的補充發言稿。

須保持密切聯繫，隨時交換意見，互通情報，統一口徑，以便協同行動。

對周恩來的這些要求，赫魯曉夫等都給予了肯定的答覆。雙方達成了一致的看法，由蘇聯方面草擬具體方案。周恩來對此也比較滿意。這恐怕是周恩來與赫魯曉夫交往中最愉快的一次。

在周恩來回國的前一天晚上，赫魯曉夫設宴招待周恩來。酒宴上，興高采烈的赫魯曉夫和周恩來擁抱旋轉，一邊一杯接一杯地乾杯，一邊踢踏著他的腿腳，在宴會廳的空地上跳起了他最為拿手的烏克蘭民間舞蹈"戈巴克"，並不時地"喊"幾句俄羅斯民歌。

宴會的氣氛輕鬆熱烈，周恩來的情緒也非常高漲，在赫魯曉夫、米高揚等人的輪番勸酒中，也豪爽地連連乾杯。可能是飲酒過量，加之過度疲勞，周恩來感到不支而嘔吐。莫洛托夫等人趕緊把周恩來送回賓館，並一個勁地道歉。回國後，周恩來為此專門向毛澤東作了自我批評。毛澤東微笑著說："這是常有的事，算不得丟醜"。

4 月中旬，中央人民政府主席毛澤東正式任命周恩來為出席日內瓦會議的中國代表團首席代表，張聞天、王稼祥、李克農為代表。另外，為了鍛煉新中國的外事工作人員隊伍，代表團還吸收了政治、經濟、文化等各個領域的專家近兩百人。

朝鮮問題的討論形成 "僵局"

4月26日，舉世矚目的日內瓦會議在日內瓦國聯大廈開幕。

日內瓦會議的第一個議程是朝鮮問題。參加會議的除五大國和朝鮮南北雙方外，還有澳大利亞、比利時、加拿大等十二國。會議由泰國、蘇聯、英國三國首席代表旺親王、莫洛托夫、艾登輪流主持，後期同印度支那問題的討論平行進行。

朝鮮問題的討論，正如周恩來在會前預計的那樣，形成了一個 "僵局"。

會議一開始，朝、中、蘇三國代表為公平解決朝鮮問題作了巨大努力。4月27日，朝鮮民主主義人民共和國外務相南日提出實現朝鮮和平統一的三點方案：一、舉行全朝鮮自由選舉，以組成朝鮮統一政府；二、一切外國武裝力量在六個月內撤出朝鮮；三、對維護遠東和平具有最大關心的相應國家保證朝鮮的和平發展，並為朝鮮的和平統一創造條件。第二天，周恩來發言，完全支持南日提出的這個公平合理的方案。

但美國和南朝鮮頑固堅持不解決問題的立場。這樣，會議開了三天，周恩來就在致中央的電報中作出初步判斷："根據三天會場情況看來，朝鮮問題的討論形成敷衍局面，因美國不打算解決問題，法國對朝鮮問題又不便發言，英國也表示不想發言。"

日內瓦會議關於和平解決朝鮮問題的討論吵了整整一個半月，除小組會外，先後舉行了十五次全體會議，美國自始至終沒有提一項積極性的建議，會議沒有取得絲毫進展。

周恩來舌戰群雄

6月15日，日內瓦會議舉行討論朝鮮問題的最後一次全體會議，艾登擔任會議主席。朝鮮代表南日首先發言，他說："如果會議不能在通過自由選舉實現朝鮮統一的問題上取得諒解，那麼我們也應當在其他一些問題上，首先在維護朝鮮和平問題上取得諒解。"他提出了保證朝鮮和平狀態的六點建議。周恩來支持南日提出的六點建議，莫洛托夫主張與會各國發表宣言，保證不採取任何可能足以對維持朝鮮和平構成威脅的行動。他們三人發言後，主席艾登說：在我的名單上沒有要求發言的名字了。這時，有人突然建議暫時休會，得到主席同意。

這次休會的時間長達四十分鐘。重新開會後，美國代表、副國務卿史密斯首先發言否決了朝、中、蘇提出的所有建議。

幾個人接著發言後，一位泰國代表宣讀了一份包括美國等十六國的共同宣言，結論是"由本會議進一步考慮與研究朝鮮問題是不能產生有用的結果的"，這就意味著，這些國家想把在日內瓦會議上繼續討論朝鮮問題的大門完全關死。

這時，周恩來站了起來，壓住怒火，以平靜的口氣緩緩地說道："十六國宣言是在斷然表示要停止我們的會議，這不能不使我們感到極大的遺憾。情況雖然如此，我們仍然有義務對和平解決朝鮮問題達成某種協議"。周恩來接下來建議通過如下內容的決議，即："日內瓦會議與會國家達成協議，它們將繼續努力以期在建立統一、獨立和民

中國代表出席日內瓦會議

主的朝鮮國家的基礎上達成和平解決問題的協議。關於恢復適當談判的時間和地點問題，將由有關國家另行商定。"周恩來說："如果這樣一個建議都被聯合國軍有關國家所拒絕，那麼，這種拒絕協商和和解的精神，將給國際會議留下一個極不良的影響。"與會各國都感覺到了，周恩來最後這句話的分量是很重的。

周恩來的發言引發了以後廣泛流傳於外交界的一場妙不可言的舌戰。

比利時外長、老外交家斯巴克馬上解釋："莫洛托夫和周恩來的建議與十六國宣言並不矛盾。我們不同意，只是因為它們的精神已被包括在停戰協定與十六國宣言中了。"

周恩來馬上反駁："斯巴克的說法沒有根據。朝鮮停戰協定並沒有如我們建議的規定。中國代表團帶著協商和和解的精神第一次參加這樣的國際會議，如果我們今天提出的最後一個建議都被拒絕，我們將不能不表示最大的遺憾。全世界愛好和平的人民將對這一事實作出判斷。"

斯巴克又解釋道："我說的是周恩來的建議與我們起草十六國宣言的精神是一致的，說到頭我毫不反對周恩來建議的精神。我相信，英國代表與我其他的同事持有與我相同的態度。"

周恩來毫不示弱，起立發言："如果說十六國宣言與中國代表團的建議有著共同的願望，那麼十六國宣言只是一方面的宣言，而日內瓦會議卻有十九個國家參加。我們為什麼不可以用共同協議的形式來表達這一共同願望呢？難道我們來參加這個會議卻連這一點和解的精神都沒有嗎？我必須說，我是在第一次參加國際會議中學到了這條經驗。"

周恩來的發言合情合理，富有說服力，斯巴克和許多與會代表一樣被周恩來的誠意所打動，發言表示："為了消除懷疑，我本身贊成以同意票決定我們接受中華人民共和國代表團的建議。"

儘管史密斯又氣又急，但各國都無人反對，英國外交大臣艾登只好說："我可否認為，這個聲明已為會議普遍接受？"美國代表史密斯急了，馬上起立說："在請示我的政府以前，我不準備表示意見。"

周恩來再一次以緩慢而沉重的語調作了發言："我對比利時外交大臣所表現的和解精神感到滿意。會議主席的態度也值得提及。然而我必須同時指出，美國代表立刻表示反對並進行阻撓，這就使我們大家都了解到美國代表如何阻撓日內瓦會議並且阻止達成即使最低限度的、最具有和解性質的建議。”周恩來補充說：“我要求把我剛才的發言載入會議記錄。”

有關朝鮮問題的這最後一次會議，時間超過五個半小時。主席在裁決所有這些發言都將載入會議記錄以後，宣佈會議閉幕。

周恩來在日內瓦會議上所表現出的寬闊的政治家的胸懷和高超的鬥爭藝術，給與會者及國際社會留下了深刻印象，也使中華人民共和國在國際外交舞台上初露鋒芒。

萬隆走出 "一邊倒"

"克什米爾公主號" 事件震驚中外。

"我們的會議應該求同而存異。"

周恩來展示了個人的巨大魅力和外交機敏。

1954 年 4 月，印度尼西亞、印度、巴基斯坦、緬甸、錫蘭（今斯里蘭卡）五國總理在錫蘭首都科倫坡舉行會議，倡議召開亞非會議，討論亞非地區各國共同關心的問題。12 月底，五國總理再次在印度尼西亞茂物舉行會議，決定正式邀請包括中國在內的二十九個亞非國家，於 1955 年 4 月在印度尼西亞萬隆舉行亞非會議。

"克什米爾公主號" 事件

萬隆會議是由亞非國家發起，沒有西方國家參加的第一次大型國際會議。它反映了在 20 世紀殖民主義制度總崩潰的趨勢下，亞非人民維護民族獨立和世界和平、促進各國友好合作的共同願望和要求。中國是亞非地區最大國家，本著為 "爭取擴大世界和平統一戰線，促進民族獨立運動，並為建立和加強我國同若干亞非國家的事務和外交關係創造條件" 的原則，接受了五國總理的邀請。

中國政府還看到，在這些國家中，除了一些周邊國家同中國有外交關係或貿易關係外，另有二十二個國家或與台灣當局保持著所謂的 "外交關係"，或在美國的影響和控制下對中國存在著很大的誤解和疑慮，特別是某些在朝鮮戰爭中與美國結盟的國家對中國的對立情緒更大。從這個意義上說，中國出席這次會議，以最大的誠意和耐心去尋求與這些國家的共同點，消除它們的疑慮，爭取它們的信任，使它們逐步理解並支持中國，也是十分必要的。

然而，中國參加這次會議，並不順利。首先，出行就出了麻煩。

周恩來一行原準備租用印度 "克什米爾公主號" 飛機，屆時前往萬隆。是時，台灣特務準備謀害周恩來。1955 年 4 月，應緬甸總理的邀請，周恩來一行臨時改機，取道先赴仰光。台灣特務不知。11 日，中國和越南民主共和國參加亞非會議的先行人員，以及十餘名中外記者，乘 "克什米爾公主號" 從香港飛往萬隆。途經沙撈越西北海面上空時，由於台灣特務事先在飛機上放置了定時炸彈，飛機爆炸墜海，除機組個別人員外全部遇難。這就是震驚中外的"克什米爾公主號"事件。4月12日，中國政府就此事件發表鄭重聲明："這一不幸事件絕非一般的飛機失事，而是美國和蔣介石特務機關蓄意製造的謀殺。"

據時任外交部新聞司副司長的熊向暉回憶，1955年3月中旬，情報部門偵悉，由蔣介石親自批准，台灣"安全局局長"鄭介民指令所屬"保密局局長"毛人鳳，策劃在中國香港、印尼暗害周恩來。毛人鳳即命香港情報站負責在香港執行。主管情報工作的中國人民解放軍副總參謀長李克農立即指示所屬儘快探明台灣特務的具體計劃。

從表面來看，台灣特務的這次炸機似乎也達到了一些目的，如事後台灣的特務機關與港督達成口頭協議，即以後港方對台灣特務不准判刑，出事應交台灣當局自行處理，作為交換，台灣特務亦保證不再在香港搞炸機、殺人、放火等恐怖行動，等等。"克什米爾公主號"事件在一些亞非國家中也引起了一定程度上的思想混亂，有的國家擔心亞非會議是否還能開成；有的國家擔心會議能否開好；有的國家領導人甚而勸說周恩來不要參加這個會議了。

然而，從大處來看，台灣當局在政治上也並沒有佔到什麼"便宜"，中國共產黨人並沒有因此而"士氣受挫"。這次事件的第二天，中國外交部便嚴正聲明："中華人民共和國代表團一定要同與會各國代表團一起，為遠東和平和世界和平而堅決奮鬥。美國和蔣介石匪幫的卑劣行為，只能加強亞洲、非洲和全世界人民爭取和平和自由的共同行動。"當時，越南民主共和國、波蘭、奧地利、印度等許多國家紛紛起來譴責這一炸機行動，台灣當局從此更是大失人心。

好事多磨的亞非會議

1955年4月17日，周恩來率中國政府代表團飛抵萬隆，受到了極為熱烈的歡迎。4月18日，除中非聯邦外，二十九個國家的三百四十名代表齊集萬隆，亞非會議隆重開幕。

在會議進行中也波折頗多，不斷出現反華風潮。

會議是分兩個階段進行的，第一階段是各國代表發言。大多數國家的代表在發言中，都譴責殖民主義和種族主義，並表示要加強亞非國家之間的團結。但是，正如中國原先所預料的，18 日下午，會議就開始掀起了一股反華風潮。先是伊拉克代表法迪爾‧賈馬利發言，稱共產主義是 "獨裁"，是 "新殖民主義"，"在其他國家搞顛覆活動"，從而要 "反對共產主義"。緊接著，一些國家也對中國表示了不同程度的不信任，甚至攻擊中國信仰的共產主義，指責中國沒有宗教自由，懷疑中國對鄰國實行顛覆活動，等等。

在 19 日的發言中，菲律賓代表羅慕洛聲稱要 "同美國聯合起來反對共產主義"；泰國代表旺親王稱中國在雲南建立傣族自治州使泰國 "不得不面對滲入和顛覆活動的威脅"，還說具有雙重國籍的華僑實際上對泰國也構成了很大的威脅；土耳其代表法丁‧呂斯圖‧佐羅則把世界 "還沒有達到和平、安全和穩定狀態"，完全歸咎於社會主義國家。一時，大會氣氛很緊張，人們擔心會議是否還能開下去。

在 19 日上午會議上，針對出現的新情況，周恩來臨時決定將原來的發言稿改為書面發言散發，而在下午會議上作補充發言。周恩來從容不迫地走上大會講壇，誠懇地說：中國代表團參加會議的目的，"是來求團結而不是來吵架的"，"是來求同而不是來立異的"，"我們的會議應該求同而存異"。"我們共產黨人從不諱言我們相信共產主義和認定社會主義制度是好的。但是，在這個會議上用不著來宣傳個人的思想意識和各國的政治制度，雖然這種不同在我們中間顯然是存在的。" "會議應將這些共同願望和要求肯定下來。這是我們中間的主要問題。"

周恩來的發言態度誠懇，尤其是 "求同而存異" 的提法使與會者感到親切而又入情入理，那股清新的和解之風，贏來了會場上熱烈的掌聲和讚許，會場上原來那令人緊張和不安的氣氛，頓時被一掃而光。

會議的第二階段，是分組討論起草關於促進世界和平與合作的宣言。

4 月 21 日，錫蘭總理科特拉瓦拉節外生枝，突然舉行記者招待會，公開干涉中國內政，要在會上討論台灣問題。他主張台灣要由聯合國託管，然後建立 "獨立國家"。處理對外關係，"存異" 並不難，難的是在複雜的情況下，特別是在對立的狀態中 "求同"。而周恩來高超的外交鬥爭藝術，也正體現在這裏。周恩來一方面在會上明確表示，中國不同意科特拉瓦拉的主張；另一方面，周恩來在會下又分別同許多國家的代

1956 年 12 月，巴基斯坦人民贈給周恩來的金銀線編花環。

細節的力量：新中國的偉大實踐

表接觸，耐心地向他們闡述中國的立場和政策，爭取這些國家的理解。周恩來還主動找科特拉瓦拉單獨談話，向他介紹台灣的歷史和中國對台灣問題的一貫立場。經過誠懇坦率的交談，科特拉瓦拉說，他只是想說出心裏話，無意引起爭論，更無意把會議引向失敗。

在第二階段討論中，會議還在兩個問題上發生了爭論。一是殖民主義問題。有的國家代表攻擊社會主義國家的外交政策，誣衊社會主義是另一種形式的殖民主義，從而要求譴責一切形式的殖民主義。中國代表團堅持原則，明確指出，人們可以喜歡或不喜歡某一社會制度，但是違反事實的說法中國是堅決不能接受的，然而，中國也不會因為這些國家反對過中國，而放棄支持它們要求關於宗主國對殖民地和附屬國的獨立給予支持的主張。二是和平共處五項原則的提法問題，大多數國家代表同意這一提法，認為它並不違背聯合國憲章的精神，但是有的國家代表仍表示反對，認為這是共產黨名詞。對此周恩來提出：既然對這一提法的實質沒有異議，中國可以換一個名詞，用聯合國憲章中"和平相處"一詞來表述。有的國家代表還反對和平共處五項原則的數目和措辭，周恩來表示，"寫法可以修改，數目也可以增減，因為我們尋求的是把我們的共同願望肯定下來，以利於保障集體和平"。

4 月 24 日，全體會議通過了《亞非會議最後公報》。可以想象，這麼多不同社會制度國家的代表在一起，擬定著眼於"求同"的公報是何等的困難，這不僅要對每一句話，甚至對每一個詞和字都要進行仔細地推敲。如原稿中"反對一切形式的殖民主義"一句，容易被歪曲為"共產主義也是新形式的殖民主義"之類的錯誤解釋，在周恩來及一些國家代表的努力下，最後在《公報》上表達為"反對殖民主義的一切表現"，這樣就準確多了。因為社會主義從本質來說，根本不會有殖民主義的一切表現。

同一天，大會還通過了《關於促進世界和平和合作宣言》，提出了"尊重一切國家的主權和領土完整"，"不干預和不干涉他國內政"，"承認一切種族的平等"，"承認一切大小國家平等"等十項原則。其實，這十項原則就是和平共處五項原則的引申和發展，兩者在內容上並沒有大的差別。

總之，儘管亞非會議從一開始就不順利，然而許多國家至今仍不能不承認，由於周恩來的努力，使會議得以圓滿地結束了。據著名的加拿大學者羅納德·基斯說，當時"甚至連美國國務院的情報機構也承認，共產主義中國在萬隆會議上所留下來的良好印象應該歸功於周恩來嫻熟的外交技巧。在萬隆會議上，美國的外交又輸掉了具有重大意義的一仗，敗在了一個共產主義者的手下"。

　　周恩來在萬隆會議上的表現，使得很多亞非國家了解了社會主義的中國。所以，在亞非會議後，中國的和平外交不斷取得新的進展。至 1959 年，中國先後與挪威、荷蘭、南斯拉夫、阿富汗、尼泊爾、埃及、敘利亞、也門、錫蘭等國建立了大使級外交關係，同芬蘭、瑞士、丹麥由公使級升格為大使級外交關係。從日內瓦到萬隆會議表明，中華人民共和國在國際上的地位日益提高，並逐步走出"一邊倒"的外交格局，在世界舞台上扮演著越來越重要的角色。

首都北京市民遊行慶祝萬隆會議勝利召開

打開中美關係大門

神秘的華沙會談。

小球推動地球。

基辛格秘密來華。

尼克松："改變世界的一週。"

進入 20 世紀 70 年代，國際形勢發生了巨大變化。根據新形勢的發展，毛澤東、周恩來審時度勢，及時調整外交政策，採取一系列機動靈活的措施，使中國的對外關係出現良好的轉機，開創了外交工作新局面。其中關鍵性的一環，是打開中美關係的大門。

神秘的華沙會談

在打開外交新格局中，最重要的變化是中美關係開始走上正常化的道路。在這一歷史性的進程中，中國人民的老朋友埃德加·斯諾又有幸成為傳遞一種重要的外交信息的載體。1970 年 12 月 26 日，《人民日報》頭版刊出毛澤東在天安門城樓上和斯諾的合影，以含蓄的方式向美國發出贊成中美實現高層對話的信息。

長期處於對抗狀態的中美關係出現這樣戲劇性的轉折，是整個國際形勢發展變化的結果。那時候，蘇聯正在咄咄逼人地向外擴展勢力，在美國看來，改善中美關係可以增強它同蘇聯抗衡的力量。"當我們展望將來的時候，我們必須認識到中華人民共和國政府同美國政府之間存在巨大的分歧。將來我們之間仍將存在分歧。但是，我們必須做的事情是尋找某種辦法使我們可以有分歧而又不成為戰爭中的敵人。"在中國看來，改善中美關係可以適應抗禦蘇聯威脅的需要，有助於逐步解決台灣問題，也便於擴大中國的國際交往。

美國總統尼克松入主白宮前後，毛澤東和周恩來敏銳地察覺到尼克松發出的一系列值得注意的希冀同中國走向和好的信號，包括美國政府宣佈放寬對華貿易限制，反對蘇聯方面提出的旨在孤立中國的建議，下令停止美驅逐艦到台灣海峽巡邏等。對於這一切，毛澤東和周恩來當然是樂於看到的，並也在尋求中美關係突破的切入點。不久，周恩來興奮地報告毛澤東："找著門道了，要來敲門了，拿到敲門磚了。"這塊敲門磚就是中國駐波蘭大使館的一份電報。

1969 年 12 月 3 日，在波蘭首都華沙文化宮舉辦的南斯拉夫時裝表演會上，美國駐波蘭大使斯托塞爾看到中國臨時代辦雷陽離席，便尾隨跟出，試圖同雷陽搭話。不料中國臨時代辦卻走出會場，坐進轎車，準備離開。美國大使情急中不顧外交禮儀，一把拉住雷陽的翻譯，用波蘭語說他得到華盛頓的指示，準備恢復同中國大使館的聯繫。中方翻譯有禮貌地答應代為轉達後，便匆匆離去。

事情發生在華沙，並不是偶然的。長期以來，華沙一直是中美兩國進行官方正式接觸的地方。1955 年的第一次中美大使級會談就在這裏舉行。1967 年 3 月，已經進行了一百三十多次的中美華沙會談暫告中止，中美官方接觸的渠道也隨即中斷。尼克松就任美國總統以來，美國開始調整對華政策，向中國方面發出一系列"信息"，表示願意同中國對話，並多次聲明將把改善美中關係作為美國政府的外交目標之一。中蘇兩國總理的北京機場會晤以及隨後舉行的中蘇邊界問題談判，更促使美方下決心加快美中接觸的步伐。正是在這種情況下，發生了美國大使追趕中國外交官的一幕。

手握敲門磚，中國政府也發出了積極的回應信號。1969 年 11 月 16 日，周恩來致信毛澤東："尼克松、基辛格的動向可以注意。" 12 月 4 日，周恩來批准外交部關於釋放兩名乘遊艇進入中國海域的美國人的報告，並通知美國駐波蘭大使斯托塞爾。幾天以後，斯托塞爾應邀到中國駐波蘭大使館同中國臨時代辦雷陽會晤，成為第一個進入中華人民共和國駐外使館的美國大使。12 月底，經過毛澤東、周恩來反覆考慮，終於批准恢復中斷了近三年的中美華沙會談。

重新恢復的中美大使級會談定於 1970 年 1 月 20 日在華沙舉行。會談前，周恩來逐字逐句地審閱修改中方的發言稿，並且註明："在我方發言後，美方如重提美與台灣有條約關係，我應以'美蔣條約'是全中國人民所不承認作答；美方如詢更高級會談或其他途徑何所指，可答以美國政府如對此感興趣，可提出方案，也可在大使級會談中雙方商定出方案。"

不久，巴基斯坦方面傳來美方口信：尼克松準備開闢一條白宮通向北京的直接渠道，以便在絕對保密的情況下，"保證完全的自由的決斷"。周恩來一看就明白了。他閱後批道："尼克松想採取對巴黎談判辦法，由基辛格秘密接觸。"這裏的巴黎談判是指關於越南問題的談判。

這以後，事情發生了一些波折：因為美國支持柬埔寨朗諾集團發動政變，推翻西哈努克親王領導的王國政府，美國軍隊入侵柬埔寨，激起印度支那三國人民抗美救國鬥爭的高潮。為了支持印度支那三國人民，中國方面連續兩次推遲中美華沙會談。6月底，尼克松政府被迫決定把美國軍隊撤出柬埔寨。此後，美國又恢復了打破中美關係僵局的努力。10月初，尼克松向美國《時代》週刊記者說："如果我在死以前有什麼事情可做的話，那就是到中國去。如果我去不了，我要我的孩子去。"

1970年10月下旬，尼克松先後會見訪問美國的巴基斯坦領導人葉海亞和羅馬尼亞領導人齊奧塞斯庫，表示願意派一高級使節秘密訪問中國。在歡迎齊奧塞斯庫的宴會上，尼克松還以美國總統的身份，第一次使用了"中華人民共和國"的名稱，這被認為是"意味深長的外交信號"。

12月18日，毛澤東會見老朋友埃德加·斯諾。談到中美關係時，毛澤東告訴斯諾："尼克松早就說要派代表來，他對於華沙那個會談不感興趣，要當面談。如果尼克松願意來，我願意和他談，談得成也行，談不成也行，吵架也行，不吵架也行，當做旅遊者來也行，當做總統來也行，總而言之，都行。""我看我不會同他吵架，批評是要批評他的。"26日，毛澤東在天安門城樓上和斯諾的合影上了《人民日報》頭版。

這樣，舉行中美高級會晤的條件已漸趨成熟，等待著實現一次重大突破。

小球推動地球

1971年1月29日，農曆正月初三。

天安門西側的中南海西花廳內，周恩來約見參加起草《中日乒乓球協會會談紀要》的中方人員談話，他皺起眉頭批評道："後藤的《會談紀要》草案已經很好了嘛！後藤先生很早就想來中國，你們對這樣的朋友要求太過分了！你們不要那麼'左'嘛！"

後藤鉀二是日本乒乓球協會會長，長期致力於中日友好。鑒於第三十一屆世界乒乓球錦標賽即將在日本名古屋舉行，他專程來華邀請中國派團參加這次比賽。在後藤提出的作為兩國乒乓球協會會談基礎的文本中，明確寫有應當遵守"中日關係政治三原則"，即：一、反對"兩個中國"；二、爭取恢復邦交；三、促進中日友好。但會談時，中方代表卻堅持把台灣問題寫入《紀要》，並主張將"政治三原則"的文字放在紀要的第一條。這時中日關係還沒有正常化，日本國內情況也比較複雜，後藤感到為難，希望中方能夠理解他的處境。由於雙方相持不下，《紀要》一時難以定稿。

在這種情況下，周恩來把中方會談人員找來，嚴厲地批評他們的做法。他說："會談要看對象，台灣問題在這裏沒有必要提，你們不要給後藤先生出難題。'中日關係政治三原則'還是按日方原來提的，放在第二條，而不必改為第一條。"並指出要把《紀要》中"所有吹噓的話通通去掉"。

在周恩來直接指導下，《中日乒乓球協會會談紀要》於 2 月 1 日在北京簽字。隨後，中國乒乓球代表團組成，正式向第三十一屆世界乒乓球錦標賽組委會報名參賽。

3 月 28 日至 4 月 7 日，中國乒乓球隊如期赴日參賽，一舉榮獲四項冠軍，使世界乒壇為之震動。在短短幾天時間裏，中國運動員同美國運動員進行了友好接觸，在日參賽的美國隊向中方提出訪華的請求。

1971 年，毛澤東、周恩來邀請美國乒乓球隊訪華，被譽為"乒乓外交"。圖為美國乒乓球運動員遊覽長城。

4 月 3 日，外交部、國家體委就美國乒乓球隊訪華問題寫報告給周恩來，認為目前時機還不成熟。4 日，周恩來將報告送毛澤東審批。經過反覆考慮，毛澤東在 7 日作出邀請美國乒乓球隊訪華的決定。周恩來立刻告訴外交部電話通知在日本的中國代表團，正式向美方發出邀請。當中國代表團負責人宣佈這一富有象徵性含義的消息後，立刻引起轟動，日本各大報紙都在頭版頭條登出消息，報道中美之間的 "乒乓外交"。周恩來興奮地在轉給毛澤東的一份報告上寫道："電話傳過去後，名古屋盛傳這一震動世界的消息，超過三十一屆國際比賽的消息。" 當晚，周恩來向出席全國旅遊和援外工作會議的代表宣佈："從今天起，我們展開了新的外交攻勢，首先從中國乒乓球隊開始。"

一星期後，周恩來在北京接見剛剛來到中國的美國乒乓球隊代表團全體成員。他說："中美兩國人民過去往來是很頻繁的，以後中斷了一個很長的時間。你們這次應邀來訪，打開了兩國人民友好往來的大門。" 會見中，美國隊員格倫·科恩向周恩來詢問他對美國青年中流行的 "嬉皮士" 的看法。周恩來回答說："現在世界青年對現狀有點不滿，想尋求真理。青年思想波動時會表現為各種形式。但各種表現形式不一定都是成熟的或固定的。""按照人類發展來看，一個普遍真理最後總要被人們認識的，和自然界的規律一樣。我們贊成任何青年都有這種探討的要求，這是好事。要通過自己的實踐去認識。但是有一點，總要找到大多數人的共同性，這就可以使人類的大多數得到發展，得到進步，得到幸福。" 周恩來的好客、謙遜和睿智的風度，給第一次來到這塊被認為是 "神秘國土" 的美國人以深刻印象，並引起全世界輿論的關注。

"乒乓外交" 取得了 "小球推動地球" 的戲劇性效果，加快了實現中美高級接觸的進程。

基辛格秘密來華

1971 年 4 月 21 日，周恩來通過中國駐巴基斯坦大使館向美國政府遞交《周恩來總理給尼克松總統的口信》："要從根本上恢復中美兩國關係，必須從中國的台灣和台灣海峽地區撤走美國一切武裝力量。而解決這一關鍵問題，只有通過高級領導人直接商談，才能找到辦法。因此，中國政府重申，願意公開接待美國總統特使基辛格博士，或美國國務卿甚至美國總統本人來北京直接商談。"29 日，尼克松獲悉後，先以口頭方式回覆中方，表示接受邀請。5 月 17 日，美方又通過巴基斯坦駐美大使正式答覆中方：尼克松總統"準備在北京同中華人民共和國諸位領導進行認真交談，雙方可以自由提出各自主要關心的問題"。並提議："由基辛格博士同周恩來總理或另一位適當的中國高級官員舉行一次秘密的預備會談。基辛格在 6 月 15 日以後來中國。"

5 月 25 日，周恩來召集外交部核心小組領導成員開會，研究尼克松的答覆口信。第二天，根據毛澤東的意見，他又主持中央政治局會議，商討中美會談的方針問題。會後，周恩來起草了《中央政治局關於中美會談的報告》。《報告》回顧了第二次世界大戰以來中美關係演變的過程，估計了同基辛格的預備性會談和尼克松的訪問可能出現的各種情況，並擬出相應的對策。《報告》的核心內容是關於中美會談的基本方針，即：

美國一切武裝力量和專用軍事設施，應規定限期從中國台灣省和台灣海峽撤走；台灣是中國的領土，解放台灣是中國的內政，不容外人干涉；中國人民力爭和平解放台灣；中國政府和人民堅決反對進行"兩個中國"或"一中一台"的活動；美國如欲同中國建交，必須承認中華人民共和國是代表中國的唯一合法政府。

29 日，毛澤東批准《中央政治局關於中美會談的報告》。同一天，中方向尼克松發出口信，歡迎基辛格來北京同中國領導人舉行秘密會晤。6 月 2 日，尼克松接到口信後興高采烈，稱：這是第二次世界大戰以來，美國總統所收到的最重要的信件。

1971 年 7 月 9 日中午，尼克松總統的國家安全事務助理基辛格一行在中方有關人員陪同下，乘坐巴基斯坦民航公司的飛機秘密抵京。基辛格在北京逗留了四十八個小時。在這期間，七十三歲的周恩來同這位四十八歲的博士舉行了六次總計十七小時的會談。雙方著重就台灣問題及尼克松訪華時間等進行磋商。周恩來重申：台灣歷來就是中國的領土，台灣問題是中國的內政，不容外人干涉；美國必須承認台灣是中國的一個省，必須限期撤走駐台美軍，必須廢除美蔣"共同防禦條約"。基辛格表示：美國承認台灣屬於中國，希望台灣問題和平解決；美國不再與中國為敵，並隨著美中關係的逐步改善減少駐台美軍；美蔣"共同防禦條約"可以解除。

經協商，中美雙方對尼克松總統訪華一事達成了協議，於 7 月 16 日發表了公告：

尼克松總統表示希望訪問中華人民共和國，周恩來總理代表中華人民共和國政府邀請尼克松總統於 1972 年 5 月以前的適當時間訪問中國。尼克松總統愉快地接受了這一邀請。

中美兩國領導人的會晤，是為了謀求兩國關係的正常化，並就雙方關心的問題交換意見。

7 月 18 日，經周恩來審閱修改的外交部就關於中美關係的方針問題發給各駐外機構的《通報》強調：在處理中美關係以及其他國際事務方面，"將堅持既定的原則立場，絕不會拿原則做交易"。

同一天周恩來接見法國議會代表團時，進一步闡明了中國政府的原則立場：中美謀求兩國關係正常化，不是沒有障礙的。中美之間最大的問題是台灣問題。又說，聯合國只要出現"兩個中國""一中一台"，或者類似的形式，中國就不去，堅決不去。

10 月 20 日至 26 日，基辛格"為尼克松總統訪華作基本安排"而第二次訪華。才處理完"林彪事件"不久的周恩來，顧不上已持續一個多月的緊張和疲憊，又全力以赴地投入到繁重的外交事務當中。根據美方要求，這次中美會談將同時安排各種級別的對口會談和有關活動。為此，周恩來事先逐一審定，落實了外交部提出的各項方案。

基辛格訪華的一星期內，周恩來同他進行了十次會談，除商定尼克松訪華日期和討論其他國際問題外，雙方主要就尼克松訪華的中美聯合公報交換意見。事前，美方並沒有說要發表聯合公報，中方沒有預做準備。當周恩來看過美方提出的公報草案後，表示不能接受，因為這個公報草案仍沿襲一般聯合公報的寫法，掩蓋彼此之間的分歧，迴避實質性的問題，是一個用漂亮辭藻粉飾起來的貌似觀點已取得一致的公報。同時，周恩來也沒有否認美方草案中的可取之處。

周恩來指示有關人員起草對案，提議：可以按照過去同蔣介石達成協議的辦法，各說各的，明確寫出雙方的分歧，同時也吸收美方可取之處，寫出雙方的共同點，以便共同遵循。在得到毛澤東認可後，中方起草出一份"各說各的"公報稿，其中將美方意見空出留待美方自己寫。起初，基辛格感到中方方案"用詞尖銳"，"立場都是以最不妥協的詞句提出來的"，覺得難以接受。但冷靜下來仔細研究後，發現這種"獨出心裁"的方式或許能夠解決他們的"難題"。經過反覆會談，美方終於同意中方關於聯合公報的起草原則和基本內容，並提出修正方案和補充意見。26 日，雙方就聯合公報草案達成初步協議，遵循周恩來提出的"各說各的"原則創造出來的這種奇特的、"過去沒有過的"外交公報草案，使基辛格再次感到"不虛此行"。

"改變世界的一週"

1971 年 11 月 30 日，新華社受權發表公告宣佈：中美兩國政府商定，尼克松總統將於 1972 年 2 月 21 日開始對中國訪問。從這時起，周恩來直接領導和部署接待尼克松的各項準備工作，包括宣傳教育、安全保密、新聞報道等等，他都親自研究佈置，逐項落實。

在中美兩國關係史上，美國總統第一次來華訪問，是舉世矚目的大事。由於缺乏經驗，在接待工作中，稍有疏忽就可能在國際上產生不利影響。周恩來首先明確地規定這次接待工作的基本原則。12 月 2 日，他對參加接待尼克松來華準備工作會議的有關負責人強調說："我們是主權國家，凡事不能觸犯我國主權。對尼克松總統的接待，一定要反映出無產階級的原則、作風和嚴格的紀律，一切事情有條不紊，實事求是，行不通的就改正，行得通的就認真辦好。對外宣傳上注意不要誇大，不要過頭。"經周恩來確定的接待工作的總方針是："不冷不熱，不亢不卑，待之以禮，不強加於人。"

1972 年 1 月初，美國總統國家安全事務副助理黑格率先遣組來華，為尼克松訪華進行技術安排。周恩來召集會議進行研究，原則同意美方提出的通過衛星轉播尼克松在華活動實況，決定由中國政府出資買下供美方使用的通信設備，然後租給美方使用。周恩來這樣解釋說："在主權問題上，我們一點不能讓。美方原來說他們自己帶通信設備，不要我們付費。我們說，這不行，我們是主權國家，我們買過來，租給你們用，你們付費。這樣一方面維護了我們的主權，另外我們在跟他們使用時總能學到一點技術。"

對某些觀點和提法，周恩來的反應更為敏銳。1 月 6 日，他答覆黑格轉達的美方口信時指出：美方對中國的"生存能力"表示懷疑，並聲稱要"維護"中國的"獨立"和"生存能力"的說法，令人驚訝。中國認為，任何國家決不能靠外力維護其獨立和生存，否則只能成為別人的保護國或殖民地。社會主義的新中國是在不斷抗擊外來侵略和壓迫的鬥爭中誕生和成長起來的，並一定會繼續存在和發展下去。

2月21日中午，尼克松總統和夫人，美國國務卿羅傑斯、美國國家安全事務助理基辛格等一行人乘專機抵達北京。周恩來、葉劍英、李先念、郭沫若、姬鵬飛等到機場迎接美國客人。尼克松走下舷梯，將手伸向周恩來。當兩隻手握在一起時，全世界都看到了這一歷史性的時刻。尼克松事後寫道："當我們的手相握時，一個時代結束了，另一個時代開始了。"周恩來對尼克松說："你的手伸過世界最遼闊的海洋來和我握手——二十五年沒有交往了啊！"下午，周恩來陪同毛澤東會見尼克松、基辛格。在一個多小時的會談中，把此次中美高級會晤的"基本方針都講了"，氣氛認真而坦率。

晚上，周恩來在人民大會堂為尼克松總統和夫人舉行歡迎宴會。席間，周恩來在祝酒詞中說：尼克松總統應邀來訪，"使兩國領導人有機會直接會晤，謀求兩國關係正常化，並就共同關心的問題交換意見，這是符合中美兩國人民願望的積極行動，這在中美兩國關係史上是一創舉"。"中美兩國的社會制度根本不同，在中美兩國政府之間存在著巨大的分歧。但是，這種分歧不應當妨礙中美兩國在互相尊重主權和領土完整，互不侵犯，互不干涉內政，平等互利和和平共處五項原則的基礎上建立正常的國家關係，更不應該導致戰爭。""我們希望，通過雙方坦率地交換意見，弄清楚彼此之間的分歧，努力尋找共同點，使我們兩國的關係能夠有一個新的開始。"

尼克松在華期間，周恩來同他進行了五次會談，主要就國際形勢和雙邊關係問題交換看法。尼克松在重申美方對處理台灣問題的原則（即只有一個中國、台灣是中國的一部分，不支持、不鼓勵"台灣獨立"，逐步實現從台灣撤軍等）的同時，又強調美方在政治方面仍有"困難"，希望在他第二屆任期內完成中美關係正常化，周恩來一針見血地指出："還是那一句話，不願意丟掉'老朋友'，其實老朋友已經丟了一大堆了。'老朋友'有好的，有不好的，應該有選擇嘛。"又說："你們希望和平解放台灣"，"我們只能說爭取和平解放台灣。為什麼說'爭取'呢？因為這是兩方面的事。我們要和平解放，蔣介石不幹怎麼辦？""我坦率地說，就是希望在你（下屆）任期內解決，因為蔣介石已為時不多了。"

由於雙方在台灣問題上存在的分歧，直到2月25日下午，中美聯合公報中關於台灣問題的措辭仍沒有確定下來。這時，美方已在擔心，如果公報不能發表，尼克松的訪華成果便無法體現。在這種情況下，周恩來告訴美方："反正雙方觀點已經接近了，我們也報告了毛主席，說已商定要寫最後從台灣撤軍的問題，但還要設法用雙方都能接受的最佳措辭表達。"基辛格馬上表示："我們十分欣賞中方所表現的慷慨和公正的精神。"當晚，周恩來出席尼克松總統和夫人舉行的答謝宴會。由於公報尚未定稿，不一定能夠發表，周恩來在宴會致詞中只講了中美之間的分歧，而沒有講共同點。

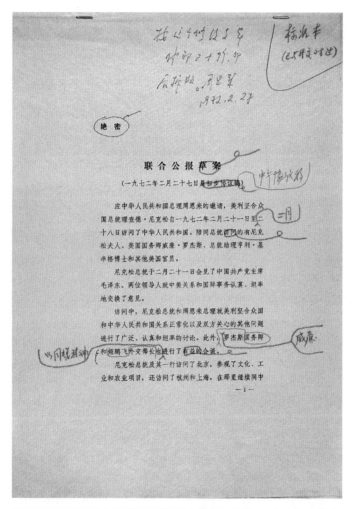

周恩來同尼克松就中美兩國關係正常化進行了討論。1972 年 2 月 28 日，中美雙方在上海發表了聯合公報。圖為 2 月 27 日，周恩來批示印發的公報標準本底稿首頁。

2 月 26 日凌晨，雙方對中美聯合公報的內容基本談定。經過一番文字推敲和修改後，在 27 日定稿，28 日，中美《聯合公報》在上海發表。公報裏美方關於台灣問題的措辭為：

美國方面聲明：美國認識到，在台灣海峽兩邊的所有中國人都認為只有一個中國，台灣是中國的一部分。美國對這一立場不提出異議。它重申它對中國人自己和平解決台灣問題的關心。考慮到這一前景，它確認從台灣撤出全部美國武裝力量和軍事設施的最終目標。

周恩來不久後談道："這是中美會談中爭論最多的一段。從北京爭到杭州，從杭州爭到上海，一直到 27 日下午 3 時才達成協議。這段第一句話是基辛格貢獻的，我們挖空心思也沒有想出來。這樣人民的意見也表達出來了，所以博士還有博士的好處。我們原來提'台灣是中國的一個省'，蔣介石也是這麼說的，但美方堅持要改'一部分'，因為他們國內有人反對。我們同意了，因為'一個省'和'一部分'是一樣的。'美國對這一立場不提出異議'一句中的'立場'二字也是美方提出的。爭論的一個關鍵問題是，我們要使它盡可能確切承認台灣問題是中國人之間的問題。他們提出種種方案，要我們承擔和平解放台灣的義務，我們說不行。我們要他承擔從台灣全部撤軍為最終目標。有人問，'美蔣條約'為什麼不寫上？你寫上廢除'美蔣條約'，他就要寫上保持'美蔣條約'義務，這就不利了。軍事設施都撤走了還有什麼'條約'？所以抓問題要抓關鍵性的，有些關鍵性措辭要巧妙，使他們陷於被動，我們處於主動。"

中國一直堅持兩條原則，一個是在中美兩國之間實行和平共處五項原則，一個是美國從台灣和台灣海峽撤軍。這就等於取消了"美蔣條約"，讓中國人民自己解決台灣問題。尼克松上台以後，情況有變化，時代也在前進。中國如果還是只有原則性，沒有靈活性，就不能推動世界的變化。外電評論說，這個公報是個奇特的公報，雙方的原則和立場截然不同，關於台灣問題的立場也不同，但也找到一些共同點。前面有十一個共同點。所以這個文件是過去沒有過的，過去所有外交公報都沒有把雙方尖銳對立的立場寫出來。中國把分歧寫出來，在國際上創造了一個風格。

這份來之不易的中美《聯合公報》的發表，標誌著中美關係開始走向正常化。尼克松顯得心情格外舒暢。在上海市為他送行的宴會上，他發表即席講話說，此次訪華的一週，是"改變世界的一週"。

重返聯合國

美國力圖保持台灣在聯合國的席位。

在聯合國美國的指揮棒不靈了。

"我們勝利了！"

1971 年 10 月 25 日晚上，第二十六屆聯合國大會以壓倒多數表決結果通過決議，恢復中華人民共和國在聯合國的一切合法權利，並立即將台灣蔣介石集團的代表從聯合國的一切機構中驅逐出去。

表決剛一結束，紐約聯合國會議大廳裏立刻一片沸騰，雷鳴般的掌聲和歡呼聲一浪高過一浪，此起彼伏，經久不息。支持中國的國家代表紛紛起立，高舉雙手用不同的語言歡呼："我們勝利了！"新聞媒介評論道："中國是在自己不在場的情況下，受到聯大三分之二以上國家的祝福，使聯合國發生根本變化。"

中國是聯合國的創始會員國，也是安全理事會五個常任理事國之一。中華人民共和國成立後，以美國為首的西方勢力百般阻撓恢復中華人民共和國在聯合國的合法席

1971 年 10 月 25 日，第二十六屆聯合國大會通過決議，恢復中華人民共和國在聯合國的合法席位。圖為五星紅旗在紐約聯合國總部前升起。

位，致使這一席位長期被在台灣的國民黨當局所竊據。建國二十多年來，中國政府始終不渝地為爭取恢復新中國在聯合國的合法權利而努力。1970年第二十五屆聯合國大會上，支持恢復中華人民共和國在聯合國合法席位的提案第一次獲得半數以上國家的贊同，但因不足三分之二多數而仍未能通過。在形勢越來越有利於中國的情況下，周恩來同美國著名記者埃德加·斯諾談話時表示："如果聯大會議同意恢復我們的合法席位，同時驅逐台灣，當然我們對此要進行考慮。"

作為美國方面來說，由於形勢的發展變化，已使它越來越難以操縱聯合國。這就迫使它不得不改變過去的政策，承認台灣屬於中國，甚至表示要在聯合國支持恢復中華人民共和國的合法席位，但同時反對驅逐台灣當局的代表。這種做法的實質，就是主張在聯合國搞"兩個中國"或"一中一台"。

1971年8月2日，美國國務卿羅傑斯發表《關於中國在聯合國的代表權問題的聲明》，將"兩個中國"的方案公開拋出。以後，美、日等國又提出所謂"重要問題案"及"雙重代表權案"，力圖保持台灣當局在聯合國的"席位"。

周恩來十分關注第二十六屆聯大的情況。8月21日，他接見回國大使及外交部、對外貿易部、對外經濟聯絡部、中央對外聯絡部、總參二部等部門負責人，宣讀和解釋外交部20日批駁美國政府提案的聲明。當他問及與會者，美國為在聯合國製造"兩個中國"曾經同哪二十個國家開會時，被問者大多答不上來。周恩來當場批評說："我真有點惱火，你們報紙也不看，參考也不看，外交戰線這個樣子不行啊。"隨即，他逐一地舉出這二十個國家的名字，並分析道：從這個名單裏，可以看出戰後美國國際地位的下降。

11月15日，中華人民共和國代表團出現在聯合國大廈。在紛紛登台致詞歡迎中國代表團的發言者中，以亞、非、拉地區國家的代表最引人注目。他們一篇篇熱情洋溢的講話，表達了這些國家對中華人民共和國的炙熱感情。

中華人民共和國如此迅速地恢復在聯合國的合法席位，也出乎中國領導人的意料。聯大通過表決後不久，周恩來向一位美國友人表示："那天聯合國的表決完全出乎意料，不但出乎我們的意料，也出乎美國的意料。我們沒有派一個人去聯大活動，而且提案國是由地中海兩岸的兩個國家帶頭的。這麼多的國家對我們寄予希望，我們感謝它們。"第二天，周恩來又對來訪的日本客人講："這麼一件大事，全世界都在注意，我們沒有準備好是事實。它說明一個問題，就是在聯合國美國的指揮棒不靈了。這次表決的結果是違反美國的意願的，也是違反一向追隨美國的日本佐藤政府的意願的。我們不能不重視這一表決的精神，因為它反映了世界大多數國家和人民的願望。"

　　新中國在第二十六屆聯大上的勝利，歸根到底是堅持世界上只有一個中國即中華人民共和國的原則的勝利；同時，也是美國及其追隨者長期推行"兩個中國"、"一中一台"政策的失敗。這個事實，又反過來促使更多國家謀求同中國關係正常化。毛澤東、周恩來審時度勢，牢牢把握住這一歷史契機，加速打開了全新的外交格局。

1971 年 10 月 25 日，第二十六屆聯合國大會通過決議，恢復中華人民共和國在聯合國的一切合法權利。圖為決議通過時，會場一片歡騰。

正式放棄對日索賠

戰後中國政府提出日本應該進行戰爭賠償。

中國將謀求中日邦交正常化作為主要目標。

周恩來："日本人民是無罪的，中國絲毫無意要求日本進行戰爭賠償。"

中國政府放棄對日索賠，是由當時國內國際多方面的因素所決定的，歸根到底還是“一切向前看”，為了中日兩國的長期友好。

中國政府聲明日本理應進行戰爭賠償

1952 年日本與台灣當局在所謂的“日台條約”裏雖然就戰爭賠償問題作過規定，但由於該條約的非法性，中國政府從未予以承認。

戰後初期，中國共產黨主張中國依據《波茨坦公告》的有關規定向日索賠。中華人民共和國成立後，1951 年 8 月 15 日，周恩來總理發表的反對美國單獨對日媾和聲明中也指出：“中華人民共和國中央人民政府願意看到日本能夠健全地發展和平經濟，並恢復中日兩國間的正常貿易關係，使日本人民的生活不再受戰爭的威脅和損害而得到真正改善的可能，同時，那些曾被日本佔領，遭受損害甚大而自己又很難恢復的國家應該保有要求賠償的權利。”

中國政府雖然提出日本應該進行戰爭賠償，但 1951 年 9 月美國在將中華人民共和國排斥在外的情況下一手操縱了舊金山對日媾和會議，使中國喪失了通過普遍和約的形式結束敵對狀態，解決戰爭賠償問題的機會。

將謀求中日邦交正常化作為主要目標

舊金山和會後，日本追隨美國敵視新中國，於 1952 年與台灣當局簽訂了所謂雙

邊 "和約"，這就給中日邦交正常化設置了嚴重障礙。有鑒於此，中國政府在對日政策上將謀求中日邦交正常化作為主要目標。中國首先是通過民間外交來為兩國關係正常化創造條件。1952 年 2 月，即將出席於 4 月在莫斯科召開的國際經濟會議的中國代表團團長南漢宸致函日本國際經濟懇談會，表示願與日本代表在會議期間進行有關國際貿易方面的商談，對方表示同意。在蘇聯，中日雙方代表協商確定在平等、互利、和平、友好的基本方針下開展中日貿易。5 月間，日方三位代表應中國邀請來中國進一步商談，並於 6 月 1 日簽署了第一個中日民間貿易協定，這樣打開了中日民間交往的大門。

為了進一步爭取日本對中華人民共和國的理解和了解，1953 年中國還積極主動地致力於在華日僑的歸國工作，並負擔了日本僑民抵達港口以前的一切費用。中國在日本歸僑問題上的積極態度深得日本國內的讚許，一時日本要求改善中日關係的呼聲很高。1953 年 10 月以池田正之輔為團長的日本國會議員促進日中貿易聯盟代表團應邀來華，雙方簽訂了每方進出口總額為三千萬英鎊的中日第二次民間貿易協定。

1954 年底，吉田茂下台，繼任的鳩山一郎對改善中日關係持積極態度。1955 年 3 月，中國貿易代表團應邀訪日。5 月 4 日，雙方簽訂了第三次協定，實現了民間協議與官方掛鉤的目的。

在中日關係出現較好勢頭的情況下，中國政府曾希望在鳩山任內實現中日邦交正常化。為了爭取日本，中國以寬大為懷，於 1956 年 4 月決定對關押的日本戰犯按照寬大政策進行處理；1956 年 6 月，宣佈對 1017 名日本戰犯免予起訴，分批釋放回國，對 45 名罪行特大的戰犯也分別從寬判處了徒刑，並同意日本親屬在其服刑期間可以來華探視。

另外，當時中國政府為了進一步推動中日邦交正常化，已初步有了放棄要日本進行戰爭賠償的打算。據原中國人民解放軍軍事法院副院長袁光回憶：他們在起草有關審判日本戰犯的決議時，"有的同志提出，日本侵略中國，給我們造成了很大損失和災難，堅持要在決議中寫上要求日本政府向中國賠款"。當時他們都認為，"既然蘇聯等國在第二次世界大戰結束後向納粹德國提出賠償戰爭損失問題，蘇聯紅軍進入東北，也沒收了日本在東北的資產和財物，我們要求日本賠償，也是理所應當的"。他們將此想法向周恩來作了彙報，周恩來聽完彙報後，當場明確地指示："這個款，不要賠了，賠款還不是日本人民的錢，政府還能拿出錢來嗎？" 1956 年 11 月，日中友好協會第一任會長、原參議院副議長松本治一郎應中國人民對外文化協會邀請參加在北京舉行的孫中山誕辰九十週年紀念活動，其間周恩來在與松本治一郎的一次談話中再次表明："日本人民是無罪的，中國絲毫無意要求日本進行戰爭賠償。"

1957 年 2 月，岸信介上台後推行親台灣當局、敵視大陸的惡化中日關係的政策，並竭力鼓吹台灣反攻大陸，阻撓第四次中日貿易協定的簽訂，使已經得到一定程度發展的中日關係蒙上了陰影。

1960 年 6 月，岸信介下台，中日關係又出現了轉機，進入了"半官半民"階段，這一時期中國高層領導人對實現邦交正常化中的戰爭賠償問題已基本上明確了要放棄的立場。

1961 年 6 月，周恩來在接見溥傑夫婦（溥傑之妻為日本人）時說："我們應該向前看，應該努力促進中日兩國的友好關係，恢復邦交，發展經濟文化交流，我們並不總盯著過去的事情。"

1964 年 6 月，國務院副總理兼外長陳毅在回答日本東京廣播報道局長橋本博"在恢復中日邦交時當然會出現賠償問題，對於日本的賠償問題是怎麼想的"這一問題時，回答道："中國人民在日本軍國主義侵略中國的戰爭期間，曾經遭受了巨大的損失。對此，中國人民有權要求賠償。但是，戰爭已過去快二十年了，現在中日兩國連和平條約都還沒有締結，這個問題從何談起，中國政府和中國人民對待中日關係，從來是向前看，而不是向後看。目前中日兩國政府需要共同努力來解決的，首先是如何促進兩國關係正常化的問題，如果日本政府尊重日本人民的願望，就應該有誠意、有準備、有步驟地來解決中日兩國邦交正常化的大問題。當兩國邦交恢復時，其他具體問題是容易通過友好協商加以解決的。"

實現中日邦交正常化

進入 70 年代後，中日實現邦交正常化的形勢日趨成熟。從國際上看，中美兩國出於各自的戰略考慮正開始接近。1971 年 10 月第二十六屆聯大通過決議恢復了中華人民共和國在聯合國的席位，中國的國際地位空前提高。在此大背景下，日本各階層人民要求恢復中日邦交的呼聲也日漸高漲，中國提出的中日復交三原則（中華人民共和國政府是代表中國的唯一合法政府；台灣是中華人民共和國領土不可分割的一部分；"日台條約"是非法、無效的，應予廢除）日益得到了日本人民廣泛的贊同。

1972 年 7 月，敵視中國的佐藤榮作下台，田中角榮組成新內閣。田中上台伊始，在 7 月 7 日首次內閣會議上就表示要加緊實現同中華人民共和國的邦交正常化。對於田中的態度中國立即作出積極反應。7 月 9 日，周恩來在歡迎也門民主人民共和國政府代表團的講話中表示："田中內閣 7 日成立，在外交方面聲明要加緊實現邦交正常化，這是值得歡迎的。"

7 月 18 日，田中內閣通過了對在野黨國會議員提出的中日關係問題所作的答覆，表示充分理解中方提出的恢復中日邦交三原則。8 月 11 日，日本大平外相在會見中國上海舞劇團團長孫平化和中日備忘錄貿易辦事處駐東京聯絡處首席代表肖向前時正式轉告，田中首相要為談判實現中日邦交正常化訪問中國。

為了摸清中國政府對邦交正常化問題的全面立場，1972 年 7 月 27 日，日本公明黨中央執行委員長竹入義勝擔當了溝通中日政府之間的特殊使命。竹入來華後，在與周恩來的會談中，周恩來將經過毛澤東同意的中方方案即擬議中的《聯合聲明草案》八項向竹入作了披露。這八項中的第七是關於戰爭賠償的條款，內容為："為了中日兩國人民的友誼，中華人民共和國政府放棄向日本要求戰爭賠償的權利。"這個條款使竹入很為震驚，據竹入自己回憶，當他聽到這一條時"已經感到頭昏腦漲了"。他後來回憶道："之後，周恩來總理問：'這是中方的考慮，田中能夠接受嗎？'我回答說，那還不知道，不過，為了實現中日邦交正常化，我們會竭盡全力的。"

中國的草案經竹入帶回日本後，日本對中國準備放棄對日索賠的善舉並沒有什麼熱烈的反響。相反，日本外務省經過研究，提出了若干疑問。他們認為"日台條約"裏已經宣佈了放棄向日本提出戰爭賠償的權利，如果在中日聯合聲明中再次寫入同樣的內容，會被認為中國仍然具有這種權利，容易引起矛盾。因此，日方打算在中日談判發表聯合聲明的時候設法避免提戰爭賠償的問題。

1972 年 9 月 25 日，日本首相田中角榮正式訪華。當天下午在人民大會堂舉行的第一次首腦會議上，中國正式表示放棄對日本的戰爭賠償要求權。

但在 26 日上午雙方外長會談中，日本外務省條約局局長高島堅持認為關於中國戰

田中角榮送給周恩來的杉山寧繪畫《韻》

田中角榮送給毛澤東的東山魁夷繪畫《春曉》

爭賠償要求權利在"日台條約"附屬議定書裏已經得到了解決，所以此次沒有必要再寫進聯合聲明中。在當天下午雙方舉行的第二次首腦會議上，周恩來針對高島的謬論嚴正地指出："當時蔣介石已逃到台灣，他是在締結舊金山和約後才簽訂'日台條約'，表示所謂放棄賠償要求的。那時他已不能代表全中國，是慷他人之慨。遭受戰爭的損失主要是在大陸上，我們是從兩國人民的友好關係出發，不想使日本人民因賠償負擔而受苦，所以放棄了賠償的要求。"周恩來還強調說："過去我們也負擔過賠償，使中國人民受苦，毛主席主張不要日本人民負擔賠償，我向日本朋友傳達，而高島先生反過來不領情，說蔣介石說過不要賠償，這個話是對我們的侮辱，我這個人是個溫和的人，但聽了這個話，簡直不能忍受。"

經過反覆討論，在中方的堅持下，最後日本還是同意了在聯合聲明中寫進中國放棄對日索賠的內容，但在表述上則採取的是以中國單方面宣佈的形式，而且將至關重要的"權利"二字從聲明中刪去。

9 月 29 日，雙方最後達成的聲明中關於戰爭賠償問題的內容，首先是日本對戰爭的反省："日本方面痛感日本國過去由於戰爭給中國人民造成的重大損害的責任，表示深刻的反省"，然後在第五條裏是中國單方面的聲明："中華人民共和國政府宣佈，為了中日兩國人民的友好，放棄對日本國的戰爭賠償要求。"至此，因日本在第二次世界大戰期間侵略中國所致的中國對日本的戰爭賠償要求問題，最終以中國方面的放棄基本上得到了解決。但應當指出的是，中國只是放棄了對日本國家間的賠償要求，至於日本對中國人民的民間賠償問題在聯合聲明中並未作任何規定。

中國政府作出這個決策的原因，大致可以從 1972 年中日邦交正常化前夕中央發出的內部指示中找到答案：

（1）中日邦交恢復以前，台灣的蔣介石已經先於中華人民共和國，放棄了賠償的要求，中國共產黨的肚量不能比蔣介石還小。

（2）日本為了與中國恢復邦交，必須與台灣當局斷交，中央關心日本與台灣的關係，在賠償問題上採取寬容態度，有利於使日本靠近中華人民共和國。

（3）如果要求日本對華賠償，其負擔最終將落在廣大日本人民頭上。這樣，為了支付對中國的賠償，他們將長期被迫過著艱難的生活，這不符合中央提出的與日本人民世代友好下去的願望。

中國政府所提出的這三條理由的確代表了中國政府當時的真實想法，它既包括了中國放棄對日索賠的內在原因、外交策略，也有客觀上存在的對日索賠的困難。

從內在原因來看，作為執政的中國共產黨在對待資本主義國家時是把人民和統治者嚴格地加以區別的，具體對日本而言就是把日本人民和過去的軍國主義者加以區別。這樣，發動侵略戰爭是日本軍國主義者所為，如果讓日本對華進行戰爭賠償，最終的負擔必將落在日本人民身上，使無辜的日本人民背上戰爭賠償的負擔，這是中國人民所不願看到的。

從外交策略來講，70 年代初，對中國最大的威脅來自蘇聯。蘇聯在中國邊境陳兵百萬，中蘇戰爭大有一觸即發之勢。非但如此，蘇聯還利用美日之間的矛盾加緊與美國爭奪日本，企圖在戰略上全面包圍中國。因此，對中國來講，與日本的關係正常化必將有利於對蘇聯的牽制，減輕其對中國的威脅。鑒於當時日本國內反對中日邦交正常化的政治力量還很有勢力，如果中國堅持要日本進行戰爭賠償，勢必在客觀上助長反對中日友好和邦交正常化的勢力，不利於實現中日邦交正常化這個大目標。此外，自從 1952 年日本與台灣當局簽訂 "和約" 以來，日本與台灣當局一直保持著 "官方" 關係，使台灣當局在國際舞台上有相當活動餘地，如果中國通過放棄對日索賠，爭取日本與中國迅速實現邦交正常化，日本必然要與台灣當局斷絕外交關係，這對於解決台灣問題無疑也是有利的。因此，從外交策略上看，放棄對日索賠既有利於中國的國家安全也有利於國家的統一。

就中國對日索賠的實際困難而言，1952 年在 "日台條約" 裏台灣當局已經正式表示放棄對日本的戰爭賠償權，雖然中國政府從來不承認 "日台條約" 的合法性，但該 "條約" 畢竟在日本是很有影響力的，如果中國政府在邦交正常化時提出對日索賠，必然會引起日本國內親台、親美勢力的煽動和蠱惑，妨礙中日邦交正常化。因此，"日台條約" 在客觀上的確也給中國的對日索賠設置了一定的障礙。

1972 年 9 月 29 日，中國政府和日本政府聯合聲明簽字，並建立外交關係，實現了中日邦交正常化。

《中日和平友好條約》簽訂以來，儘管雙方在某些問題上還有些分歧，但總的說來在主流上雙邊關係不斷取得進展。中日關係的原則也發展為 "和平友好、平等互利、相互信賴、長期穩定"，這四項原則成為發展兩國關係的基礎。

粉碎 "四人幫"

毛澤東逐漸察覺並首先提出 "四人幫" 的問題。

毛澤東逝世後 "四人幫" 妄圖篡黨奪權。

華國鋒、葉劍英等周密部署，對 "四人幫" 採取斷然措施。

1976 年 10 月 6 日，華國鋒、葉劍英等代表中央政治局，執行黨和人民的意志，對江青、張春橋、王洪文、姚文元及其在北京的幫派骨幹實行隔離審查，毅然粉碎了"四人幫"，結束了"文化大革命"這場災難，為黨和國家進入新的歷史時期創造了條件。

毛澤東首先提出"四人幫"的問題

　　1973 年 8 月，中共十大召開。大會通過的由張春橋、姚文元、王洪文等負責起草的政治報告和黨章中，沒有正確地分析"林彪事件"發生的原因，總結必要的教訓，反而肯定"九大的政治路線和組織路線都是正確的"；仍舊號召全黨"堅持無產階級專政下的繼續革命"，堅持"無產階級文化大革命"；還把"天下大亂，達到天下大治。過七八年又來一次"認定為"客觀規律"，預言"黨內兩條路線鬥爭將長期存在"；把批判林彪的"極右實質"列為首要任務。

　　中共十大選舉中央委員一百九十五人，候補中央委員一百二十四人。雖然江青集團的骨幹分子更多地被選進黨的中央委員會，江青、張春橋、姚文元、王洪文進入了中央政治局，王洪文當選為中央委員會副主席；但同時，一些在"文化大革命"中備受打擊迫害，被排斥在九屆中央委員會之外的老幹部，如鄧小平、王稼祥、烏蘭夫、李井泉、譚震林、廖承志等，也得以重新進入中央委員會。周恩來、葉劍英當選為中央委員會副主席。

　　據在十大上當選為中央委員，並進入了中央政治局的北京市委書記吳德回憶，毛澤東當時對十大政治局的成員，尤其是對王洪文、張春橋、江青、姚文元是寄予了希望的。

　　當然，江青集團的政治地位雖然由於十大的召開得到了鞏固，但他們奪取黨和國家最高權力的野心和活動也逐漸暴露了，並且引起了毛澤東的高度警覺。據吳德回憶，毛澤東發現、批評並提出解決江青宗派集團的問題，有過多次指示。他記得比較清楚的有三次。

第一次是 1974 年 7 月 17 日，毛澤東召開中央政治局會議。

毛澤東說他要到外地去休息，向政治局請假。之後，毛澤東批評江青說："江青同志你要注意呢！別人對你有意見，又不好當面對你講，你也不知道。不要設兩個工廠，一個叫鋼鐵工廠，一個叫帽子工廠，動不動就給人戴大帽子。"毛澤東接著說："她並不代表我，她代表她自己。對她也要一分為二，一部分是好的，一部分不大好呢。"毛澤東指出："她算上海幫呢！你們要注意呢，不要搞成四人小宗派呢！"這一次，毛澤東在中央政治局內點明了江青等人的宗派問題。

第二次是 1974 年 10 月和 11 月，毛澤東對江青干預四屆人大人事安排的批評。

1974 年 10 月，毛澤東批評王洪文："你回去要多找總理和劍英同志談，不要跟江青搞在一起，你要注意她。"那時，毛澤東提議鄧小平擔任國務院第一副總理；中共中央決定召開第四屆全國人民代表大會。

11 月 12 日，江青給毛澤東寫信，提議謝靜宜任全國人大副委員長，喬冠華任副總理，遲群任教育部長，毛遠新、遲群、謝靜宜列席政治局，作為接班人培養。毛澤東

1976 年清明前夕，北京近百萬群眾連續幾天到天安門廣場敬獻花圈和朗誦詩詞，悼念周恩來、聲討"四人幫"。天安門廣場成為全國性抗議運動的中心。

在信上批示："不要多露面，不要批文件，不要由你組閣（當後台老闆），你積怨甚多，要團結多數。至囑。人貴有自知之明。又及。"

江青不聽勸誡，又託王海容、唐聞生去長沙轉達她對四屆人大人事安排的意見，她提出：王洪文任副委員長，排在朱德、董必武之後。王海容、唐聞生向毛澤東報告了江青的意見以後，毛澤東一下戳穿，尖銳地指出："江青有野心，她是想叫王洪文做委員長，她自己做黨的主席。"毛澤東提出朱德任委員長，董必武、宋慶齡任副委員長，周恩來繼續任總理，鄧小平任第一副總理，張春橋安排在鄧小平之後。毛澤東對王海容、唐聞生的這個談話，經毛澤東批准在政治局傳達了。

第三次是 1975 年 5 月 3 日，毛澤東召開中央政治局會議，批評江青等人反經驗主義，搞宗派活動，在"批林批孔"運動中搞"三箭齊發"，並且說明他們是"四人幫"。

毛澤東說："不要搞四人幫，你們不要搞了，為什麼照樣搞呀？為什麼不和二百多個中央委員搞團結，搞少數人不好，歷來不好。""我看批經驗主義的人，自己就是經驗主義，馬列主義不多。""我看江青就是一個小小的經驗主義者。"毛澤東還說："我看問題不大，不要小題大作，但有問題要講明白，上半年解決不了，下半年解決；今年解決不了，明年解決；明年解決不了，後年解決。"這一次，毛澤東雖然說問題不大，但卻作出了一個重要的指示，即不論時間多久，也要解決這個問題。正因為如此，中央政治局在 5 月 3 日以後，連續開了幾次會議，大多數的政治局成員點名批評了"四人幫"。這是毛澤東首先提出了"四人幫"的問題，他對"四人幫"的批評和削權，為後來粉碎"四人幫"奠定了重要的基礎。

毛澤東逝世後"四人幫"加緊活動

1976 年 1 月，周恩來逝世。

7 月 6 日，朱德逝世。

7 月 28 日，河北唐山發生大地震。

9 月 9 日凌晨，毛澤東逝世。

據吳德回憶，9月9日當天，中央政治局在毛澤東住所（中南海游泳池處）召開緊急會議，討論治喪問題。江青在會上大哭大鬧，說毛澤東是被鄧小平氣死的，要求政治局立即作出開除鄧小平黨籍的決定。華國鋒沒有理會江青的無理要求。江青鬧得太厲害，會議沒法討論問題了。後來，與會的大多數政治局委員，包括王洪文、張春橋、姚文元都認為治喪問題是當務之急。這樣，會議才沒有討論江青提出的問題。

　　毛澤東逝世以後，江青每天都到毛澤東的住地，同毛澤東的秘書張玉鳳糾纏，要張玉鳳將替毛澤東保存的文件、檔案交給她。在她的多次糾纏下，有兩件毛澤東的談話記錄被她拿走了。汪東興知道後，要回了被江青拿走的談話記錄稿，頂住了江青的胡纏。後來，中央決定將毛澤東的文件、檔案封存。江青對此極為不滿，同華國鋒大吵大鬧。

　　從 1975 年下半年開始，毛澤東病重，不能參加政治局會議，由毛遠新以"聯絡員"的身份列席政治局會議，將會議情況向毛澤東報告。毛澤東逝世後，"聯絡員"的任務沒有了。毛遠新給華國鋒寫信，提出要回遼寧自己工作的崗位。華國鋒接到信後，徵求了江青的意見，江青當時沒有反對。

　　政治局會議上，華國鋒通報了毛遠新回遼寧工作的事，"四人幫"一致反對。張春橋首先提出毛遠新應留在中央，為即將召開的十屆三中全會做準備。江青、王洪文、姚文元都支持張春橋的意見。江青還提了一條理由，說毛澤東的文件、書信別人整理不了，處理毛澤東家裏的事情也離不開毛遠新。華國鋒說：毛遠新現在還是回遼寧，將來中央開會，如果需要他參加工作，到時還可以再來。除"四人幫"外，與會的政治局委員一致贊成華國鋒的意見。

　　但是，江青糾纏不休，說"把毛遠新留下來是屬於毛主席家裏的事情"。對毛遠新的去留問題，江青與華國鋒不斷爭論。江青甚至說，她要與華國鋒談些家務事，別人不願意聽的可以不聽。對此，吳德回憶說："那時，我們不願意聽她的無理糾纏，感到極度厭煩，就陸續離開了，記得汪東興留下了。"

　　江青一直扯，扯她的所謂"家務事"，馬拉松的會開到第二天早晨5點。華國鋒捺著性子，只是耐心地聽。最後，華國鋒問江青講完了沒有，江青說講完了。華國鋒立刻宣佈說："散會！毛遠新還是要回遼寧。"江青的無理糾纏失效。

　　9月10日，王洪文背著中央政治局和華國鋒，指示中辦的米士奇，以中辦名義通知各省、市、自治區黨委，在毛主席弔唁期間各省市發生的重大問題，要及時報告；

在此期間有些解決不了的、需要請示的問題，要及時請示，各省、市、自治區的報告和請示，要直接找米士奇。9 月 11 日和 12 日兩天，米士奇分別給一些省、市打了電話，北京市沒有接到這個電話通知。

湖南省委第二書記張平化接到電話後，認為這樣做不符合組織原則，懷疑有問題。張平化立即打電話將此事報告了華國鋒。華國鋒根本不知道這個事情，他向一些省、市查詢後，得知都接到了同樣的電話。這就表明"四人幫"已在採取措施，架空、控制華國鋒，企圖直接指揮全國各地，進而奪取中央最高權力。

"四人幫"被篡黨奪權野心所驅使，又有計劃、有預謀地編造了一個"按既定方針辦"的所謂毛澤東的臨終囑咐，他們利用被他們控制的宣傳機構，將其寫入 9 月 16 日的《人民日報》、《紅旗》雜誌、《解放軍報》社論中，廣為宣傳，將鬥爭矛頭直接指向華國鋒和政治局其他反對他們的成員。

面對"四人幫"的猖狂活動，時任中共中央副主席、中央軍委副主席的葉劍英深感憂慮。他一面警惕地注視著"四人幫"的活動，一面與政治局委員及其他老同志個別接觸，交換看法。陳雲、聶榮臻、鄧穎超等幾位老同志都曾找過葉劍英，徵求處置"四人幫"、扭轉局勢的意見。同時，葉劍英多方面了解華國鋒的處境、主張和態度變化，多次主動找他交談，分析局勢，剖陳利害，堅定了華國鋒同"四人幫"鬥爭的決心和信心。華國鋒也主動找葉劍英、李先念等老同志交談，溝通思想。

9 月 11 日，華國鋒藉口身體不好，要到醫院去檢查。"四人幫"當時對華國鋒的行動非常注意，是緊緊盯住的。華國鋒離開治喪的地方後給李先念打了電話，說："我到你那裏，只談五分鐘。"李先念說："你來吧，談多長時間都可以。"

華國鋒到李先念家，他一進門就說："我可能已被跟蹤，不能多停留，說幾句話就走。現在‘四人幫’問題已到了不解決不行的時候。如果不抓緊解決，就要亡黨、亡國、亡頭。請你速找葉帥商量此事。"華國鋒說完後即匆匆離去。

其實，在這之前，華國鋒已與葉帥談過解決"四人幫"的問題。

李先念受華國鋒委託後親自給葉劍英打電話說要去看他時，葉劍英在電話中問："公事，私事？"李先念說："公私都有，無事不登三寶殿。"葉劍英說："那你就來吧。"

9 月 13 日，李先念到葉劍英處轉達華國鋒的委託。為了避免被"四人幫"發現，李先念也採取了跟華國鋒相似的辦法，他先到香山植物園遊覽，沒有發現異常情況後才去見葉劍英。當時葉劍英非常謹慎，他沒有與李先念商量如何解決"四人幫"的問題。此前，華國鋒還在 11 日找了汪東興商量此事，汪東興的態度很明確，他表示了堅決支持華國鋒解決"四人幫"問題的意見。

葉劍英為了商議解決"四人幫"的問題，曾兩次到華國鋒的家裏。

據吳德回憶說，9 月 26 日或 27 日的晚上，華國鋒約李先念和他談話，對解決"四人幫"的問題交換意見。

華國鋒說："現在看來，我們同'四人幫'的鬥爭，已經不可避免，這場鬥爭關係到黨和國家的命運，如果'四人幫'篡黨奪權的陰謀得逞，就會斷送我們黨領導人民創建的社會主義事業，不知會有多少人人頭落地，我們就是黨和人民的罪人。"

吳德也察覺到"四人幫"近來的一些活動不正常，表示支持華國鋒的意見和所下的決心，並說解決的辦法無非兩種，一是抓起來，二是召開中央政治局會議用投票的辦法解除他們擔任的職務。吳德偏重主張用開會的辦法來解決，說：我們會有多數成員的支持，反正他們最多只有四張半的票。這個半票是指跟著"四人幫"跑的吳桂賢，當時是政治局候補委員，沒有表決權。"在政治局投票，我們是絕對多數"。

接下來，他們分析了全國的形勢，認為"四人幫"在群眾中是孤立的，在軍隊裏是沒有力量的。他們還討論了解決"四人幫"的時間問題。要認清"四人幫"的活動在加劇，不知道他們會有什麼動作。吳德和李先念都同意華國鋒提出的"早比晚好，愈早愈好"地解決"四人幫"的提議。

通過這次商量後，華國鋒下了把"四人幫"抓起來進行隔離審查的最後決心。

周密部署，採取斷然措施

華國鋒、葉劍英找汪東興談過幾次，具體研究了解決"四人幫"的辦法。當時成立了兩個小班子，一個準備有關文件，由李鑫負責；另一個負責對"四人幫"實施隔離審查，這個班子的人員是由汪東興親自從中辦和中央警衛團挑選並個別談話後組織起來的，大概有五十多個人，組成了幾個行動小組，一個組負責抓一個人。

10 月 2 日，華國鋒到吳德的住處，就解決"四人幫"問題與吳德進一步商議。華

粉碎"四人幫"後北京街頭一景

國鋒提出：把"四人幫"抓起來後，全國黨政軍民會有什麼反應，應採取什麼對策；北京市如何配合中央解決"四人幫"問題。

華國鋒當時還問吳德："'四人幫'在北京市有什麼爪牙？"吳德回答說："遲群、謝靜宜、金祖敏等人，也該隔離。"華國鋒同意了，還說："首都不能亂，首都一亂，全國就有可能發生大問題。穩定首都的問題，由你負全責。"

10月2日，吳德分別向倪志福、丁國鈺打了招呼，明確告訴他們，中央要解決"四人幫"的問題，對他們隔離審查。華國鋒曾問過吳德："北京衛戍區靠得住靠不住？"吳德回答說："衛戍區司令員吳忠對'批鄧'是不滿的，對'四人幫'很反感。我是衛戍區的政委，了解吳忠的思想情況，在解決'四人幫'的問題上，我相信吳忠是會聽從黨中央的指揮，和我們一致行動的。"經請示華國鋒批准，吳德與吳忠進行了談話，向他講了中央解決"四人幫"的考慮和決心。吳忠向吳德保證說："北京的衛戍部隊有能力保衛首都安全，請中央放心。"與吳忠談話後，吳德立即將情況向華國鋒做了彙報。

華國鋒說：新華社、人民廣播電台、人民日報社、飛機場、郵電局等單位要由衛戍區控制起來。衛戍區的部隊要交由吳德負責。華國鋒同時讓吳德去找主持軍委日常工作並任北京軍區司令員的陳錫聯解決北京衛戍區部隊調動的問題。華國鋒說：陳錫聯是比較好的，他支持解決"四人幫"的問題。

10月4日下午，華國鋒又把吳德找到他的住處，再一次全面地檢查、研究了解決"四人幫"問題的各項準備工作。最後商定：

一、按華國鋒、葉劍英、汪東興已議定的方案，抓"四人幫"由汪東興負責。具體做法是以召開政治局常委會會議為名，通知王洪文、張春橋、姚文元（因講政治局常委會會議討論毛選五卷出版問題，名義上可以說要不是政治局常委的姚文元參加）到會，華國鋒、葉劍英在中南海懷仁堂指揮，王洪文、張春橋、姚文元到後，由華國鋒宣佈他們的罪狀，隨即由汪東興組織的人分別對其實施隔離。汪東興派張耀祠到江青住處宣佈政治局對她隔離審查的決定。

二、對遲群、謝靜宜、金祖敏等人的隔離審查，由吳德和吳忠負責解決。

三、中南海內如果出現了意料不到的問題，由吳德組織衛戍區的部隊支援。

四、由北京衛戍區把人民日報社、新華社、廣播電台、中央機關以及由遲群、謝靜宜控制的清華、北大等單位，用內緊外鬆的方式戒備起來，要再檢查一遍落實的情況。

華國鋒要求吳德守在電話機旁隨時與他保持聯繫。

10月6日，吳德與北京市委第二書記倪志福、市委常務書記丁國鈺、市委書記兼衛戍區司令員吳忠一起守在電話機旁。不到9點鐘的時候，汪東興來電話說一切順利。第一個到懷仁堂的是王洪文，第二個是張春橋，均已被隔離起來。江青是由張耀祠帶人去解決的。汪東興在電話中說，只有姚文元現在還沒有來，請即令衛戍區派人去抓。

姚文元不住在釣魚台，他的住地是由衛戍區負責警衛的。接到汪東興的電話後，吳德當即要吳忠親自去解決。吳忠帶著人到姚文元住地時，看到姚文元正坐車出來，車往中南海方向行駛。吳忠沒有驚動姚文元，相機隨著姚文元的車子到了中南海。姚文元進入懷仁堂後，也被實施隔離。

"四人幫"就這樣順利地被一舉粉碎了。

當晚，華國鋒通知中聯部部長耿飆到懷仁堂接受任務。耿飆到懷仁堂後，華國鋒、葉劍英指示他立即接管由姚文元等人領導、控制的新華社、中央廣播事業局等新聞機關，奪回被"四人幫"控制的宣傳、輿論陣地的領導權。隔離"四人幫"後，衛戍區部隊將遲群、謝靜宜、金祖敏等人也隔離審查了。當時，由市委辦公室主任陳一夫以吳德的名義通知他們立即到市委開會，他們一到就被吳忠派人隔離了。

10月6日晚10點多鐘，中央政治局在玉泉山葉劍英住地召開緊急會議。由於華國鋒、葉劍英、李先念事先以不同方式將解決"四人幫"問題同絕大多數政治局委員和候補委員打了招呼，會議很快進入議程，選舉新的中共中央主席，討論中央第16號文件。

政治局會議一致同意：

一、推選華國鋒為黨中央主席，待召開中央全會時予以追認。

二、通過〔1976〕第16號文件，文件內容是向全黨、全軍和全國人民通報黨中央對"四人幫"隔離審查的決定和推選華國鋒為黨中央主席的決定。

真理標準問題討論

尋找衝破"兩個凡是"的"突破口"。

兩股思考的力量聚合到一起。

胡耀邦審閱定稿《實踐是檢驗真理的唯一標準》。

《實踐是檢驗真理的唯一標準》發表後引發激烈交鋒。

粉碎"四人幫"後，黨和國家的正常秩序逐步得以恢復。但是，面對廣大幹部群眾反映強烈的讓鄧小平重新出來工作和為天安門事件平反等要求，1977 年 2 月 7 日，《人民日報》、《紅旗》和《解放軍報》發表題為《學好文件抓住綱》的社論。這篇社論背離了大多數人的願望，公開提出"兩個凡是"方針，即："凡是毛主席作出的決策，我們都堅決維護，凡是毛主席的指示，我們都始終不渝地遵循。"由於這一方針是以當時傳達中央聲音的權威方式公佈的，因而得到普遍宣傳。"兩個凡是"的推行，不僅壓制了廣大幹部群眾的正當要求，也為糾正"左"傾錯誤和撥亂反正設置了禁區。為衝破這個禁區，以鄧小平為代表的一批老革命家帶領廣大人民群眾進行了艱巨而富有成效的努力。

尋找衝破"兩個凡是"的"突破口"

粉碎"四人幫"以後，黨和國家的各項工作是前進了。然而，在拂人臉面的春意中，人們依然感到殘冬的襲人之氣；在一些領域出現春意的同時，許多方面尚冰封未解。

撥亂反正已經起步，但中國向何處去的問題還沒有從根本上明確。"兩個凡是"依然是許多人的思維方式和指導方針。它是一種新的思想禁錮，延誤了撥亂反正的歷史進程。顯然，不衝破"兩個凡是"，就不可能糾正"文化大革命"及其以前的"左"傾錯誤，澄清"四人幫"製造的思想混亂，類似"文化大革命"的災難還可能重演。

要從根本上推動撥亂反正，實現歷史性轉折，首先要衝破"兩個凡是"，恢復實事求是的思想路線。然而，開啟那扇思想禁錮之門的"突破口"在哪裏？

於是，人們開始思索這樣一個問題：判定是非的標準是什麼？以什麼為準繩來認識"文化大革命"及其以前的一些重要歷史是非？這就提出了如何認識理論與實踐的關係問題，如何認識檢驗真理的根本標準問題。伴隨著撥亂反正的歷史進程，人們的認識已經日益接近問題的核心和實質。

"實踐是檢驗真理的唯一標準"，正是這個馬克思主義的哲學常識，在當時的特定歷史條件下成為衝破"兩個凡是"的"突破口"。這個"突破口"，是在許多老一輩革命家和理論工作者的共同探索中找到的。

鄧小平、聶榮臻、徐向前、陳雲等老一輩革命家先後發表文章，呼籲恢復和發揚實事求是的優良傳統和作風，堅持以實事求是的態度對待馬列主義、毛澤東思想。與此同時，許多有識之士也在思考著同樣的問題。

《人民日報》理論部的工作人員在編

《實踐是檢驗真理的唯一標準》一文的最後修訂稿（部分）

輯工作中，常常遇到這樣一個問題：每當在報紙上發表一些把被"四人幫"顛倒了的理論是非糾正過來的文章，如按勞分配等問題，總要收到一些反對的來信，理由往往是"毛主席不是這樣說的"。到1978年初，他們從這種爭論中感覺到一個問題，這就是檢驗真理的標準到底是什麼？是只有實踐一個標準，還是有另外的標準？於是，經過醞釀，寫了一篇一千多字的思想評論，題目叫《標準只有一個》，強調"真理的標準，只有一個，就是社會實踐，這個科學的結論是人類經過幾千年的摸索和探討，才得到的"。文章還有針對性地指出："有的同志不願意承認或者不滿足於馬克思的這個科學結論，總想在實踐之外，另找一個檢驗真理的標準。"

這篇署名張成的文章在1978年3月26日《人民日報》上發表後，收到二十多封來信，其中大部分對文章的觀點持有異議，提出馬列主義、毛澤東思想才是檢驗真理的標準。為此，報社理論部決定繼續組織文章，進一步講清這個問題，於是將這些來信轉給中國社會科學院哲學所的邢賁思。這時，邢賁思也在思考著同一個問題，他在4

月 8 日《人民日報》上發表的《哲學和宗教》一文，已涉及這個問題。他接受《人民日報》的約稿，於是就有了後來的那篇《關於真理的標準問題》。

那時，這些理論工作者雖然大多是在"單兵作戰"，但他們卻不約而同地思考著一個同樣的命題。

《實踐是檢驗真理的唯一標準》的誕生

顯然，面對"兩個凡是"的巨大壓力，"單兵作戰"顯得有些勢單力薄，"協同作戰"勢在必行。於是，兩個思考的集體應運而生了。

坐落在北京西北郊的中共中央最高學府——中央黨校，是較早舉起實事求是的思想武器，涉及實踐標準這一命題，並把它與現實政治發展聯繫起來的地方。這種聯繫，是與胡耀邦的名字分不開的。他擔任中央黨校副校長後，在其周圍形成了一個思考的集體。經過思考，他們找到了"突破口"，組織和推動了一場關於實踐是檢驗真理的唯一標準問題的討論。

1977 年 12 月，胡耀邦經過與幾位同志商量，決定中央黨校的中共黨史課著重研究三次路線鬥爭的歷史。同年冬，在中央黨校學習的八百多名高中級幹部開始集中討論"文化大革命"以來中國共產黨的歷史。討論中也遇到一個突出問題，就是究竟以什麼為標準來認識和判定歷史是非。在胡耀邦指導下編寫的《關於研究第九次、第十次、第十一次路線鬥爭的若干問題》的材料中，提出了研究應遵循的兩條原則：

第一，應當完整地、準確地運用馬列主義、毛澤東思想的基本原理（包括毛主席關於"文化大革命"的全面論述和一系列指示）的精神實質，來進行研究。

第二，應當以實踐為檢驗真理、辨別路線是非的標準，實事求是地進行研究。毛主席指出："只有千百萬人民的革命實踐，才是檢驗真理的尺度。"路線正確與否，不是一個理論問題，而是一個實踐問題，要用實踐的結果來證明，用路線鬥爭的實踐結果來檢驗。離開實踐或者閉眼不看歷史事實，來爭論路線是否正確，除了徒勞無益或者受騙上當以外，是不可能得到任何結果的。

這兩條原則鮮明地提出以實踐作為檢驗真理的標準，為當時探討"文化大革命"的經驗教訓及有關黨史問題，提供了一個根本的準則。在這兩條原則的啟發和胡耀邦的大力推動下，中央黨校校園內思想相當活躍，對許多現實中的熱點難點問題展開了熱烈的討論。

黨校有關教師也展開了研究和討論，開始醞釀就檢驗真理的標準問題撰寫文章，澄清在這個問題上的糊塗認識。到 1978 年初，他們深感需要寫一篇論述真理標準問題的文章。經吳江同意，文章由孫長江執筆。到 3 月初寫出文章初稿，題目是《實踐是檢驗真理的唯一標準》。

幾乎與此同時，圍繞《光明日報》的一篇約稿，形成了另一個思考的集體。

胡福明當時是南京大學哲學系的一名教師。他後來回憶說：

> 那是 1977 年的 6 月下旬，"兩個凡是"發表不久，我就在理論上思考這麼一個問題：判斷理論、認識、觀點、決策是否正確的標準究竟是什麼？判斷是非的標準究竟是什麼？馬克思、恩格斯、列寧、毛澤東在歷史上經常也修改自己的觀點。按照實踐來修改自己的觀點，怎麼能說句句是真理？怎麼能搞"兩個凡是"？我認為這是教條主義，是個人崇拜，是唯心論的、形而上學的。我一旦思想形成後，就著手考慮寫這篇文章。文章的題目當時叫《實踐是檢驗一切真理的標準》，到了（1977 年）9 月份，我就把文章寄給北京《光明日報》理論部哲學組組長王強華同志。王強華同志是非常支持這篇文章的。到了（1978 年）1 月份，就給我寄來了一份清樣。到了 4 月份，當時《光明日報》的總編輯楊西光同志約我，他說，這篇文章很好，很重要，應該發表在第一版。但是，還要作一些修改。據我知道，為這篇文章作出貢獻的有一批同志，這也是集體創作，都是一個共同的願望，就是要批判唯心論、形而上學，衝破"兩個凡是"的束縛，搞撥亂反正。

《光明日報》理論部的工作人員與作者一起將文章作修改後，準備在該報《哲學》專刊第 77 期上發表。也許是一種巧合。在中央黨校學習的楊西光調到《光明日報》社當總編輯。他了解中央黨校討論的情況，到《光明日報》後又看到胡福明的文章，深感文章主題的重要性，就把文章從《哲學》版撤下來，準備在第一版發表。

為了加強文章的現實針對性，他把文章拿到中央黨校，委託中央黨校理論研究室的工作人員作進一步修改提高。於是，兩股思考的力量便聚合到一起了。

此時，中央黨校的孫長江也執筆完成了同樣主題的文章初稿。拿到《光明日報》的稿子後，由孫長江將兩篇文章的內容合在一起進行修改。為了加強現實針對性，文章的標題採用的是《實踐是檢驗真理的唯一標準》（以下簡稱"《實》文"）。孫長江對稿子作了較大修改。文章增加了許多重要的論斷和分析，邏輯更嚴密，行文更流暢。改成後，又徵求了校內外一些理論工作者的意見，最後經胡耀邦兩次審閱定稿。

為了擴大文章的影響，經楊西光同中央黨校商定，先在中央黨校主辦的內部刊物《理論動態》上發表，再以"特約評論員"名義在《光明日報》上發表。之所以用"特約評論員"名義，是因為當時重要社論或評論員文章發表要經中央主管宣傳工作的領導審閱同意，而特約評論員文章可以不用送審。而且這個名義也可表明文章的重要性和權威性。

文章發表後引發的激烈交鋒

1978 年 5 月 10 日，《實》文首先在《理論動態》第 60 期上發表。5 月 11 日，又以"本報特約評論員"的名義在《光明日報》上發表。新華社於當天發了通稿。12 日，《人民日報》、《解放軍報》以及《解放日報》等地方報紙全文轉載。13 日，又有十五家省報轉載了這篇文章。

這篇文章實際上批判了"兩個凡是"的主張，進而涉及盛行多年的個人崇拜。它擊中了"兩個凡是"的要害，觸犯了"兩個凡是"的提出者和堅持者，引來了堅持"兩個凡是"的人們的責難、批評和壓制。

5 月 18 日，當時中央主管宣傳工作的領導在一次小範圍的會議上，點名批評了《實》文和《人民日報》5 月 5 日發表的《貫徹按勞分配的社會主義原則》一文。他說："理論問題要慎重，特別是《實踐是檢驗真理的唯一標準》和《貫徹按勞分配的社會主義原則》兩篇文章，我們都沒有看過。黨內外議論紛紛，實際上是把矛頭指向主席思想。我們黨報不能這樣幹，這是哪個中央的意見？"還說"要堅持、捍衛毛澤東思想。要查一查，接受教訓，統一認識，下不為例。當然，對於活躍思想有好處，但人民日報要有黨性，中宣部要把好這個關"。

《實》文發表後在全國引起的強烈反響，是很多人所始料不及的。許多幹部群眾和理論研究工作者都贊成文章的觀點，感到文章提出了一個重大問題，應當開展討論。繼 5 月 12 日《人民日報》《解放軍報》等報刊轉載此文之後，到 5 月底，全國先後有三十多家報紙刊登了這篇文章。中國科學院和中國科協黨組還作出決定，支持並參與真理標準問題的討論。

《實》文剛發表時，鄧小平沒有注意。後來他聽說有人對這篇文章反對得很厲害，才找來看了看。5 月 30 日，鄧小平在聽取全軍政治工作會議情況彙報時指出："只要你講話和毛主席講的不一樣，和華主席講的不一樣，就不行。毛主席沒有講的，華主席沒有講的，你講了，也不行。怎麼樣才行呢？照抄毛主席講的，照抄華主席講的，全部照抄才行。這不是一個孤立的現象，這是當前一種思潮的反映。"他強調指出："毛澤東思想最根本的最重要的東西就是實事求是。現在發生了一個問題，連實踐是檢驗真理的標準都成了問題，簡直是莫名其妙！"

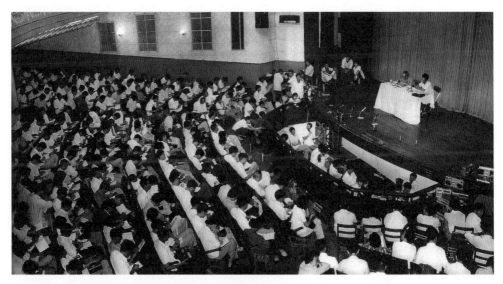

上海舉辦"實踐是檢驗真理的唯一標準"討論報告會

6月2日，鄧小平在全軍政治工作會議上發表講話時，批評了"兩個凡是"的思潮，著重闡述了實事求是的思想路線。鄧小平的講話，新華社當天就作了報道。第二天，《人民日報》和《解放軍報》在第一版以《鄧副主席精闢闡述毛主席實事求是光輝思想》的通欄標題，對鄧小平的講話作了報道。6月6日，《人民日報》和《解放軍報》又在第一版全文發表鄧小平的講話。這篇講話不僅使那些思想仍處於僵化狀態的人受到震動，而且也使要求解放思想、開展真理標準討論的人受到鼓舞。一些報刊繼續組織討論文章。一些單位開始籌備關於真理標準問題的討論會。

但是，激烈的交鋒並沒有就此結束。直到7月份，中央主管宣傳工作的領導還在不停地繼續批評《實》文是把矛頭對準毛澤東。真理標準問題的爭論愈演愈烈。9月，在沸沸揚揚的討論中，鄧小平訪問朝鮮回國後，在東北三省視察，沿途大講思想路線問題，對"兩個凡是"進行了抨擊。

總之，真理標準問題討論已在當時的中國政治生活中產生了重大影響，它不僅衝破了"兩個凡是"的嚴重束縛，推動了各條戰線、各個領域撥亂反正的啟動和開展，推動了全國性的思想解放運動，而且為具有劃時代意義的十一屆三中全會的召開，做了重要的思想準備。這場討論對改變黨和國家的歷史命運，產生了重大而深遠的影響。

"抓綱治國"的思路和以鄧小平為代表的老一輩革命家的思路。

中央工作會議突破原定議題，開始了各種觀點的直面碰撞。

鄧小平："現在國際上就看我們有什麼人事變動，加人可以，減人不行。"

鄧小平重要講話起了關鍵的主導性的作用。

1976 年 10 月粉碎 "四人幫"、結束持續十年的 "文化大革命" 後，中國百業待舉，面臨一個向何處去的重大歷史關頭。此時，廣大幹部群眾強烈要求糾正 "文化大革命" 的錯誤理論、方針和政策，徹底扭轉十年內亂造成的嚴重局勢，在思想、政治、經濟、文化、組織等各個領域進行撥亂反正，使中國從危難中重新奮起。但是，這種要求遇到嚴重阻礙，黨和國家的工作在前進中出現徘徊的局面。

1978 年底召開的中共十一屆三中全會以及此前召開的中央工作會議，就黨的工作重點轉移、平反冤假錯案和加強社會主義民主與法制、真理標準討論和重新確立實事求是的思想路線、經濟管理體制和管理方式的改革、對外開放、調整中央領導機構成員等一系列重大問題，作出了具有深遠影響的決策。十一屆三中全會實現中華人民共和國成立以來黨的歷史上具有深遠意義的偉大轉折，開啟了改革開放和社會主義現代化的偉大征程。

兩種不同思路的交鋒

粉碎 "四人幫" 以後，對於儘快結束內亂，穩定局勢，發展經濟，黨內外並沒有多大爭議。爭議的焦點是如何看待 "以階級鬥爭為綱"，以及在這個 "綱" 之下發動的歷次政治運動特別是 "文化大革命"，並由此涉及在這些運動中造成的大量冤假錯案的問題。而要解決這些問題，又不能不觸及如何正確評價毛澤東和毛澤東思想的問題。正是在這些問題上，黨內存在著不同的思路。

一種是 "抓綱治國" 的思路。這裏的 "綱" 是指以揭批 "四人幫" 為綱，但在實質上還是 "以階級鬥爭為綱"。這種思路，是在揭批 "四人幫" 的同時，在毛澤東生前定下的 "三七開" 的框架內，部分地對 "文化大革命" 實踐上的某些錯誤進行有限的糾正，而對 "文化大革命" 的理論、方針、政策和主體部分的實踐則極力維護，對毛澤東晚年的錯誤則不許觸及。正是沿著這樣的思路，於是就有了“兩個凡是”指導方針的出籠。

另一種是以鄧小平為代表的老一輩革命家的思路。這種思路，要求既高舉毛澤東思想的旗幟，科學地評價毛澤東的歷史地位，用準確的完整的毛澤東思想科學體系指導黨和國家的工作，又實事求是地糾正毛澤東晚年的錯誤，並從解決重大冤假錯案入手，糾正“文化大革命”的錯誤理論、方針和政策，進而把國家工作重點轉移到經濟建設上來。

這兩種思路的交鋒，不可避免地在諸多問題上表現出來。

儘管障礙重重，但各條戰線的撥亂反正畢竟已經有了相當程度的進展，黨和國家的工作畢竟在徘徊中前進著。這主要是三個方面努力的結果：一是人民群眾的作用；二是理論界和新聞輿論界的推動；三是中央高層領導人的作用。總的來看，在十一屆三中全會之前，關係中國未來發展走向的問題，都已經過比較充分的爭論和醞釀，並在相當程度上開始了實踐的過程。各種不同意見在爭論中越辯越明，不同思路的力量對比也在發生變化，新的抉擇已擺在全黨特別是黨中央的面前。在這種背景下，決定中國命運的歷史性轉折不可避免地到來了。

中央工作會議突破原定議題

1978 年 11 月 10 日至 12 月 15 日，中央工作會議在北京京西賓館舉行。11 月 10 日舉行開幕會，13 日、25 日各舉行一次全體會議，12 月 13 日舉行閉幕會。在閉幕會上，鄧小平、葉劍英、華國鋒先後講話。其餘時間，按華北、東北、華東、中南、西南、西北地區劃分為六個組進行討論。閉幕會後，又討論了兩天，直到 12 月 15 日會議才結束。這次中央工作會議既是國務院務虛會和全國計劃會議的延續，又是十一屆三中全會的預備會議。會議討論了若干重大問題，為緊隨其後召開的十一屆三中全會做了充分的準備。

11 月 10 日下午，中央工作會議舉行開幕會。這是會議的第一次全體會議。中共中央主席華國鋒，副主席葉劍英、李先念、汪東興出席了會議。鄧小平副主席因出國訪問未到會。參加會議的有各省、自治區、直轄市，各大軍區和中央各部門的主要負責人共二百一十二人。

中央工作會議的原定議題有三項：一是討論如何進一步貫徹以農業為基礎的方針，儘快把農業生產搞上去的問題；二是商定 1979、1980 兩年國民經濟計劃的安排；三是討論李先念在國務院務虛會上的講話。

開幕會後，各組開始討論華國鋒在開幕會上代表中央政治局提出的全黨工作重點轉移問題。由此，開始了各種觀點的直面交鋒，使原定二十天的會議拖至三十六天才結束。正是這項議題的增加，引發了一系列大是大非問題的討論，從而改變了會議的主題。

1978 年 12 月 24 日，《人民日報》刊登中共十一屆三中全會公報。

這次中央工作會議，主要討論了七個方面的問題。

（一）關於黨的工作重點轉移問題

在討論中，許多人認為，工作重點轉移是必要的，但是，目前還有大量的遺留問題，如：天安門事件還沒有平反；“文化大革命”中提出的許多錯誤觀點還沒有澄清；許多重大冤假錯案還沒有平反，等等。

會上一開始還存在將當前急需解決的問題迴避的問題。因此，與會者表示不能滿意。在討論中，也有少數人存在一些模糊認識。有人認為：在社會主義整個歷史時期，“以階級鬥爭為綱”是不錯的，但並不是每個具體階段都要這樣提。現在重點轉移了，可不可以提以社會主義現代化為綱？還有人認為：搞四個現代化這本身就有階級鬥爭，是和階級鬥爭分不開的，兩者是可以統一的。有人認為仍要階級鬥爭、生產鬥爭、科學實驗三大革命一起抓。有人甚至認為當前中國社會的主要矛盾仍然是無產階級和資產階級的矛盾。這些議論，反映了在工作重點轉移的指導思想上，有些人還沒有從過去強調“以階級鬥爭為綱”的框架中走出來，還需要提高認識，轉變觀念。

（二）關於農業問題

會前，中央工作會議秘書組已印發了《農村人民公社工作條例（試行草案）》（1978年11月9日討論稿）、《中共中央關於加快農業發展速度的決定》（1978年11月9日討論稿）。

與會者在討論中，對會議準備的文件和有關領導的說明都不滿意，認為農業問題的兩個文件的內容不夠實事求是，沒有揭露農業存在的問題，沒有很好地總結過去的經驗教訓，沒有糾正過去"左"的指導思想和做法，也沒有解決問題的具體辦法，因此需要修改或重寫。有人分析說，造成這種情況的原因，一是人民公社的許多問題是毛澤東生前定的，一是怕否定"文化大革命"。與會者強烈要求修改和重寫兩個農業文件。

（三）關於解決歷史遺留問題

11月11日，從討論一開始，許多與會者圍繞工作重點轉移，提出了許多亟待解決的歷史遺留問題。對於大家普遍關心的天安門事件，幾乎各組都提出了儘快平反的要求。在這些發言中，11月12日陳雲在東北組的發言影響最大。他實事求是地介紹、評價了所謂薄一波等六十一人叛徒集團案和天安門事件問題，以及陶鑄、王鶴壽、彭德懷的問題，並提出中央專案組所管的黨內部分專案應移交中央組織部，提出中央應當在適當時候對康生的錯誤給以應有的批評。陳雲提出的問題，都是這時大家關注的重大問題，歸根到底涉及要糾正"文化大革命"及其以前的"左"傾錯誤這一根本問題。他的發言在簡報上登出後，立即引起強烈反響，各組發言的重點也集中到解決歷史遺留問題、平反冤假錯案上來。

11月25日，中央工作會議舉行全體會議。華國鋒主持會議，並代表中央政治局宣佈為天安門事件、"二月逆流"、薄一波等六十一人叛徒集團案、彭德懷、陶鑄、楊尚昆等平反，並就"文化大革命"期間中央和地方遺留下來的比較重要的若干問題，作了答覆。

對於與會者提出的重新評價"文化大革命"和毛澤東的要求，以及更深一步澄清和糾正歷史上的"左"傾錯誤的要求，中央政治局常委表示要認真聽取並研究大家的意見，按照實事求是、有錯必糾的原則，在適當的時候重新作出評價，重新作出審查和處理，目前尚不宜匆忙作出結論。

（四）關於真理標準問題討論和黨的思想路線問題

在中央工作會議的議題中，並沒有關於真理標準問題討論的內容。但是，會議開始後，不少與會者在發言中涉及這場討論，並對“兩個凡是”的提法，以及《紅旗》雜誌對這場討論一直不表態和中央宣傳部的壓制態度，提出了批評。由於與會者的興奮點和注意力集中在解決歷史遺留問題上面，因此討論並不熱烈。真理標準問題成為會議的中心話題，是在 11 月 25 日的全體會議之後。

此時，發生在會外的一件事情，成為真理標準問題討論再起風波的重要原因。

天安門事件平反的消息公佈後，北京等城市出現一些群眾集會和大、小字報，在表示擁護的同時，也要求追究壓制解放思想、阻撓平反冤假錯案的領導人的責任。有的還提出了全盤否定毛澤東的要求。11 月 25 日下午，中央政治局五位常委聽取中共北京市委和共青團中央負責人關於天安門事件平反後群眾反映的彙報後，中央政治局常委發表了重要談話。鄧小平在談話中說：“天安門事件平反後，群眾反映強烈，大家很高興，熱烈擁護，情況是很好的。當然也出現一些問題。我們的工作要跟上去，要積極引導群眾，不能和群眾對立。我們一定要高舉毛主席的偉大旗幟。毛主席的旗幟是全黨全軍全國各族人民團結的旗幟，也是國際共產主義運動的旗幟。……現在報上討論真理標準問題，討論得很好，思想很活潑，不能說那些文章是對著毛主席的，那樣人家就不好講話了。但講問題，要注意恰如其分，要注意後果。邁過一步，真理就變成謬誤了。”

鄧小平的談話沒有在中央工作會議上正式傳達，但有很多人得知了談話的精神。與此同時，會上也發生了一件事情。11 月 27 日，一位代表發言，對真理標準問題討論提出不同看法，不贊成把這場討論看成是政治問題、路線問題，是關係國家前途命運的問題，不贊成已見諸多種報刊的“來一個思想解放運動”“反對現代迷信”等口號。他的發言在簡報上登出後，遭到與會者的批評，掀起軒然大波。

11 月 25 日下午中央政治局常委對北京市委和團中央負責人正式表態後，堅持“兩個凡是”的一些部門負責人認為再也頂不下去了，只好出來表態。他們在發言中仍然堅持“兩個凡是”的立場，為自己辯護。這也引起了絕大多數與會者的不滿，紛紛發言對他們進行嚴肅的批評和幫助。

許多與會者還指出：我們不能把糾正毛澤東晚年的錯誤同維護毛主席的旗幟對立起來，更不能以此來為“兩個凡是”的錯誤方針辯護。要把維護毛主席的威信和解決“文化大革命”的遺留問題統一起來，在肯定毛主席的偉大功績的前提下去處理遺留問題。堅持毛主席倡導的實事求是原則，只能增添毛澤東思想的光輝。

在大多數與會者的批評幫助下，一些曾對這場討論的意義認識不足的人先後有了轉變，一些堅持"兩個凡是"的人作了自我批評。

（五）關於改革開放問題

這次會議使會前關於改革開放的醞釀進一步具體化，正式作出改革開放決策的條件已經成熟。但是，對經濟體制改革的討論，其深度和廣度比起政治和思想領域來說相對要弱一些。這一方面與當時的認識水平有關，另一方面與沒有來得及認真討論有關。

（六）關於組織問題

在華國鋒宣佈的會議議題中，沒有人事問題，但隨著與會者的注意力集中到歷史遺留問題和真理標準討論，陸續揭發出個別中央領導人和部門負責人的錯誤。這樣，人們自然地想到了人事調整問題。

與此同時，中央領導層也在考慮這個問題。鑒於與會者的注意力仍集中在幾位中央政治局委員的錯誤上面，鄧小平及時地給以明確的引導。11 月 27 日，中央政治局常委聽取各組召集人彙報。鄧小平說："現在國際上就看我們有什麼人事變動，加人可以，減人不行，管你多大問題都不動，硬著頭皮也不動。這是大局。好多外國人要和我們做生意，也看這個大局。"12 月 1 日，鄧小平在中央政治局常委召集部分中國人民解放軍大軍區司令員和省委第一書記的打招呼會議上講話。鄧小平再次指出：中央的人事問題，任何人都不能下，只能上。現有的中央委員，有的可以不履行職權，不參加會議活動，但不除名，不要給人印象是權力鬥爭。對"文化大革命"問題，現在也要迴避。

根據鄧小平的指示精神，在以後的討論中，與會者普遍贊成只加人、不減人的方針，各組提名的人選也比較集中起來。12 月 11 日，會議秘書組還印發了中央組織部提出的《關於中央紀律檢查委員會組成問題的請示報告》及《中央紀委候選人名單（草案）》。12 月 12 日，各組討論了《中央紀委候選人名單（草案）》，在作個別增補後，基本上同意了這個名單。

（七）關於十一屆三中全會的指導方針問題

鄧小平在中央工作會議的閉幕會上作了題為《解放思想，實事求是，團結一致向前看》的重要講話，不僅引導了中央工作會議的進程和方向，而且為十一屆三中全會確定了正確的指導方針。鄧小平在十一屆三中全會上沒有再發表講話，這篇講話實際上成為全會的主題報告。解放思想、實事求是、團結一致向前看的指導方針，對十一屆三中全會開成具有偉大轉折意義的會議，起了關鍵的主導性的作用。

十一屆三中全會實現偉大轉折

中央工作會議結束後的第三天，1978 年 12 月 18 日晚，十一屆三中全會舉行開幕會。中共中央主席華國鋒，副主席葉劍英、鄧小平、李先念、汪東興出席會議。出席會議的中央委員 169 人，候補中央委員 112 人。

由於會期較短，開幕會後，各組採取了集中時間閱讀文件的辦法。隨後，各組進行了討論。分組討論的內容，概括起來有三個方面：一是參加中央工作會議的中央委員以發言等形式向未參加工作會議的人員介紹情況；二是對中央領導的講話發表意見，對全會要增補的中央委員，中央政治局委員、常委，中央副主席發表意見，對中央設立紀律檢查委員會發表意見；三是同中央工作會議一樣，對工作重點轉移、“兩個凡是”、真理標準討論、平反冤假錯案、康生的錯誤等問題發表意見。還有一項內容，是對十一屆三中全會公報的草稿提出修改意見。

在分組討論中，與會者普遍讚揚幾天前閉幕的中央工作會議開得很成功。認為會議真正恢復和發揚了毛澤東生前一貫倡導的實事求是、群眾路線、批評與自我批評的優良傳統和作風，自始至終堅持了民主集中制的原則。相信中央工作會議的好會風，定能在十一屆三中全會上發揚光大，使這次全會在鄧小平的《解放思想，實事求是，團結一致向前看》的講話精神的指引下，取得更大的成果。

與會者討論了黨的工作重點轉移、實行改革開放政策、農業問題兩個文件、1979 年和 1980 年兩年經濟計劃的安排、處理歷史遺留問題、堅持實事求是的思想路線、健全民主與法制、加強黨的組織建設等重大問題，並建議以中央全會的名義作出鄭重的決定。

對農業問題兩個文件，不少人提出了許多修改意見。在討論中央紀律檢查委員會候選人時，各組同意中央政治局的意見，並建議增加王建安為候選人。

12 月 22 日，各組討論了《中國共產黨第十一屆中央委員會第三次全體會議公報》（1978 年 12 月 21 日稿）。公報此前經過三次修改，終於在全會閉幕的最後一天，送到與會者的手中。與會者經過討論，提出了一些修改意見。

12 月 22 日晚，十一屆三中全會舉行閉幕會。華國鋒主席和葉劍英、鄧小平、李先念、汪東興副主席出席會議。華國鋒主持了會議。

全會一致原則通過《中共中央關於加快農業發展若干問題的決定（草案）》《農村人民公社工作條例（試行草案）》。並確定這兩個文件先傳達到縣級，廣泛徵求意見，由省、自治區、直轄市集中修改意見，報中央定稿後，由中央正式發文件。

全會一致原則通過《一九七九、一九八〇兩年經濟計劃的安排》。這個文件由國務院正式下達，並確定傳達範圍。建議國務院在修改後提交明年召開的第五屆全國人民代表大會第二次會議討論通過。

全會一致原則通過《中國共產黨第十一屆中央委員會第三次全體會議公報》。中央政治局根據大家提出的意見，再作些修改，然後在 12 月 24 日發表。

全會選舉陳雲為中央政治局委員、政治局常委、中央委員會副主席；選舉鄧穎超、胡耀邦、王震三人為中央政治局委員；選舉黃克誠、宋任窮、胡喬木、習仲勳、

委員們舉手一致通過中共十一屆三中全會公報

王任重、黃火青、陳再道、韓光、周惠等九人為中央委員，將來提請黨的第十二次全國代表大會對這一增補手續予以追認。

全會選舉了中央紀律檢查委員會。選舉陳雲為中央紀律檢查委員會第一書記，鄧穎超為第二書記，胡耀邦為第三書記，黃克誠為常務書記，王鶴壽、王從吾、劉順元、張啟龍、袁任遠、章蘊（女）、郭述申、馬國瑞、李一氓、魏文伯、張策等十一人為副書記，並選舉中央紀律檢查委員會常務委員和委員八十五人。宣佈選舉結果後，陳雲發表了講話。

安徽農村改革

1977 年，萬里主政安徽，看了兩戶農民後，已是淚流滿面。

安徽省委《六條》拉開農村改革序幕。

小崗村二十戶農民秘密開會商議，決定瞞上不瞞下，實行包乾到戶。

大包乾，直來直去不拐彎，保證國家的，留足集體的，剩下都是自己的。

中共十一屆三中全會以後，全黨全國的工作重點轉移到社會主義現代化建設上來。安徽率先在農村推行了以包產到戶為主要內容的家庭聯產承包責任制。這是個曲折而艱辛的探索過程，同時也是解放思想的過程。

看到安徽農村的慘狀，萬里深感愧疚

1977 年 6 月 21 日，中央委派萬里、顧卓新、趙守一分別擔任安徽省委第一、二、三書記。當時，"四人幫"雖然已經倒台，但他們推動的"左"傾政策，在安徽基本上沒有觸動。萬里等人到任後，雷厲風行，大刀闊斧，採取果斷措施排除了派性干擾，很快揭開了被"四人幫"代理人捂了八個月的蓋子，初步調整了縣以上各級領導班子。

"四人幫"在農村推行"左"傾政策，安徽是重災區。"文化大革命"十年，糧食總產量一直徘徊在 200 億斤左右，農民人均年收入 60 元上下，由於價格的因素，農民實際生活水平下降了 30%。根據當時測算，農民每人每年最低生活費用大約需要 100多元。全省 28 萬多個生產隊，其中只有 10% 左右的隊勉強維持溫飽；67% 低於 60元，40 元以下的佔 20% 左右。這些數字說明，全省有將近 90% 的生產隊不能維持溫飽，10% 的隊仍在飢餓線上掙扎。

強迫命令、瞎指揮的現象是相當普遍的，引起了農民群眾的憤慨。定遠縣耕地面積 160 多萬畝，按照實際情況只能種 80 萬畝水稻，"四人幫"在安徽的代理人卻強行規定要種 150 萬畝，結果有 20 多萬畝無收，有收的產量也很低。蕪湖縣易太公社追求形式主義，打破原有生產隊體制，打破各隊土地界限，打亂水系，把集體的糧、款、物等全部重新分配。新劃的生產隊要做到四個一樣，即土地一樣，人口一樣，村莊大小一樣，水利工程興辦一樣。公社還規定，凡是妨礙規劃實施的樹木要砍掉、村莊要移址、房屋要拆遷、溝塘要填平、道路要重修。社員看到這種情形憤怒地說："這和國民黨有什麼兩樣。”不少人含淚離鄉背井。由於嚴重強迫命令、瞎指揮，全社糧食減產 592 萬斤，有的大隊人均收入由 1976 年的 70 元下降到 38 元。

1977 年 11 月上旬，萬里到金寨縣調查。在燕子河山區，他走進一戶低矮殘破的茅屋，在陰暗的房間裏，見鍋灶旁邊草堆裏，坐著一位老人和兩個姑娘，便親熱地上前和他們打招呼。老人麻木地看著他，一動不動。萬里伸出手想和他握手，老人仍麻木地看著他，不肯起身。萬里很納悶，以為老人的聽覺有問題。陪同的地方幹部告訴老人，“新上任的省委第一書記來看你”，老人這才彎著腰顫抖地緩緩站起。這時萬里驚呆了，原來老人竟光著下身，未穿褲子。萬里又招呼旁邊的兩個姑娘，姑娘只是用羞澀好奇的眼光打量他，也不肯移動半步。村裏人插話說：“別叫了，她們也沒有褲子穿，天太冷，她們凍得招不住，就蹲在鍋邊暖和些。”

萬里又走到了另一戶農家，看到家裏只有一位穿著破爛的中年婦女，便詢問她家的情況。“你家幾口人？”“四口人，夫妻倆和兩個小孩。”“他們到哪兒去了？”“出去玩了。”“請你喊他們回來讓我看看。”萬里連催兩遍，這位婦女面有難色，不願出門去找。在萬里的再三催促下，她無奈地掀開鍋蓋，只見鍋膛內坐著兩個赤身裸體的女孩子。原來燒過飯的鍋灶，拿掉鐵鍋，利用鍋膛內的餘熱，把兩個沒有衣服穿的孩子放到裏面防寒。

萬里看了兩戶農民後，已是淚流滿面，他沉痛地說：“老區人民為革命作出了多大的犧牲和貢獻啊！沒有他們，哪來我們的國家！哪有我們的今天！可我們解放後搞了這麼多年，老百姓竟家徒四壁，一貧如洗，衣不遮體，食不果腹，有的十七八歲姑娘連褲子都穿不上，我們有何顏面對江東父老，問心有愧呀！”

安徽省委《六條》拉開農村改革序幕

按照萬里的囑咐，安徽省農委政策研究室全體人員分赴全省各地進行調查，並於 1977 年 9 月 20 日到 24 日，在滁縣召開了農村政策座談會。會議充分揭露了農村“左”傾現象，討論起草了《關於當前農村經濟政策幾個問題的規定（草稿）》，簡稱省委

《六條》。

11 月 15 日到 21 日，安徽省委召開全省農村工作會議，各地、市、縣委書記和省直各部門負責人參加了會議，集中討論修改《六條》。通過十多次的反覆修改，幾易其稿，11 月 28 日，以“試行草案”的形式下發安徽全省各地農村貫徹執行。

省委《六條》的基本內容是：

> 搞好人民公社的經營管理工作，根據不同的農活，生產隊可以組織臨時的或固定的作業組，只需個別人去做的農活，也可以責任到人；積極地有計劃地發展社會主義大農業；減輕生產隊和社員的負擔；分配要兌現，糧食分配要兼顧國家、集體和個人利益；允許和鼓勵社員經營正當的家庭副業。

時任安徽省農委政策研究室主任的周日禮後來說：“這些內容，今天看來似乎很平常，但在當時，許多規定都觸犯了不可動搖的原則，突破了長期無人逾越的‘禁區’。這在粉碎‘四人幫’後處於迷茫徘徊的中國，是第一份突破‘左’傾禁區的關於農村政策的開拓性文件，是一支向‘左’傾思想宣戰的利劍，也是農村改革的序幕。”

二十位小崗村村民的偉大創舉

安徽鳳陽小崗村，是個自農業合作化以來從未向國家交過一斤糧食的“吃糧靠返銷，生活靠救濟，生產靠借款”的“三靠隊”。在改革開放的大潮即將湧來之時，它成了全國“包乾到戶”的策源地，在中國歷史上留下了濃墨重彩的一筆。

1978 年秋，包產到組的辦法已經在鳳陽縣部分地區開始實行。梨園公社小崗生產隊共二十戶人家，其中包括兩個“五保戶”，共計一百一十五人。這些人，先是分成四個組，後又分成十一個小組，每組只有兩三戶，有的是父子或兄弟一個組，但仍然矛盾重重。

於是，全隊二十戶農民秘密開會商議，決定瞞上不瞞下，實行分田到戶，即“包

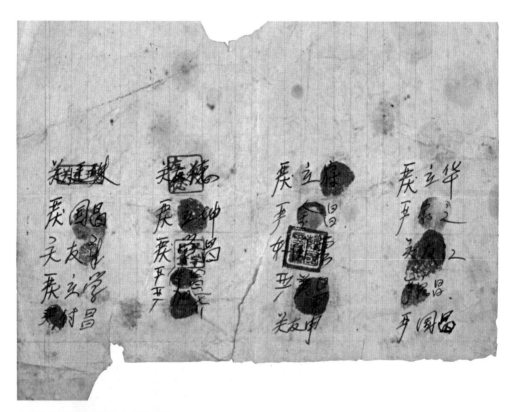

小崗生產隊社員簽訂的包乾合同書

乾到戶"。他們對此的理解是：大包乾，直來直去不拐彎，保證國家的，留足集體的，剩下都是自己的。

他們把全村五百一十七畝土地按人口承包到戶，十頭耕牛統一作價後，每兩戶包一頭。而國家派給小崗村的農副產品交售任務，償還借款任務，公社大隊提取公共積累和各類人員補助的錢糧數，都按人頭分包到戶，完成包乾任務後，剩餘多少全歸個人。

在一份保證書上，二十位戶主冒著極大的風險，在自己的名字上，有的蓋了自己的私章，有的按下了鮮紅的手印，為這一大膽的舉動留下了歷史的見證。

在當時的條件下，無論包乾到戶，還是包產到戶，都是"犯忌"的，因而只能秘密地進行。

當然，這樣的秘密是瞞不住的。不過，中共十一屆三中全會確定了解放思想、實事求是的思想路線，開始全面撥亂反正的工作，邁開了中國農村改革的步伐。由此，這些被視為"犯忌"的做法，實際上恰好同十一屆三中全會的精神合了拍，因而不但沒有遭到扼殺，而且還得到了來自上級的有力支持。

　　1979年6月15日，正值麥收完畢的時候，萬里來到鳳陽縣。

　　縣委書記陳庭元在向萬里作彙報時，特別提到小崗生產隊暗地裏進行的包乾到戶。

　　萬里問："包乾到戶的結果如何？"

　　陳庭元回答說："包乾到戶後，小崗隊的糧食產量由三萬多斤一下子搞到十三萬多斤。"

　　萬里當即對小崗的做法表示支持。於是，包乾到戶便悄然地在鳳陽興起。

家庭聯產承包責任制極大地激發了農民的生產積極性，推動了農業生產的發展。小崗生產隊農民嚴立坤1979年收糧6000公斤，現金2000元，1984年向國家交售糧食2000公斤。

1979 年，小崗生產隊獲得了大豐收，一年的糧食產量相當於 1966 年至 1970 年五年糧食產量的總和。這個 "三靠隊" 第一次向國家交了公糧，還了借款。農民們為此還編了順口溜："大包乾，就是好，幹部群眾都想搞。只要搞上三五年，吃陳糧，燒陳草，個人富，集體富，國家還要蓋倉庫。"

　　小崗村一年大變樣，產生了極強的示範作用，周圍許多村莊紛紛效仿。

　　實行家庭聯產承包，是中國農民的偉大創造。中央尊重群眾願望，積極支持試驗，通過幾年的努力，解決了中國社會主義農村體制的重大問題，從而使中國農業生產擺脫長期停滯的困境，帶動了整個改革開放和社會主義現代化建設事業。

胡耀邦被任命為中央組織部部長。

中央決定全部摘掉右派分子帽子。

全面糾正"文化大革命"期間的冤假錯案和歷史遺留問題。

全國共平反糾正約三百萬名幹部的冤假錯案。

粉碎“四人幫”，特別是十一屆三中全會以後，平反“文化大革命”及其以前的“左”傾錯誤所造成的大量冤假錯案，有步驟地處理中華人民共和國成立以來的許多歷史遺留問題，是擺在中央面前的一項十分重大而緊迫的任務，也是撥亂反正的一個重要組成部分。

平反冤假錯案工作的起步

粉碎江青集團後，黨內上下和全國人民強烈要求糾正“文化大革命”的嚴重錯誤，迅速平反冤假錯案，以調動全黨和全國人民的積極性。然而，歷史並不是按照人們的主觀意願直線發展的。由“文化大革命”造成的政治上、思想上、組織上的混亂是極其嚴重而深廣的，不可能短時間內消除，當時黨內又推行“兩個凡是”的錯誤方針，導致黨的指導思想和各條戰線的撥亂反正處於徘徊狀態，全面平反冤假錯案工作步履艱難。

為加強和推進平反冤假錯案工作，1977 年 12 月 10 日，中共中央副主席葉劍英和鄧小平接受中央組織部部分幹部的建議，經中央討論決定，任命胡耀邦為中央組織部部長。胡耀邦上任後，在陳雲等老一輩革命家的大力支持下，衝破了“兩個凡是”的束縛，大刀闊斧地開始了平反冤假錯案的工作。

胡耀邦上任中組部部長後，提出是非分明、功過分明、賞罰分明等工作原則，平反冤假錯案工作開始起步。到十一屆三中全會前，主要做了兩個方面的工作：

一方面從落實幹部政策入手，開展平反冤假錯案工作。1978 年 1 月 28 日，中央組織部召開中央、國家機關二十六個部委副部長座談會，討論給待分配幹部儘快安排工作問題。會上，胡耀邦講話指出：“幹部是我們黨的寶貴財富。”可以工作而沒有分配工作的，要儘快分配工作。少數需要作出審查結論的，應儘快作出。對“文化大革命”

中的案件，該複查的複查，該平反的平反，不能平的不平。總之要實事求是。這次會議有效地推動了平反冤假錯案工作的起步。

另一方面，開始對"文化大革命"以前的重大歷史遺留問題進行複查，展開改正錯劃右派的工作，推進了平反冤假錯案工作的開展。1978年4月4日，中共中央統戰部、公安部向中央呈送《關於全部摘掉右派分子帽子的請示報告》。中共中央從1959年起到1964年，曾先後分五批給約三十萬右派分子摘掉帽子，由於"文化大革命"的發生，這一工作被中斷。根據實事求是原則和有反必肅、有錯必糾的方針，1978年4月5日，中共中央批准了統戰部、公安部《關於全部摘掉右派分子帽子的請示報告》，決定全部摘掉右派分子帽子。這個重大舉措獲得良好的社會反響。

為了做好右派摘帽工作，1978年6月14日至22日，經中共中央批准，中央組織部、宣傳部、統戰部、公安部、民政部在山東煙台召開會議，擬訂了《貫徹中央關於全部摘掉右派分子帽子決定的實施方案》，同時討論了審查改正右派的問題。會後，中央五個部根據會議討論的意見，對《實施方案》進行了修改。9月17日，中共中央批准這個方案並下發貫徹執行。批示中說："做好摘掉右派帽子的人的安置工作，落實黨的政策，是我國政治生活中的一件大事。""對於過去錯劃了的人，要做好改正工作。有反必肅，有錯必糾，這是我黨的一貫方針。已經發現劃錯了的，儘管事隔多年，也應予以改正。"

文件下達後，全國各地開始著手右派的複查改正工作。10月17日，中央組成複查改正右派工作辦公室，領導全國改正工作事宜。在各級黨委領導下，各地相應成立了工作機構，全國範圍的全部摘掉右派分子帽子工作進展迅速。到1980年6月，對錯劃五十四萬多人的右派問題進行複查改正，為他們恢復了政治名譽，重新安排了工作和生活。這是一項十分英明的、重大的措施，解決了一個重要的歷史遺留問題，獲得了全黨和廣大群眾的擁護，收到了良好的效果。

這一期間的平反冤假錯案工作，雖然取得不少成績，但僅僅是個起步，進展遲緩，沒有觸及許多大案要案。主要原因有兩個方面：第一，當時還存在受"左"傾錯誤所禁錮，對平反冤假錯案不積極、不公正，甚至有干擾的問題。第二，中央管的幹部的有關案件的材料，仍然在中央專案辦公室手裏，沒有交給中央組織部，複查工作難以展開。非中央管的幹部有關案件的複查，中央組織部也無權過問。因此，儘管這項工作進行了約一年多的時間，成效尚不顯著，任務仍然相當艱巨。

全面糾正冤假錯案和歷史遺留問題

　　隨著 1978 年 11 月 10 日到 12 月 15 日的中央工作會議，以及隨後中共十一屆三中全會的召開，開始了全面糾正冤假錯案的工作，到中共十二大時，這項工作基本完成。

　　11 月 21 日下午和晚上的中央工作會議期間，華國鋒主持各組召集人會議，聽取了討論情況彙報。彙報後，華國鋒明確指出：對歷史上和"文化大革命"以來的一些案件，大的問題，能解決的，下決心解決，這就能團結一致，集中力量搞四個現代化建設。各省"文化大革命"中的一些問題，也要解決好。接著，鄧小平說："現在形勢對我們比較有利，處於比較有利的條件下，大的案子應了結，如天安門事件，六十一人問題，彭德懷、陶鑄、楊尚昆同志的問題，七二〇事件問題等。"

　　隨後，中央政治局常委經過多次討論，11 月 25 日，華國鋒在中央工作會議全體會議上，宣佈了對"文化大革命"中和"文化大革命"前遺留的一些重大政治事件，以及一些重要領導的功過是非問題的平反決定。主要有：

　　（1）關於天安門事件問題。中央認為天安門事件完全是革命行動，11 月 14 日政治局常委批准北京市委宣佈 1976 年清明節悼念周總理，聲討"四人幫"，是革命行動，受迫害的一律平反，恢復名譽。江蘇、浙江、河南等省委對同類事件也作了類似的處理。

　　（2）關於所謂"反擊右傾翻案風"問題，實踐證明是錯誤的。對過去中央批發的有關"反擊右傾翻案風"的文件，全部予以撤銷。

　　（3）所謂"二月逆流"一案必須平反，恢復名譽，文件材料不實之詞作廢。

　　（4）關於薄一波等六十一人案件問題，這是一起重大錯誤。把六十一人定為叛徒集團是不正確的，中央決定為這六十一人平反，發正式文件。

　　（5）關於彭德懷的問題。他是老共產黨員，擔任黨政軍重要領導職務，為黨為人民作出了重大貢獻，懷疑他是"裏通外國分子"沒有根據。他 1974 年 11 月 29 日逝世，骨灰要安放在八寶山革命公墓第一室。

　　（6）陶鑄的問題。他也是老共產黨員，有貢獻，說他是"叛徒"，不對，（應予）平反。他 1969 年 11 月 30 日病逝，骨灰應安放在八寶山第一室。

　　（7）楊尚昆，恢復其黨的組織關係，分配工作。中央決定，一辦、三辦，包括

根據中共中央政治局決定，1978 年 11 月 14 日，中共北京市委宣佈為天安門事件平反。圖為《人民日報》刊登的有關消息。

群眾在天安門前集會，擁護中共北京市委為天安門事件平反的決定。

原二辦、五一六專案辦，都要結束工作，全部案件移交中組部。依中央精神，抓緊複查。各級黨委專案組結束工作。移交紀檢會，敵我矛盾問題交政法部門。

（8）康生、謝富治問題。他們有很大民憤。有關揭發他們的材料，送交中央組織部。

（9）一些地方重大事件問題。武漢七二〇事件，河南七二九事件，四川"產業軍"問題，中央決定這類地方性事件由各省委根據情況，實事求是，予以改正。

在中央工作會議的基礎上，十一屆三中全會決議又鄭重指出："會議認真地討論了'文化大革命'中發生的一些重大政治事件，也討論了'文化大革命'前遺留下來的某些歷史問題。會議認為，解決好這些問題，對於進一步鞏固安定團結的局面，實現全黨工作中心的轉變，使全黨、全軍、全國各族人民萬眾一心向前看，調動一切積極因素為四個現代化努力，是非常必要的。"會議對1975年鄧小平主持中央工作期間，各方面工作取得很大成績作出了正確的高度評價，把所謂"右傾翻案風"這個顛倒了的歷史重新顛倒過來；正確肯定了1976年4月5日的天安門事件完全是革命行動；審查和糾正了過去對彭德懷、陶鑄、薄一波、楊尚昆等人的錯誤結論。會議認為，過去那種脫離黨和群眾監督，設立專案機構審查幹部的方式，弊病極大，必須永遠廢止。

據當時中央組織部統計，全國脫產幹部約一千七百萬，立案審查的約佔17%，加上被審查的基層幹部、工人和涉及的他們的親屬，需要平反的冤假錯案將近達一億人口，任務異常繁重。由於全黨的高度重視，辦案人員艱苦細緻的工作，到1982年底，全國範圍的平反冤假錯案工作基本結束。據不完全統計，在此期間，經中共中央批准平反的影響較大的冤假錯案有三十多件，全國共平反糾正約三百多萬名幹部的冤假錯案，四十七萬多名共產黨員恢復了黨籍，數以千萬計的無辜受株連的幹部和群眾得到了解脫。

中美建交

中美關係正常化進程陷入僵局。

為了對付蘇聯，美國需要再次打"中國牌"。

中國現代化建設需要良好的國際環境。

艱苦談判，達成協議。

在中共十一屆三中全會之前，鄧小平在外交上作出了兩個決斷：一是簽訂中日和平友好條約，一是實現中美建交。

中美關係正常化進程陷入僵局

1972 年中美上海公報發表，但因為台灣問題，中美未能建交。1973 年 2 月，尼克松派基辛格訪華，向中國方面表示，美國打算削減在台灣的軍事力量，並準備在尼克松第二屆任期的後兩年用"類似日本的方式"實現中美關係正常化。然而，"水門事件"引發的政治危機，束縛了尼克松的手腳，影響了美國外交政策的正常實施，從而加大了中美關係正常化的難度。

1974 年 4 月，鄧小平利用出席第六屆特別聯大會議的機會，在紐約同美國國務卿基辛格討論中美關係正常化問題。但基辛格搪塞說，美國正在研究如何實現"一個中國"的設想，但尚未想出辦法來。對此，鄧小平不失分寸地表示，中國希望這個問題能較快地解決，但也不著急。此時，地位不穩的尼克松已失去了往日的魄力，不敢在台灣問題上邁出大的步子，因為他不希望得罪國會中那些與台灣關係密切的議員，這些議員曾是他的主要支持者。不僅如此，尼克松為了避免那些親台勢力的攻擊，還開始加強美國同台灣的關係。

1974 年 8 月，尼克松辭去美國總統之職。水門事件對於美國外交政策的影響是深遠的，繼任總統福特在其就職的時候說："這樣一個歷史時刻使我們感到不安，使我們感到痛心。"雖然福特總統上任後一再表示，美國的對華政策不變，美國將"繼續信守上海公報的原則"。但是，一個顯而易見的事實是，由於共和黨在水門事件中大傷了元氣，他所領導的政府從一開始就處在一種軟弱無力的地位，根本不敢在台灣問題上有所鬆動。

1974 年 10 月 21 日，美國新任駐中國聯絡處主任布什飛抵北京，在談到妨礙美國和中國最終建立外交關係的台灣問題時，他說："就此事的緊迫性來說，就此事是否需要大大加速進行來說，我認為我們有很大的餘地可以按照我們自己的考慮和這個國家的政府的考慮而定，因此，在這個問題上，美國並不十分忙。"但他又說，"我們願意看到中美關係'繼續改進'"。在台灣問題上採取拖的方針，以維持中美關係的現狀，構成了福特總統對華政策的一個重要特點。中美關係正常化的進程由此陷入了僵局。

卡特政府的探索

1977 年，美國卡特政府上台後，開始尋找解決台灣問題的新途徑。同年 6 月 30 日，卡特在華盛頓舉行的記者招待會上談到美國的對華政策時說，他希望美國能夠同中華人民共和國達成一項建立正式外交關係的協議，而又仍然保證台灣人"維持和平生活"。為此，他決定派遣國務卿萬斯對中國進行一次"探索性"的訪問。

1977 年 8 月 23 日，萬斯在北京同中國外長黃華舉行正式會談。萬斯說：只要我們能夠尋求一個基礎，不致危害中國人自己和平解決台灣問題的前景，並能使美國同台灣非正式的接觸得以繼續，那麼，總統就準備使美中關係正常化。上海公報承認只有一個中國，因此，我們準備承認中華人民共和國是中國唯一合法政府。萬斯代表美國政府聲明，美國同台灣的防禦條約即將"終止"，美國將從台灣全部撤走其軍事力量和軍事設施。但是萬斯提出，中美建交後"必須通過一項非正式協定，讓美國政府人員繼續留在台灣"。萬斯解釋說，這種人員不具有外交人員性質，也沒有國旗和政府印鑒等大使館的特徵或權利。萬斯還表示，在適當的時候，美國將公開聲明希望和平解決台灣問題，希望中國不發表對美國政府聲明的聲明。萬斯的這個方案與中方的要求仍有較大的距離，沒有為中方所接受。黃華堅持中國關於中美建交的三項基本條件，並發表了措辭強硬的講話。

8 月 24 日，鄧小平會見了萬斯一行。鄧小平認為萬斯所闡明的美國立場，是從上海公報後退。這次中美會談雖然沒有能夠就台灣問題達成一致意見，但對雙方熟悉和了解對方的立場是有幫助的，這在一定程度上打消了美國政府指望中國在台灣問題上作出較大讓步的不切實際的幻想。

1978 年春，中美關係正常化問題出現了新的轉機。

首先，是由於美蘇關係出現了波折。蘇聯利用"緩和"穩定了西線，又開始向非洲滲透。這就向美國提出了一個問題：蘇聯利用第三世界的地區糾紛擴大自己的勢力範圍，這與美國所指望的固定世界現狀的緩和原則是相容的嗎？

其次，是由於蘇聯這幾年核力量有迅速增長的趨勢，而在限制戰略核武器談判中卻沒有體現出誠意。美國國內的輿論中有一種越來越強烈的觀點認為，蘇聯因"緩和"單方面獲了利，而美國卻吃了虧，從而對美國的對蘇緩和政策產生了越來越大的懷疑。這種情況促使美國政府重新關注中美關係正常化問題。

最後，中國在結束了"文化大革命"之後，開始重提"四個現代化"的戰略目標，準備大量引進西方的先進技術和設備，這樣一個巨大的市場對於美國無疑是有吸引力的。

1978 年 5 月 17 日，卡特對即將訪華的總統國家安全事務助理布熱津斯基下達了具有決定性意義的指令："美國的決心已下"，已經準備積極協商向前推進，消除正常化的各種障礙。卡特讓布熱津斯基"不妨非正式地向中國人表明，美國正在打算在今年進一步減弱它在台灣的軍事存在"，最為重要的是，卡特授權布熱津斯基轉告中國方面，美國接受中國關於正常化的三項條件（斷交、廢約、撤軍），並重申尼克松和福特政府以前聲明的五點。但是，接受中國的三項基本條件並不妨礙美國堅持台灣問題的和平解決，美國將保留向台灣提供武器的權利。卡特指示布熱津斯基應當向中國申明，美國將堅持這些條件，並探討若干雙方都能接受的方案。

由於有了這份條件明確的指示，美國總統特使布熱津斯基於 1978 年 5 月下旬訪華，向中國方面表示，美中關係是美國全球政策中的一個中心環節，美國政府已下決心要同中國實現關係正常化，並願意接受中國提出的建交三原則，但希望（而非作為條件）在美方作出期待台灣問題得到和平解決的表示時，不會明顯地遭到中國的反駁，這樣美國國內的困難將更容易解決。對此，鄧小平回答說，雙方都可以表達自己的意見。美方接著提議，雙方下個月開始就中美建交問題進行高度機密性的磋商。鄧小平代表中方接受了這一建議。

艱苦談判，達成協議

從 1978 年 7 月起，中美開始在北京舉行建交秘密談判。

經過多次談判，中美雙方的立場有所接近。1978 年 11 月初，美國駐華聯絡處主任伍德科克在與黃華的會談中，提出了美方擬定的建交公報草稿，其中建議把 1979 年 1 月 1 日作為中美正式建交的日期。在這之後由於黃華外長生病，中方改由韓念龍代外長與伍德科克舉行談判。中國也提出了一份建交公報草案，其中含有同意以 1979 年 1 月 1 日或 3 月 1 日為正式建交日期的內容。

這時國際國內形勢的發展要求中美兩國領導人抓住時機，早下決斷。

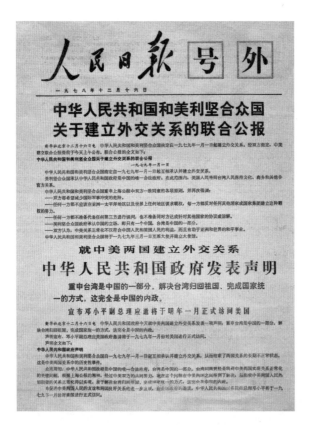

1978 年 12 月 16 日《人民日報》印發的中美兩國建交的聯合公報號外

當時由於中越關係急劇惡化，蘇越又簽訂了同盟條約，中國已在考慮對在邊境不斷挑釁的越南採取懲罰性的有限反擊。在這種情況下，為了牽制蘇聯，中國需要加強同美國的關係。

　　另一方面，中國國內的形勢也發生了很大變化。1978 年 11 月 10 日至 12 月 15 日，中共中央在北京召開工作會議，就政治局根據鄧小平建議提出的全黨工作重點轉移到社會主義現代化建設上來的問題，進行了認真的討論，為隨即召開的具有深遠意義的中共十一屆三中全會做了充分的準備。至此，鄧小平在黨內的地位和影響已經鞏固，全黨工作重點轉移已如箭在弦。從現代化建設的角度來看，中國需要加強同美國的關係，尤其是經濟關係。而美國也迫切希望打進具有巨大經濟潛力的中國市場。這些因素都增加了中美儘早完成兩國關係正常化的決心。

　　在中美建交談判的關鍵時刻，鄧小平於 1978 年 12 月 15 日會見了美方代表伍德科克，並與他就建交公報草案進行了討論。鑒於美國要求於 1979 年底按條約規定期滿"自動終止"美台《共同防禦條約》，鄧小平要求美方在該條約仍然有效的最後一年裏不要再向台灣出售武器。鄧小平還代表中國方面爽快地接受了卡特總統請他訪問美國的正式邀請。這意味著歷時半年之久的中美建交談判終於取得了"突破"。這是中美雙方共同努力的結果。其中鄧小平和卡特總統的決斷起了決定性的作用。

　　從 1978 年 7 月到 12 月，中美雙方進行了近半年的艱苦談判，最後達成以下協議：

　　　　一、美國承認中國關於只有一個中國、台灣是中國的一部分的立場，承認中華人民共和國政府是中國的唯一合法政府，在此範圍內，美國人民將同台灣人民保持文化、商務和其他非官方關係；

　　　　二、在中美關係正常化之際，美國政府宣佈立即斷絕同台灣的"外交關係"，在 1979 年 4 月 1 日以前從台灣和台灣海峽完全撤出美國軍事力量和軍事設施，並通知台灣當局終止《共同防禦條約》；

　　　　三、從 1979 年 1 月 1 日起，中美雙方互相承認並建立外交關係，3 月 1 日互派大使，建立大使館。

　　從中美雙方達成的協議來看，兩國都作出了一定程度的讓步。在達成上述協議的基礎上，中美兩國於 1978 年 12 月 16 日（美國時間 12 月 15 日），共同發表了中美建交聯合公報。同一天，中美兩國還分別就台灣問題發表政府聲明。

美國政府的聲明指出：1979 年 1 月 1 日，美利堅合眾國將通知台灣，結束"外交關係"，美國和中華民國之間的《共同防禦條約》也將按照條約的規定予以終止。美國政府還聲明，在四個月內從台灣撤出美方餘留的軍事人員。"今後，美國人民和台灣人民將在沒有官方政府代表機構，也沒有外交關係的情況下保持商務、文化和其他關係。"美國政府的這一立場，以變通的方式基本上滿足了中國一再堅持的"斷交、廢約、撤軍"的建交條件。這是值得肯定的。但美國政府聲明，它將"繼續關心台灣問題的和平解決，並期望台灣問題將由中國人自己和平地加以解決"。這又為其以後再度插手台灣問題留下了一個伏筆。不過，美國政府單方面的這一聲明對中國沒有任何約束力。中國政府在同一天的聲明中對此作出了相應的回答。

中國政府的聲明指出："台灣問題曾經是阻礙中美兩國實現關係正常化的關鍵問題。根據上海公報的精神，經過中美雙方的共同努力，現在這個問題在中美兩國之間得到了解決，從而使中美兩國人民熱切期望的關係正常化得以實現。至於解決台灣回歸祖國、完成國家統一的方式，這完全是中國的內政。"這段話既肯定了中美兩國政府在台灣問題上達成的共識，又針對美方聲明"關心台灣問題的和平解決"作出了恰當的回答。

中美關係正常化是當代國際關係中的一個重大歷史轉折。由於中美關係正常化，中國所倡導的反對霸權主義的國際統一戰線擴大了，中國的外交基礎由此更加鞏固，這對於當時蘇聯的擴張勢頭和越南的地區霸權主義起到了有力的遏制作用，對維護和加強世界和平與穩定作出了積極的貢獻。

中美關係正常化也是兩國關係史上的一個重大轉折。中美關係從此步入了一個新的歷史階段。隨著聯結兩國關係紐帶的恢復，兩國在政治、經濟、科學、技術乃至軍事上的交流與合作，都將得到前所未有的全面發展。這不僅為中國正在進行的現代化建設事業提供了良好的國際環境，同時也為美國重整國力贏得了時間和迴旋的餘地。這對於中美兩國都具有重要的意義。

1979 年 1 月 1 日，隨著新的一年的來臨，中華人民共和國和美利堅合眾國這兩個大國正式建立起全面的外交關係。在此前一天，台灣當局的"國旗"在數百名面色陰沉的觀眾面前，從台灣駐美"使館"最後一次降落。

創辦經濟特區

鄧小平細細尋思，他說：“深圳，就叫特區吧！”

習仲勳喜出望外，脫口而出：“特區，好！”

“中央沒有錢，你們自己搞，要殺出一條血路來。”

“出口特區”改稱“經濟特區”。

1979 年，鄧小平指示廣東省委負責人："還是辦特區好，中央沒有錢，你們自己去搞，殺出一條血路來！"隨後，深圳、珠海、汕頭、廈門四個經濟特區的建設，在希望和疑慮的目光中先後起步了。由此，一個新的奇跡開始創造。

"深圳，就叫特區吧！"

在 1979 年 4 月的中央工作會議期間，鄧小平在中南海聽取了廣東省委負責人習仲勳、楊尚昆的彙報。

習仲勳講了廣東經濟的現狀，談了廣東省開放、搞活的設想。其中著重談到，省委要求允許在深圳、珠海、汕頭劃出一定地區，單獨進行管理，作為華僑、港澳同胞

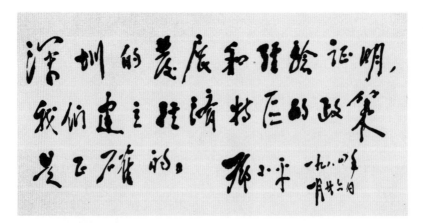

鄧小平為深圳特區的題詞

　　　　　　　　　　　　　　　　　　細節的力量：新中國的偉大實踐

和外商的投資場所，按照國際市場的需要組織生產，"類似海外的出口加工區"。

鄧小平聽著習仲勳的彙報，細細尋思。"這塊地方該叫什麼呢？工業區，貿易區，出口加工區，貿易合作區，都不準確。"他想了想，說："深圳，就叫特區吧！"

"特區，好！"習仲勳喜出望外，脫口而出。

"對，辦一個特區。過去陝甘寧邊區就是特區。中央沒有錢，你們自己搞，要殺出一條血路來。"

一個影響中國改革開放的重大事件終於登上了歷史舞台。

與此同時，福建省的負責人也向中央提出了與廣東省類似的設想。中央同意了兩省的意見。中央工作會議後，中共中央和國務院派當時主管這方面工作的中央書記處書記、國務院副總理谷牧帶領工作組赴廣東、福建考察，同兩省領導一起，研究關於實行對外經濟活動的特殊政策、靈活措施和辦特區的問題。

1979 年 6 月 6 日，中共廣東省委向中央遞交了《關於發揮廣東優越條件，擴大對外貿易，加快經濟發展的報告》。報告中有一個"試辦出口特區"的專題。《報告》提出：

"在深圳、珠海和汕頭市試辦出口特區。特區內允許華僑、港澳商直接投資辦廠，也允許某些外國廠商投資辦廠，或同他們興辦合營企業和旅遊等事業。"

"既要維護我國的主權，執行中國法律、法令，遵守我國的外匯管理和海關制度；又要在經濟上實行開放政策。"

"特區的建設，要搞好總體規劃，搞好基礎設施，如供水、供電、道路、碼頭、通訊、倉儲等。所需投資，採取財政撥款、銀行貸款和吸收外商資金等辦法解決。在發展步驟上，要先搞加工裝配、輕型加工工業和旅遊事業等，逐步積累資金，再興辦加工程度高的項目。三個特區建設也要有步驟地進行，先重點抓好深圳市的建設。"

"請中央有關部門加強領導，給予幫助。並擬邀請國內有關專家，來我省參與規劃和制訂辦法等工作。"

幾乎與此同時的 6 月 9 日，中共福建省委、省革委會也向中央遞交了《關於利用僑資、外資，發展對外貿易，加速福建社會主義建設的請示報告》。在這個報告中提出了設立廈門出口特區，"廈門出口特區的設立和辦法，按照中央的有關規定辦"。

7 月 15 日，在慎重調查研究的基礎上，中共中央、國務院批轉了廣東、福建兩省的報告，在這個題為《中共中央、國務院批轉廣東省委、福建省委關於對外經濟活動和靈活措施的兩個報告》（中發〔1979〕50號）的文件中批示：

關於出口特區，可先在深圳、珠海兩市試辦，待取得經驗後，再考慮在汕頭、廈門設置的問題。擬隨時組織一個協調小組，隨時了解閩、粵兩省執行政策的情況，適時協調有關方面的關係，適時解決矛盾，使這個對外經濟活動的新的特殊的政策得到順利的進行。

考慮到隨著對外經濟活動的開展，勢必帶來資本主義思想和資產階級生活作風的影響，這份文件還要求兩省："要把工作做到前頭，加強思想政治工作，堅持四項基本原則，防止和抵制資產階級思想的侵蝕和影響。"

這個文件中稱"出口特區"，當時主要是為了區別於資本主義國家地區辦的"出口加工區"。

8月底，根據中央指示，廣東省組織專門人員著手進行《廣東省經濟特區條例》的起草工作。

中共中央、國務院委託谷牧於1980年3月24日至30日，在廣州召開廣東、福建兩省會議，最後形成了《廣東、福建兩省會議紀要》。《紀要》指出，特區建設"必須採取既積極、又慎重的方針"；"特區的管理，在堅持四項基本原則和不損害主權的條件下，可以採取與內地不同的體制和政策"；"特區主要是實行市場調節"。這次會議還原則同意廣東省起草的《經濟特區暫行條例》，待經進一步修改後報國務院。這份《紀要》把特區的名字由"出口特區"改為了"經濟特區"。

1981年7月19日，中共中央、國務院發出文件（中發〔1981〕27號），批准了這個會議紀要。這個文件為四個特區的全面建設統一了思想，提供了具體指導。

特區建設在疑慮和責問中全面起步

在四個特區的建設中，深圳特區先走了一步。在深圳特區的建設中，蛇口工業區又先行了一步。蛇口工業區於 1979 年 7 月開工建設，經國務院批准，蛇口由香港招商局負責投資開發，是以對外出口為主的工業區。它實行 "以工業為主，積極引進，內外結合，綜合發展" 的方針，重點發展工業，相應發展為工業服務的商業、房產、旅遊、運輸等行業。蛇口工業區的 "五通一平" 工程在 1980 年底基本完成，打響了特區建設的第一炮，並以它的特有魅力，吸引了一批又一批赴特區的建設者。

在繼深圳經濟特區首先動工建設之後，1980 年 10 月，珠海經濟特區正式開始動工建設；1981 年 10 月，廈門經濟特區開始動工建設；1981 年 11 月，汕頭經濟特區開始動工建設。至此，四個經濟特區的建設全面展開。此時，深圳、珠海、汕頭、廈門四特區的面積分別有 327.5 平方公里、6.7 平方公里、1.6 平方公里、2.5 平方公里。

特區建設剛剛起步，但特區的 "時間是金錢，效率是生命" 的觀念，在全國產生了極大的影響。為全國後來的大改革、大開放創造了可供借鑒的經驗。

創辦經濟特區是中國經濟體制改革進程中的大膽創新，中國特區的政策和管理體制是在實踐中不斷總結完善的，四個特區也是在克服困難、排除干擾中開拓前進的。

1981 年底和 1982 年初，有一個調查組到深圳、珠海、汕頭和廈門四個經濟特區作了 "調查"，寫了 "調查報告"，開頭是特區的肯定性簡況，後面則詳述 "特區建設中也暴露出許多嚴重問題"："引進外資和設備有很大盲目性"，"同外商打交道吃虧上當的情況還相當嚴重"，"引進企業的職工所得太多（月平均為 150 元，少數人高達 200 元、300 元甚至 500 元）"，"經濟管理相當混亂"，等等。其中最重要的是指責 "經濟特區成了走私販運通道，不法外商同特區和非特區的一些企業勾結，進行違法活動。1980 年，僅廣東海關查獲的走私案件就有 511 件，價值 2471 萬元；1981 年 1 至 11 月，查獲 1221 起，價值 2321 萬元，不少是特區海關查獲的"。

這份 "調查報告" 警告道："引進外資成片開發，要警惕有形成變相租界的危險。" 他們在撰寫這份 "報告" 的同時，又整理了一份材料，題為《舊中國租界的由來》，發向全國各省市。

就在這時，社會上一些人趁機指責經濟特區的開拓者，說引進外資，開發特區，搞土地有償使用，是因襲歷史的老路，搞變相租界，"賣國"，給海外資本家提供奴役和剝削中國勞動人民的獨立王國。

因而，"調查報告" 的最後這樣寫道："在經濟特區，外資充斥市場，宗教迷信活動加劇，淫穢物品大量流進，暗娼增多，台灣反動宣傳加緊滲透，港台電視也佔領了

特區建設以吸引外資為主,對外來投資實行優惠政策。圖為 1981 年 10 月,深圳蛇口工業區負責人袁庚向香港中華總商會會長王寬誠等人介紹蛇口建設情況。

陣地，特區幾乎成了不設防的城市。"

各種社會輿論和流言蜚語沸沸揚揚，有的說，"特區搞錯了，要剎車"；有的說，"特區除了天上飄著的五星紅旗以外，地上搞的都是資本主義那一套"，"特區烏七八糟，成什麼樣子？幾十年的革命成果，生命與鮮血換來的社會主義江山，可不能白白斷送在你們手裏"！深圳特區的"拓荒牛"，幾乎無日不在被咒罵、中傷和圍攻中。

這個時候，在廣東擔負主要領導職務的是任仲夷、梁靈光等，他們頂住了壓力，沒有動搖。具體操持特區事宜的吳南生等有關人員面對壓力，也沒有退步，他們在給上級的總結中說：

"經過兩年多的努力，我省各特區的建設已取得明顯的成績。除汕頭特區起步較晚以外，深圳、珠海特區已初步打開了局面，在國外引起了好評。深圳、珠海特區原來都是荒僻的邊陲縣鎮，現已成為初具規模的城市……這兩個地方，原來都是農業漁業縣，現已辦起了一批具有比較先進的技術水平和經營管理水平的工業、交通和旅遊業；過去經濟、文化發展十分緩慢，自從試辦特區以後，面貌日新月異，已成為全省經濟、文化發展速度較快的地區。"

總結以大量翔實的事例、確鑿的數字說明："事實充分證明，中央關於試辦經濟特區的決策和一系列政策是深得人心的，是完全正確的。"

鄧小平等中央領導對特區建設一直全力支持。在 1980 年 12 月 16 日至 25 日的中央工作會議上，鄧小平指出："在廣東、福建兩省設置幾個特區的決定，要繼續實行下去。"

陳雲指出："打破閉關自守的政策是正確的。"陳雲十分強調總結特區的經驗，他在 1981 年底和 1982 年初，兩次提到："廣東、福建兩省的特區及各省的對外業務，要總結經驗。"他在文件中批示指出："特區要辦，必須不斷總結，力求使特區辦好。"這些指示，使經濟特區的建設者受到了極大的鼓舞。

1984 年 1 月，鄧小平為深圳經濟特區題詞："深圳的發展和經驗證明，我們建立經濟特區的政策是正確的。"

百萬大裁軍

鄧小平：“軍隊要消腫”，“虛胖子能打仗？”

消“腫”必須改革體制。

改革的主要辦法大體上是撤、併、降、交、改、理等。

脫胎換骨的“大手術”。

裁軍，這個在國際上吵嚷了多年而不見成效的話題，在中國付諸行動了。1985年，鄧小平在軍委擴大會議上宣佈：中國政府決定，中國人民解放軍減少員額一百萬，軍隊減到三百萬。

裁軍方案出台

　　抗美援朝戰爭結束後，為適應國家經濟建設和軍隊建設的需要，軍隊總人數逐年減少，到 1958 年降到了最低點，整個軍隊比較精幹。但是林彪主持軍委工作後，軍隊人數逐年增加。尤其"文化大革命"後期，由於"需要就是編制"錯誤思想的指導和隨時準備"早打、大打、打核戰爭"的弦繃得太緊，人民解放軍幾乎到了臃腫不堪的地步，軍隊總人數達到戰爭時期的最高額。

　　從 1975 年到 1984 年的十年中，鄧小平就軍隊消"腫"問題，大會講，小會講，集體談，個別談，據不完全統計，多達數十次。直到 1984 年 11 月軍委座談會上，他鄭重地提出了思考多年的精兵思想：在軍隊幾次整編的基礎上，再裁減員額一百萬。這對全軍來說將是一個巨大的變化。

　　1985 年五六月間，軍委召開擴大會議，制定了軍隊改革體制、精減方案。鄧小平在會上正式宣佈：中國政府決定，中國人民解放軍減少員額一百萬，軍隊減到三百萬。

　　6 月 8 日，中共中央、國務院、中央軍委發出《關於支持軍隊體制改革、精簡整編的通知》，要求各地政府要主動幫助解決好部隊幹部、職工的安置和精簡整編中出現的其他問題。

　　7 月 10 日，中央軍委副主席楊尚昆指明了精簡整編的方針原則：

　　一是既要堅持軍隊建設的基本原則，繼承過去好的傳統，又要不斷研究、探索現代條件下軍隊建設的新路子。

二是要實行精兵政策，減少數量，提高質量。

三是要把重點放在改善武器裝備和提高人的素質上，並實行科學的編組，使人和武器裝備更好地結合起來。

四是既要使軍隊成為保衛社會主義祖國的鋼鐵長城，又要使軍隊成為建設社會主義物質文明和精神文明的重要力量。

7月27日，中共中央、國務院又發出《關於尊重愛護軍隊積極支持軍隊改革和建設的通知》，要求全黨、全國人民深刻理解軍隊進行改革、精減這一戰略決策的重大意義，認識軍隊在現代化建設中的地位和作用，在全社會造成尊重、愛護軍隊的良好風尚，並從各方面大力支持軍隊的改革和建設。

1985年的百萬大裁軍方略出台了。

脫胎換骨的"大手術"

1975年到1985年全軍進行了五次大的精簡、調整，總人數減去一半，其中1985年這一次就裁減一百萬。這是一項十分艱巨、非常複雜的工程。如何減法呢？對此，曾任中國人民解放軍副總參謀長、主管軍隊組織編制工作的何正文回憶說：

這是當時我們總參謀部整天思考、整天討論的問題。十多年來我們在如何精簡整編問題上，有過勝利，也有過曲折，走過了一個不斷認識、探索，逐步完善、提高的過程。在這個過程中，鄧主席給我們及時指明了改革方向，制定了正確的政策、措施和步驟。從而使全軍的消"腫"、精簡工作一步一步地順利進行。除開1975年整編因"四人幫"干擾沒有進行下去不說，以後的三次精簡、調整都遇到了這樣一個問題：少數單位和機關精簡一次膨脹一次，邊減邊增，互相攀比，人浮於事；部隊今年簡編，明年又擴編；幹部轉業了一批又再提一批，提了又轉業；直屬保障單位和院校等也是如此，這裏下命令撤銷、合併或者收縮，可那邊又要重建、分編和擴大。這種狀況導致了有些單位的精簡整編出現了精簡──

增編—再精簡—再增編的惡性循環。

正當我們為此事大傷腦筋的時候，鄧小平提出了要搞體制改革的問題。1980年3月，鄧主席在軍委常委擴大會議上指示我們，體制問題，實際上同"消腫"是一個問題的兩方面。要"消腫"，不改革體制不行。1981年底，他又指出，精簡整編，要搞革命的辦法；用改良的辦法，根本行不通。事隔不到半月，小平同志進一步告誡全黨，精簡機構是一場革命。如果不搞這場革命，讓黨和國家的組織繼續目前這樣機構臃腫重疊、職責不清……這是"難以為繼"，"不能容忍"的。

因此，1984年11月，鄧小平在講軍隊精簡一百萬時明確指出，"這次減人，要同體制改革結合起來"。

改革的主要辦法大體上是撤、併、降、交、改、理等。

"撤"，就是成建制地撤部隊，包括撤軍、撤師等；

"併"，主要是合併機構，像大軍區合併、院校合併等；

"降"，則是指降低有些單位的機構等級和壓縮其規模，如兵團級、軍級機構壓為軍級、師級等；

按照現代戰爭的需要，解放軍組建了陸軍航空兵、電子對抗部隊等新兵種。圖為陸軍航空兵進行冬季演練。

"交"，是將部分屬於政府職能的機關部隊，如縣市人武部和內衛部隊等交給國家和地方政府有關部門；

"改"，是對有些保障單位實行企業化管理、部分幹部職務改用士官或兵等；

"理"，則是指調整理順各方面的關係。

對改革裁減過程中遇到的難題，何正文以合併、減少四大軍區為例，深有感觸地回憶說：

> 改革是十分困難的。以合併、減少四個大軍區為例，這可真是一場牽動人心的"革命"。精心設計、精心施工的戰備工程，配套成龍的保障設施，互相熟悉、得心應手的辦事機構，還有那同自己工作和成長聯繫在一起的具有光榮歷史的番號等等，這是數十萬人花了幾十年心血所建成、形成的東西，一旦要放棄，這無論從工作、生活或感情上講，都是很痛的。然而，為了落實軍委的戰略決策，我們的指揮人員、政工人員、機關工作人員和各方面的保障人員，堅決而又愉快地按時做到了。

但是，同合併相比較，撤銷就更複雜了。

1985 年中國陸軍部隊的建制單位撤銷了四分之一。特別是那些有著幾十年光榮歷

中國自行設計建造的大型導彈驅逐艦，增強了中國海軍裝備力量。

史、具有赫赫戰功的部隊，一下子撤銷了番號，不論是對軍委決策層，還是部隊的廣大指戰員，確實是於心不忍、於心不快。但是，中國軍隊是好樣的，戰爭年代指到哪兒打到哪兒，和平時期中央叫幹啥就幹啥。為了黨的事業，叫留叫撤，二話不說。有個部隊為了最後向軍旗告別，幹部戰士含著熱淚舉行了最後一次分列式。

勝利完成裁軍任務

經過軍民齊動員，上下共努力，到 1987 年，百萬大裁軍的浩大工程順利完成。

軍隊規模大為壓縮。全軍共撤並了軍以上機構三十一個，師、團單位四千餘個，總參謀部、總政治部、總後勤部機關人員減少近一半。撤併這麼多機構，可以減少很多幹部和大量保障人員，這對完成精簡一百萬人的任務，無疑起到了決定性作用。全軍編餘幹部共六十多萬人，到 1986 年底安置三十七萬人，加上 1987 年轉業十二萬，共安置約五十萬。由於裁軍中幹部的比重增大，官兵比例由原來的 11.45 降低到 13.3。

軍隊編制有較大變動。大軍區由原來的十一個合併為七個，解決了某些軍區戰役縱深、獨立作戰能力弱的問題。合併成立軍隊的高等學府國防大學，改變了高級幹部培訓分散多頭的狀況。

陸軍的軍編成集團軍，加大了特種兵比重，提高了合成的程度，增強了整體威力和作戰能力。實行軍士制度，將軍隊內部管理的七十六種幹部職務改由軍士擔任，以穩定技術骨幹。縣市人民武裝部門改歸地方建制。軍隊後勤體制也進行了改革。

裁軍百萬，對節省軍費、支援國家經濟建設、減輕人民負擔，意義重大。同時，更利於改善武器裝備，提高部隊戰鬥力。兵貴精不貴多。正如鄧小平指出的，裁軍百萬，實際上並沒有削弱軍隊的戰鬥力，而是增強了軍隊的戰鬥力。裁軍百萬，是中國政府和中國人民有力量有信心的表現。

通過指導思想的戰略性轉變，百萬裁軍的完成，以及相應整編調整，人民解放軍逐步地成長為一支機構精幹、指揮靈便、裝備精良、訓練有素、反應快速、效率很高、戰鬥力強的、具有中國特色的現代化、正規化、革命化軍隊。

"863 計劃"

美國開始實施"星球大戰"計劃。

四位老科學家聯名致信鄧小平。

鄧小平："此事宜速作決斷，不可拖延。"

"863 計劃"成果斐然。

1986 年 3 月，中共中央、國務院採納四位科學家的建議，作出了一項意義重大而深遠的決策：批准實施《高技術研究發展計劃（"863 計劃"）綱要》。這一計劃旨在選擇幾個重要的高技術領域，跟蹤國際水平，縮小與國外的差距，力爭在中國有優勢的領域中有所突破。從此，數以萬計的科技工作者匯集在這面發展中國高科技的大旗下，頑強拚搏，勇攀高峰，在生物、航天、信息、激光、自動化、能源、新材料等七大領域（1996 年增加了海洋技術領域）內取得了舉世矚目的成就。

四位科學家聯名致信鄧小平

20 世紀 70 年代以來，科學技術前沿孕育著一系列新的重大的突破，信息技術、生物技術、能源技術、新材料技術、空間技術、海洋技術等高新技術及其產業群迅速崛起，為人類社會帶來革命性的影響和變化。高技術越來越成為經濟增長、社會發展和文明進步的主要推動力。

為了爭奪高技術這一未來國際競爭的制高點，世界上許多國家紛紛投入人力物力，把發展高技術作為國家發展的重要戰略之一。1983 年美國開始實施"星球大戰"計劃，隨後，歐洲啟動"尤里卡"計劃，日本也制定了"今後十年科學技術振興政策"等等。從而在世界範圍內掀起了一個發展高技術的浪潮。

全球新一輪的高技術革命的競爭和挑戰形勢，引起了中國政府和科技界的高度關注。1986 年 3 月 3 日，王大珩、王淦昌、陳芳允、楊嘉墀四位老科學家給鄧小平等寫信，提出要跟蹤世界先進水平，發展中國高技術的建議。

王大珩把信寫好後，通過什麼途徑送上去呢？他回憶說：

按常規，這個建議應該先上報科學院，再由科學院酌情逐級上報。但這樣做顯然需要等待很長的時間，而且還不知道最終是否會送到小平同志那裏。當時，我的內心十分焦慮。我想，我不能再等下去了，世界局勢的急劇變化和我們的國情也不允許我們再等待下去了。我必須想辦法把這個建議儘快送到小平同志的手中。為此，我很唐突地貿然找到小平同志的一位親屬，請求他向小平同志直接遞交我們的這封信。

《高技術研究發展計劃（"863 計劃"）綱要》出台

當天，四位科學家的信順利地送達鄧小平手中，並受到鄧小平的高度重視。

3 月 5 日，鄧小平親筆批示："這個建議十分重要"，"找些專家和有關負責同志討論，提出意見以供決策"。他強調："此事宜速作決斷，不可拖延。"

鄧小平這個批示，是一個具有深遠意義的偉大決策，從此，中國的高技術研究發展進入了一個新階段。為了使這一計劃切實可行，將風險減少到最低限度，在此後的半年時間裏，中共中央、國務院組織二百多位專家，研究部署高技術發展的戰略，經過三輪極為嚴格的科學和技術論證後，1986 年 10 月，中共中央、國務院批准了《高技術研究發展計劃（"863 計劃"）綱要》。由於科學家的建議和鄧小平對建議的批示都是在 1986 年 3 月作出的，這個宏偉計劃被命名為 "863 計劃"。

中國是一個發展中國家，從國情出發，中國在較長時期內，還沒有條件投入大量人力、物力、財力，去全面大規模地發展高技術，不可能也沒有必要在世界範圍內同發達國家開展爭奪高技術優勢的全面競爭。因此，"863 計劃" 從世界高技術發展趨勢和中國的需要與實際可能出發，堅持 "有限目標，突出重點" 的方針，選擇生物、信息、航天、激光、自動化、能源、新材料等七個技術領域的十五個主題項目作為研究發展重點（1996 年增加了海洋技術領域），希望通過十五年的努力，力爭達到下列目標：

一、在幾個最重要高技術領域，跟蹤國際水平，縮小同國外的差距，並力爭在中國有優勢的領域有所突破，為 20 世紀末特別是 21 世紀初的經濟發展和國防安全創造條件；

二、培養新一代高水平的科技人才；

三、通過傘形輻射，帶動相關方面的科學技術進步；

四、為 21 世紀初的經濟發展和國防建設奠定比較先進的技術基礎，並為高技術本身的發展創造良好的條件；

五、把階段性研究成果同其他推廣應用計劃密切銜接，迅速地轉化為生產力，發揮經濟效益。

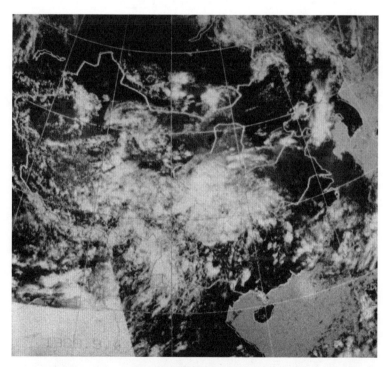

在 "863 計劃" 支持下，中國衛星氣象技術等研發取得突破性進展。圖為 1988 年 9 月，中國 "風雲一號" 氣象衛星發回的第一張雲圖。

"863 計劃"的總體目標是："集中少部分精幹的科技力量，在所選擇的領域積極跟蹤國際發展前沿，努力創新，縮小同國外先進水平的差距，力爭有所突破，並帶動相關領域的科技進步，造就一批新一代高技術人才，為未來形成高技術產業準備條件，為 20 世紀末特別是 21 世紀我國經濟和社會向更高水平發展和國家安全創造條件。"

　　中國的宏偉的高技術研究發展計劃，就這樣堅定地開始實施了。

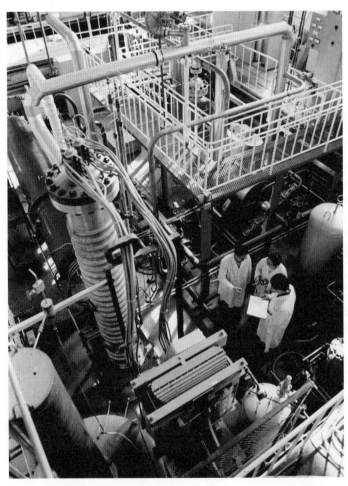

清華大學核能技術研究院承擔的能源項目——十兆瓦高溫氣冷實驗反應堆

"863 計劃" 成果斐然

　　1996 年 4 月，中共中央總書記、國家主席江澤民，中共中央政治局常委、國務院總理李鵬，中共中央政治局常委、中央軍委副主席劉華清會見了參加"863 計劃"十週年工作會議的代表，並觀看了"863 計劃"十週年成果展覽。

　　江澤民在會見時指出，實施科教興國戰略，對於中國今後的發展和整個現代化的實現是至關重要的。中國要牢牢把握歷史機遇，大力發展高技術及其產業，不斷提高科技進步在推動經濟增長中的作用，促進國民經濟增長方式的轉變。

　　江澤民說，科學技術是經濟發展的重要動力，是人類社會進步的重要標誌。發展高技術，要始終突出自主創新。創新是一個民族進步的靈魂，是國家興旺發達的不竭動力。發展高技術，要有所為，有所不為。中國的經濟和科技實力還有限，追求所有的高、精、尖技術是不現實的，應該量力而行，突出重點，有所趕有所不趕。要緊密結合國家發展的目標，選擇一批有基礎有優勢，國力又可以保證，並能躍居世界前沿，一旦突破對國民經濟和社會發展有重大帶動作用的課題，統一部署，精心組織，集中力量，重點攻克。發展高技術，是中國一項長期戰略。要根據世界經濟、科技發展的趨勢和中國的國情，立足當前，著眼長遠，既要為解決經濟和社會發展的現實問題作出貢獻，又要高瞻遠矚地籌劃未來。對下世紀初可能影響中國發展的重大高技術問題，要及早作好部署和不失時機地加強研究開發。要大力宣傳和普及高技術知識，努力培養跨世紀的高技術人才，保障中國的高技術蓬蓬勃勃地持續發展下去。

中蘇兩國關係實現正常化

三十年來蘇聯最高領導人對中國的第一次訪問。

在禮遇上適當掌握分寸。

既要給蘇聯領導人熱情的接待，又要避免造成重溫舊好的錯覺。

結束過去，開闢未來。

鄧小平：“現在我們可以正式宣佈，中蘇兩國關係實現了正常化。”

1989 年 5 月 15 日至 18 日，戈爾巴喬夫訪問中國，這是自 1959 年算起，三十年以來蘇聯最高領導人對中國的第一次訪問。

歷史篇章的終結或展開，常常在轉瞬之間完成。

1989 年 5 月 16 日。

北京，人民大會堂。一樓東大廳，一片熱烈的氣氛。

大廳內佈置著中蘇兩國國旗，沙發間的茶几上擺放著一束束鮮花。一百多位中外記者聚集一堂，翹首以盼，等待採訪中國領導人鄧小平與時任蘇共中央總書記的戈爾巴喬夫的歷史性會見。

1989 年 2 月 5 日，中國除夕之夜，中蘇雙方就高級會晤的一些細節徹夜磋商。

當辭舊迎新的鐘聲響徹神州大地時，舉國同慶的人們突然看到了中央電視台的屏幕上打出一行字幕："應中華人民共和國主席楊尚昆的邀請，蘇聯最高蘇維埃主席團主席、蘇共中央總書記戈爾巴喬夫將於今年 5 月 15 日至 18 日對中國進行正式訪問。"

送別舊歲，迎來新春，巧合中蘊涵著多麼深刻的含義！

中蘇高級會晤是當時轟動世界的大事。為順利實現中蘇關係正常化，中國對這次會晤做了充分準備，從會談方針到接待禮遇都做了妥善安排。會晤不迴避分歧，不糾纏舊賬，尋求共同點，著眼於未來，探討在和平共處五項原則的基礎上建立新型睦鄰友好關係；而在禮遇上適當掌握分寸，既要給蘇聯領導人熱情的接待，又要避免造成重溫舊好的錯覺。

1989 年 5 月 15 日，戈爾巴喬夫以蘇聯最高蘇維埃主席團主席、蘇共中央總書記的身份來華正式訪問。中國國家主席楊尚昆前往北京機場迎接，並舉行了歡迎儀式。戈爾巴喬夫發表書面聲明說："我們同中國領導人要進行的會晤和談判將對蘇中關係，對建立在公認的國家間交往和睦鄰的原則基礎上的這種關係的進一步發展具有劃時代的意義。""蘇聯一直懷著極大的興趣密切地注視著正在中國進行的變革。但什麼也比不上親自到這個國家看一看，同它的領導人和老百姓進行直接接觸。"

晚上，楊尚昆舉行盛大宴會，招待戈爾巴喬夫一行。

次日，鄧小平同戈爾巴喬夫舉行了中蘇高級會晤。中方參加的人員有：李先念、姚依林、吳學謙、錢其琛等；蘇方參加的有：謝瓦爾德納澤、雅科夫列夫、馬斯柳科夫等。以下是戈爾巴喬夫 1995 年出版的回憶錄《生平與改革》中關於這次會晤的描述：

5 月 16 日上午，在人民大會堂同鄧小平舉行了會晤。當時他已有八十五歲高齡，但談起話來依然很有活力，不拘謹，根本不看稿子。鄧問我是否還記得三年前羅馬尼亞總統齊奧塞斯庫帶去的口信。當時他曾建議：如果能消除中蘇關係正常化的“三個障礙”，便同我舉行會晤。我說：“對這一步驟我已給予應有的評價，這對我們的思想是個促進。”

鄧小平：應當說，你最初幾次公開講話推動了這一問題的提出。在“冷戰”，在多年對峙的情況下，有關的一些問題得不到應有的解決。世界形勢依然很緊張。坦率地說，世界政治的中心問題是蘇美關係問題。從你在海參崴的講話中我已感到蘇美兩國關係有可能發生轉機，已明顯地顯現出有可能由對抗轉向對話，覺察到世界情勢有可能“降”溫。這符合全人類的願望。這就向中國人民提出了一個問題：中蘇關係可不可以改善？出於這樣的動機，才給你帶信。時間過了三年，我們才見了面。

戈爾巴喬夫：你提出了“三個障礙”，所以，需要三年的時間，每一個障礙需要一年的時間。

鄧小平：現在我們可以正式宣佈：中蘇兩國關係實現了正常化（當時我們熱烈握手）。今天你還要同中共中央總書記見面，這意味著我們兩黨關係也將實現正常化。

戈爾巴喬夫：我想，我們可以彼此祝賀我們兩國關係正常化了。我贊同你對世界形勢的看法。蘇美關係，中蘇關係，大國之間的關係以及整個國際形勢正在走向新的軌道。在分析當今主要問題、世界社會主義問題時，我和你均發現有許多一致的方面。因此，我們彼此開始接近了。

這時鄧小平說：

——我想談一談馬克思列寧主義。

當時我頗感意外。他談到了當今世界的變化、蘇中關係，突然又轉了話題。

他談及：

——我研究馬列主義有許多年了。從 1957 年起，即從莫斯科共產黨會議起

莫斯科

至 60 年代前半期，我們兩黨對這一個問題進行了尖銳的爭論。

戈爾巴喬夫：我清楚地記得你當時同蘇斯洛夫爭論的情形。

鄧小平：我算是那場爭論的當事人之一，可以說，扮演了不是無足輕重的角色。從那時起，差不多過了三十年。回過頭來看，需要指出：雙方都講了許多空話。

戈爾巴喬夫：我無須再加評論，我認為你的評價是可信的，我贊成你的想法，但三十年沒有白過，我們搞清了許多事情。因此，我們對社會主義理想的忠誠並沒有減弱，相反，我們對社會主義的思考達到了新的水平。

鄧小平：我同意。馬克思逝世一百年了。世界發生了巨大變化，各國出現了新情況。就是馬克思也不可能回答他逝世後出現的全部問題。

戈爾巴喬夫：現在我們更加注意研究列寧的遺著，特別是蘇維埃政權建立以後那一時期的著作。他當時也在改變和修正自己的觀點。

鄧小平：我贊同你的意見，但列寧也不能回答全部問題，預料到某些問題的出現。任何人都無權要求他做到這一點。當今的馬克思列寧主義者必須根據具體情況，繼承發展馬克思列寧主義。

戈爾巴喬夫：我很重視我們這部分談話，它使我們在評價馬克思主義，在對社會主義的看法方面有可能發現一致的地方，使我們更好地評價我們一些國家的發展進程，以科學的態度制定政策，以科學的態度對待周圍世界。

鄧小平：我想再次強調指出，世界形勢日新月異，科學發展很快，可以說，現在的一百天抵得住過去古老社會幾十年，上百年。不能考慮新情況發展馬克思主義，不是真正的馬克思主義者，我們之所以說列寧是偉大的馬克思主義者，就在於他不是從書本裏，而是根據邏輯、哲學思想，在一個最落後的國家幹成了十月革命。偉大的馬克思主義者毛澤東也不是根據馬克思列寧主義的刻板公式搞革命和建設的。要知道中國也是個落後國家。馬克思能預料到在落後的俄國會實現十月革命嗎？列寧能預料到中國會用農村包圍城市奪取勝利嗎？總之，應當說，墨守成規的觀點只能導致落後。

戈爾巴喬夫結束在中國訪問的當天，雙方發表了《中蘇聯合公報》。這個公報概括了中蘇高級會晤的成果，規定了發展新的中蘇關係的基本原則。公報強調中蘇兩國將在互相尊重主權和領土完整、互不侵犯、互不干涉內政、平等互利、和平共處的國與國之間行之有效的普遍原則基礎上建立一種新型關係。中蘇雙方願意通過和平談判解決爭端，互不以任何形式，包括不利用同對方接壤的第三國的領陸、領水和領空使用武力及以武力相威脅。雙方同意採取措施將中蘇邊境的軍事力量裁減到與兩國正常睦鄰關係相適應的最低水平，並為邊境地區加強信任、保持安寧作出努力。

公報還聲明，中蘇兩國任何一方都不在亞洲和太平洋地區以及世界其他地區謀求任何形式的霸權，反對任何國家在任何地方謀求任何形式的霸權。雙方認為有必要促進國際關係的根本健康化。

這次中蘇首腦高級會晤是中蘇關係的轉折點，它結束了中蘇關係多年來的不正常狀態，實現了正常化。這不僅符合中蘇兩國人民的根本利益，也有利於亞洲和世界的和平與穩定。

鄧小平與戈爾巴喬夫的歷史性會晤，是中蘇關係的轉折點，為中蘇關係史揭開了新的篇章。

鄧小平南方談話

"發展才是硬道理。"

"改革開放膽子要大一點，敢於試驗，不能像小腳女人一樣。"

鄧小平向深圳市委負責人再一次叮囑說："你們要搞快一點！"

"要警惕右，主要是防止'左'。"

1992 年初，在中國改革發展迎來歷史機遇又面臨諸多疑問和挑戰的關鍵時刻，八十八歲高齡的鄧小平離開北京，視察了中國的南方。他沿途發表了一系列談話，發出了震撼時代的強音，闡述了關於中國改革開放的許多重大理論問題。他的南方談話，加快了中國改革開放和社會主義現代化建設的歷史進程。

"改革開放膽子要大一點"

　　治理整頓的結束和 "七五" 計劃的完成，為加快改革開放和現代化建設創造了有利條件。中國迎來了加快改革和發展的關鍵時期，同時，中國的改革和發展也面臨著極其複雜的國內外形勢，各種分歧和爭執愈發嚴重。

　　國際上，1990 年到 1991 年接連發生蘇聯、東歐劇變，社會主義運動在世界範圍出現了嚴重曲折。國內，1988 年伴隨價格改革引起的全國性搶購風潮，以及經濟體制中一些深層次矛盾的暴露，1989 年政治風波的發生……這一切，使一些人在思想上出現了困惑，有的人甚至提出改革開放究竟是姓 "社" 還是姓 "資" 的問題，擔心搞市場經濟，創辦經濟特區，發展非公有制經濟等，會導致資本主義。這些疑慮和擔心，歸結起來就是：黨的 "一個中心、兩個基本點" 的基本路線還要不要堅持？中國的改革開放要不要堅持？中國的發展能不能加快？這是中國在當時首先要解決的問題。

　　在這個黨和國家歷史發展的緊要關頭，1992 年 1 月 18 日至 2 月 21 日，鄧小平先後視察武昌、深圳、珠海、上海等地。

　　在湖北武昌，鄧小平對湖北省委、省政府負責人說："發展才是硬道理"，"能快就不要慢"；"不堅持社會主義，不改革開放，不發展經濟，不改善人民生活，只能是死路一條"；辦事情正確與否，判斷的標準 "應該主要看是否有利於發展社會主義社會的生產力，是否有利於增強社會主義國家的綜合國力，是否有利於提高人民的生活水平。"

1992 年 1 月 19 日，鄧小平坐火車來到深圳特區。這是他第二次來到這裏。一下火車，鄧小平就在廣東省和深圳市的負責人陪同下，乘車視察深圳市容。當看到八年前還是水田、魚塘、小路和低矮的房舍的一些地方，現在已變成了成片的高樓大廈，修建起縱橫交錯、寬大的柏油馬路，呈現出一片興旺繁榮和蓬勃發展的景象時，鄧小平非常高興。他一邊欣賞市容，一邊同省市負責人談話。

在談到辦經濟特區的問題時，鄧小平很有感慨地說：

"對辦特區，從一開始就有不同意見，擔心是不是搞資本主義。深圳的建設成就，明確回答了那些有這樣那樣擔心的人。特區姓 '社' 不姓 '資'。從深圳的情況看，公有制是主體，外商投資只佔四分之一，就是外資部分，我們還可以從稅收、勞務等方面得到益處嘛！多搞點 '三資' 企業，不要怕。只要我們頭腦清醒，就不怕。我們有優勢，有國營大中型企業，有鄉鎮企業，更重要的是政權在我們手裏。有的人認為，多一分外資，就多一分資本主義，'三資' 企業多了，就是資本主義的東西多了，就是發展了資本主義。這些人連基本常識都沒有。"

當談到經濟發展問題時，鄧小平對陪同的省市領導人表示："亞洲 '四小龍' 發展很快，你們發展也很快。廣東要用二十年的時間趕上亞洲 '四小龍'"。他還指出：不但經濟要上去，社會秩序、社會風氣也要搞好，兩個文明建設都要超過他們，這才是中國特色的社會主義。新加坡的社會秩序算是好的，他們管得嚴，中國應當借鑒他們的經驗，而且比他們管得更好。

1 月 20 日上午，鄧小平參觀了深圳市五十三層的國貿大廈。他在頂層的旋轉餐廳俯瞰深圳市容，看到高樓林立，鱗次櫛比，一派欣欣向榮的景象時，十分興奮。他還坐下來，仔細看了一張深圳特區總體規劃圖。

深圳市委負責人在旁邊向鄧小平彙報說：深圳的經濟建設發展很快，人民生活水平有了很大提高，1984 年人均收入為六百元，現在已是兩千元。

聽完彙報，鄧小平與陪同的省市負責人作了半個多小時的談話。他充分肯定了深圳在改革開放和建設中取得的成績。然後，他指出：

"要堅持黨的十一屆三中全會以來的路線、方針、政策，關鍵是堅持 '一個中心、兩個基本點'。不堅持社會主義，不改革開放，不發展經濟，不改善人民生活，只能是死路一條。基本路線要管一百年，動搖不得。"

最早報道鄧小平視察南方的《深圳特區報》

　　鄧小平還提出，建設中國特色的社會主義，要堅持兩手抓，即一手抓開放，一手抓打擊經濟犯罪活動。這兩隻手都要硬。打擊各種犯罪活動，掃除各種醜惡現象手軟不得。在談話中，他還強調，"中國要保持穩定，幹部和黨員要把廉政建設作為大事來抓，要注意培養下一代接班人。"

　　鄧小平在談話時，還要求要多幹實事，少說空話，會太多，文章太長，不行。他指出："深圳的發展那麼快，是靠實幹幹出來的，不是靠講話講出來的，不是靠寫文章寫出來的。"

　　1 月 21 日，鄧小平遊覽了深圳的中國民俗文化村和錦繡中華微縮景區。在驅車回迎賓館的路上，他興致勃勃地同陪同他的省市負責人說：

　　"走社會主義道路，就是要逐步實現共同富裕。共同富裕的構想是這樣提出的：一部分地區有條件先發展起來，一部分地區發展慢點，先發展起來的地區帶動後發展的地區，最終達到共同富裕。如果富的愈來愈富，窮的愈來愈窮，兩極分化就會產生，而社會主義制度就應該而且能夠避免兩極分化。解決的辦法之一，就是先富起來的地區多交點利稅，支持貧困地區的發展。當然，太早這樣辦也不行，現在不能削弱發達地區的活力，也不能鼓勵吃'大鍋飯'。"

1月22日下午，鄧小平在深圳市迎賓館裏接見了廣東省委的負責人和深圳市的市委、市政府、市人大、市政協、市紀委的負責人，親切地同他們一一握手，同他們合影。然後，鄧小平又同他們作了重要談話。他說：

"改革開放膽子要大一些，敢於試驗，不能像小腳女人一樣。看準了的，就大膽地試，大膽地闖。深圳的重要經驗就是敢闖。沒有一點闖的精神，沒有一點'冒'的精神，沒有一股氣呀、勁呀，就走不出一條好路，走不出一條新路，就幹不出新的事業。不冒點風險，辦什麼事都有百分之百的把握，萬無一失，誰敢說這樣的話？一開始就自以為是，認為百分之百正確，沒那麼回事，我就從來沒有那麼認為。"

深圳市委負責人對鄧小平說："深圳特區是在您的倡導、關心、支持下才能夠建設和發展起來的。我們是按照您的指示去闖、去探索的。"鄧小平表示："工作是你們做的。我是幫助你們、支持你們的，在確定方向上出了一點力。"

接著，鄧小平又指出："社會主義的本質，是解放生產力，發展生產力，消滅剝削，消除兩極分化，最終達到共同富裕。就是要對大家講這個道理。證券、股市，這些東西好不好，有沒有危險，是不是資本主義獨有的東西，社會主義能不能用？允許看，但要堅決地試。看對了，搞一兩年對了，放開；錯了，糾正，關了就是了。關，也可以快關，也可以慢關，也可以留點尾巴。怕什麼，堅持這種態度就不要緊，就不會犯大錯誤。"

在談話中，鄧小平還談到：現在建設中國式的社會主義，經驗一天比一天豐富；在農村改革和城市改革中，不搞爭論，大膽地試，大膽地闖。

1月23日上午，鄧小平離開深圳去珠海特區。在赴蛇口的路上，深圳市委負責人簡要地向鄧小平彙報了深圳改革開放的幾個措施。鄧小平聽了之後表示："我都贊成，大膽地幹。每年領導層要總結經驗，對的就堅持，不對的趕快改，新問題出來抓緊解決。不斷總結經驗，至少不會犯大錯誤。"

在蛇口港，鄧小平走上碼頭幾步後，又突然轉回來，向深圳市委負責人再一次叮囑說："你們要搞快一點！"當聽到"我們一定搞快一點"這句回答時，鄧小平高興而放心地走進了輪船，離開了深圳，在廣東省委負責人和珠海市委負責人的陪同下，赴珠海特區進行視察。

"要警惕右，主要是防止'左'"

一艘快艇行駛在浩瀚的伶仃洋面上。在船艙中，鄧小平一邊戴著老花眼鏡看地圖，一邊聽省市負責人彙報改革開放和試辦特區政策給廣東和珠海帶來的巨大的變化。

在聽完廣東省委負責人的彙報後，鄧小平談起了農村家庭聯產承包的改革和經濟特區的創辦，再次強調要爭取時間，抓住機遇，大膽地試，大膽地闖。他提醒大家：要警惕右，主要是防止"左"。要保持清醒的頭腦，這樣就不會犯大錯誤，出現問題也容易糾正和改正。他說，右可以葬送社會主義，"左"也可以葬送社會主義。中國要警惕右，但主要是防止"左"。

當快艇駛近珠海市的九洲港時，鄧小平站起來，望著窗外的伶仃洋說：

> 我們改革開放的成功，不是靠本本，而是靠實踐，靠實事求是。農村搞家庭聯產承包，這個發明權是農民的。農村改革中的好多東西，都是基層創造出來，我們把它拿來加工提高作為全國的指導。實踐是檢驗真理的唯一標準。我讀的書並不多，就是一條，相信毛主席講的實事求是。過去我們打仗靠這個，現在搞建設、搞改革也靠這個。我們講了一輩子馬克思主義，其實馬克思主義並不玄奧。馬克思主義是很樸實的東西，很樸實的道理。

1月24日上午，鄧小平視察了珠海特區生化藥廠，聽取了廠總工程師遲斌元的彙報。當了解到該廠生產的"凝血酶"已成為中國第一個進入國際市場的生化藥劑時，鄧小平讚賞地說："我們應該有自己的拳頭產品，創出我們中國自己的名牌，否則就要受人欺負。"在參觀該廠的生產車間時，鄧小平對陪同的省市領導和廠負責人說："在科學技術方面，中國應有一席之地，你們這個廠的發展就是一席之地的一部分。中國應該每一年都有新東西，這樣才能佔領陣地。儘管我歲數大了，但我感到有希望，很有希望。這十年的進步很快，但今後會比這十年更快。全國各行各業都要通力合作，集中力量打殲滅戰。每一個行業都要樹立明確的戰略目標。」

1月25日上午，鄧小平參觀了珠海經濟特區高新技術企業亞洲仿真控制系統工程有限公司。他聽取了該公司的情況彙報後問道：「科學技術是第一生產力的論斷，你們認為站得住腳嗎？」公司負責人游景玉回答說：「我認為站得住腳，因為我們是用實踐回答這個問題的。我們過去的實踐、現在的實踐和未來的實踐都會說明這個問題。」鄧小平聽後，很高興地對大家說：「就是要靠你們回答這個問題，我相信它是正確的。」

1月25日上午，鄧小平還參觀了拱北芳園大廈（現已改名為粵海酒店）。他乘坐電梯來到第二十九層旋轉餐廳，一邊觀賞拱北新貌和澳門風光，一邊興致勃勃地聽取省市領導的彙報。

聽完彙報後，鄧小平沉思了一陣，很有感慨地說：「在這短短的十幾年內，我們國家發展得這麼快，使人民高興，世界矚目，這就足以證明三中全會以來路線、方針、政策的正確性，誰想變也變不了，誰反對開放誰就垮台。說來說去，就是一句話，堅持這個路線方針不變。」

珠海市委負責人彙報和介紹了改革開放給珠海這個昔日的邊陲漁鎮帶來的歷史性變化。改革開放前，珠海不少人外流到香港、澳門。特區創辦後，珠海人的生活一天比一天好起來，逐步過上了富裕日子，不少外流的珠海人也陸續回來了。鄧小平聽到這一彙報後，肯定地說：「這好嘛！」

離開芳園大廈後，鄧小平一行前往珠海度假村。路上，當他看到一幢幢漂亮的居民和農、漁民住宅時，禁不住問起來：「廣東的農民收入多少？」省委負責人回答說：「去年全省人均收入一千一百多元。」鄧小平說：「我看不止這個數。如果是這個收入，蓋不了這麼好的洋房，買不起這麼好、這麼多的家當。這個算數不準確，有很多沒有算進去。」

當汽車經過景山路時，鄧小平看到從車窗外一閃而過的一座座廠房，高興地說：「現在總的基礎不同了，我們以前哪有這麼多工廠。幾個工廠都是中等水平。現在大中型廠子裏頭的設備多好呀。過去我們搞‘兩彈’必需的設備和這些比，差得遠呢，簡單得很哪，不一樣啦！」

說到這裏，鄧小平又談起了經濟發展的速度問題。他說：經濟發展比較快的是1984年到1988年。這五年，首先是農村改革帶來了許多新的變化，農作物大幅度增產，農民收入大幅度增加，鄉鎮企業異軍突起。廣大農民購買力增加了，不僅蓋了大批新房子，而且自行車、縫紉機、收音機、手錶"四大件"和一些高檔消費品進入普通農民家庭。那幾年是一個非常生動、非常有說服力的發展過程。可以說，這個期間中國財富有了巨額增加，整個國民經濟上了一個新的台階。

1月27日上午，鄧小平、楊尚昆等人在葉選平等人的陪同下，來到珠海內聯企業江海電子股份有限公司考察。他聽了公司副總經理丁欽元的彙報後，對該公司打破鐵飯碗，實行股份制，把職工的切身利益與企業的利益結合起來，創造性地使公司職工不僅在政治上，而且在經濟上真正成為企業的主人，公司勞動生產率達到全國同行業的最高水平的做法，表示很讚賞。他高興地對丁欽元說："你講得很好。特別是不滿足現在的狀況。要日日新，月月新，年年新，不斷地創造新的東西出來，才有競爭力。你們的做法體現了高度的愛國主義，是對社會主義的貢獻，感謝你們和全體職工。"

丁欽元說："我們就是按照您所指引的建設有中國特色社會主義來幹的。"鄧小平接著說："不是有人議論姓‘社’姓‘資’的問題嗎？你們就是姓‘社’。"這時，他又回過頭來，對珠海市委負責人說："你們這裏就是姓‘社’嘛，你們這裏是很好的社會主義！"

中共中央發出《關於傳達學習鄧小平同志重要談話的通知》

從1992年1月19日至29日，鄧小平視察了廣東省的深圳和珠海兩個經濟特區。他對兩個特區的發展感到很欣慰，稱讚說："八年過去了，這次來看，深圳、珠海特區和其他一些地方發展得這麼快，我沒有想到。看了以後，信心增強了。"

這次南方之行，鄧小平就中國改革開放的許多重大問題發表了精闢的見解，提出了許多著名的論斷。

鄧小平視察南方發表重要談話後不久，中共中央於2月28日發出《關於傳達學習鄧小平同志重要談話的通知》。

《通知》指出：

今年 1 月 18 日至 2 月 21 日，鄧小平先後在武昌、深圳、珠海和上海等地發表了重要談話。在我國社會主義現代化建設的關鍵時期，鄧小平同志就堅定不移地貫徹執行黨的"一個中心、兩個基本點"的基本路線，堅持走有中國特色的社會主義道路，特別是抓住當前有利時機，加快改革開放的步伐，集中精力把經濟建設搞上去等一系列重大問題，發表了極為重要的意見。鄧小平同志的重要談話，不僅對當前的改革和建設，對開好黨的十四大，具有十分重要的指導作用，而且對整個社會主義現代化建設事業，具有重大而深遠的意義。

《通知》要求各地儘快逐級傳達到全體黨員、幹部，要求全黨黨員尤其是各級領導幹部，要認真學習鄧小平的重要談話，認真貫徹落實。《通知》還印發了鄧小平談話的要點。

鄧小平的南方談話，是對中共十一屆三中全會以來的基本理論和基本實踐的深刻總結，是對長期束縛人們思想的許多重大認識問題的科學回答，是把改革開放和現代化建設推進到新階段的又一個解放思想、實事求是的宣言書。

根據鄧小平南方談話精神，中共中央和國務院立即作出一系列部署，中國大地迅速地掀起了加快改革和發展的新一輪熱潮。

抗洪搶險

江澤民夜不能寐，提出"嚴防死守、三個確保"的戰略方針。

全國受災人口有兩億多人。

人民解放軍不顧一切保衛人民。

這是解放戰爭渡江戰役以來，解放軍在長江沿岸投入兵力最多的一次重大行動。

1998 年 6 月至 9 月，由於氣候異常，全國大部分地區降雨明顯偏多，部分地區出現持續性的強降雨，雨量成倍增加，致使一些地方遭受嚴重的洪澇災害。長江發生繼 1954 年以來又一次全流域性大洪水，先後出現八次洪峰，宜昌以下三百六十公里江段和洞庭湖、鄱陽湖的水位，長時間超過歷史最高紀錄，沙市江段曾出現 45.22 米的高水位。嫩江、松花江發生超歷史紀錄的特大洪水，先後出現三次洪峰。珠江流域的西江和福建閩江也一度發生百年不遇的大洪水。由於洪水量級大、涉及範圍廣、持續時間長，洪澇災害十分嚴重。湖南、湖北、江西、安徽、江蘇、黑龍江、吉林、內蒙古等省區沿江湖的眾多城市和廣大農村，社會經濟發展和人民生命財產安全都受到洪水的嚴重威脅。全國有二十九個省市區遭受不同程度損失，受災人口有兩億多人，直接經

抗洪軍民力保九江大堤

濟損失超過兩千億元人民幣，許多工礦企業停產，長江部分航段中斷航運一個多月。

在整個抗洪搶險中，中央直接指揮了這場戰鬥，江澤民等黨和國家領導人多次親臨抗洪第一線進行慰問和指導。在防汛抗洪最緊張的日子裏，江澤民幾乎每天都給負責指揮抗洪搶險的國務院副總理溫家寶打電話，詳細了解水情、汛情、險情和災情，指揮部署抗洪搶險。

7 月 21 日，當得知長江第二次洪峰正向武漢逼近時，江澤民夜不能寐。深夜 12 時，江澤民打電話給溫家寶，要求沿江各省市特別是武漢市要做好迎戰洪峰的準備，嚴防死守，確保長江大堤安全、確保武漢等沿江重要城市安全、確保人民生命安全。這就是著名的"嚴防死守、三個確保"的戰略方針。根據受到洪水威脅地區的實際情況，中央還作出了大規模動用人民解放軍投入抗洪搶險、軍民協同作戰的重大決策。

8 月 7 日夜，在長江第四次洪峰襲來的危急關頭，江澤民主持召開了中央政治局常委擴大會議，聽取了國家防總的彙報，研究了長江抗洪搶險工作。會議決定：要把長江抗洪搶險工作作為當前頭等大事，全力以赴抓好。要堅決嚴防死守，確保長江大堤的安全，不能有絲毫鬆懈和動搖。人民解放軍要按照中央軍委的命令，繼續投入抗洪搶險第一線。武警部隊和公安幹警也要積極參加抗洪搶險工作。要動員和組織一切人力、物力、財力進行抗洪搶險。

在國家財產和人民生命安全受到洪水嚴重威脅的緊急關頭，以江澤民為核心的中共中央果斷決策，調兵遣將。解放軍和武警部隊官兵聞令而動，乘車輛，駕飛機，馭舟艇，火速從四面八方趕赴沿江抗洪搶險第一線，在萬里長江大堤擺開了與洪水殊死搏鬥的戰場。

8 月 13 日上午，正當長江第五次洪峰向湖北荊江逼近的關鍵時刻，江澤民乘飛機急赴沙市。一上飛機，他就攤開地圖查看長江堤防重點險段的位置和參加抗洪搶險部隊的兵力部署。

"現在沿江一共有多少部隊？"江澤民問坐在對面的中央軍委副主席張萬年。

"解放軍和武警一共投入了十三萬人，還有兩百多萬民兵。僅在湖北，就集結了八萬多兵力。濟南軍區、南京軍區還準備了五個師的兵力，正處於緊急出動狀態，可以隨時調用。這是解放戰爭渡江戰役以來，我軍在長江沿岸投入兵力最多的一次重大行動。"張萬年說，"按照中央決定，參加抗洪搶險的部隊聽從國家防總的統一領導和指揮。"

"好，國家防總的總指揮是溫家寶同志，他是受中央委託在一線指揮的。"

在決戰關頭，中央發出總動員令。

8月14日，江澤民在武漢作了《奪取長江抗洪搶險決戰的最後勝利》的重要講話，代表中共中央、國務院、中央軍委作出總動員，要求全黨、全軍、全國繼續全力支持，直到最後勝利。這一決戰號令立即得到全國人民的響應，沿江兩百七十萬軍民更是堅持再堅持，以氣吞山河的氣概，投入戰鬥。16日下午，超歷史最高水位的1998年長江第六次洪峰進入險段荊江，江澤民向參加抗洪的解放軍發佈命令：沿線部隊全部上堤，軍民團結，死守決戰，奪取全勝。

在抗洪搶險取得決定性勝利時，中央及時實現重點轉移。9月4日，江澤民在江西視察時作了《發揚抗洪精神，重建家園，發展經濟》的重要講話。他指出，從全局上看，全國抗洪搶險鬥爭已經取得了決定性的勝利。當前，在繼續做好抗洪搶險最後階段工作的同時，全國受災地區的工作重點要逐漸轉到救災工作和恢復生產、重建家園上來。這就發出了奪取抗洪救災全面勝利的新動員令。

在中共中央、國務院的領導下，全黨、全軍和全國人民緊急行動起來，特別是受災省區的廣大幹部群眾同前來支援的解放軍指戰員、武警官兵一起，團結奮戰，力挽狂瀾，同特大洪水進行了驚心動魄的殊死搏鬥。全國人民包括港澳台同胞以及海外僑胞心繫災區，踴躍捐贈。抗洪救災取得重大勝利，災後恢復生產和重建家園的工作進展順利。這是一個了不起的巨大成績，是人類戰勝自然災害的一個壯舉。

1999年3月16日，朱鎔基總理在九屆人大二次會議舉行的記者招待會回答記者提問時說：

> 過去的一年我感到非常難，這個困難超過了我預料的程度。第一，我原來沒有估計到亞洲金融危機的影響這麼大；第二，我國發生的歷史上罕見的特大的洪澇災害也超出了我的預料。但我感到滿意的是，我們在以江澤民同志為核心的黨中央領導下，依靠全國人民的努力，我們站住了，這兩個困難我們都挺過去了。這是不容易的，所以我在政府工作報告中說了一句："來之不易"呀！

> 我所不滿意的，是我的工作沒有做好。但是，我也感覺到，有個別部門和地區沒有很好貫徹中央的方針政策。我最感動的，是我在抗洪搶險第一線看到我們的人民解放軍不顧一切地保衛人民，甚至用身體保衛堤防，我禁不住熱淚盈眶。

西部大開發

鄧小平提出"兩個大局"的戰略思想。

江澤民多次強調西部大開發，在開發前加了一個"大"字。

江澤民："我所以用'西部大開發'，就是說，不是小打小鬧。"

在新世紀即將來臨之際，根據鄧小平 20 世紀 80 年代末和 90 年代初多次論述的現代化建設 "兩個大局" 的戰略思想，中共中央適時作出了實施西部大開發戰略的重大決策。

鄧小平提出 "兩個大局" 的戰略思想

1988 年，鄧小平正式提出了沿海內地、東西部共富的兩個大局的戰略構想。他指出：

> 沿海地區要加快對外開放，使這個擁有兩億人口的廣大地帶較快地先發展起來，從而帶動內地更好地發展，這是一個事關大局的問題。內地要顧全這個大局。反過來，發展到一定的時候，又要求沿海拿出更多力量來幫助內地發展，這也是個大局。那時沿海也要服從這個大局。

鄧小平在 1992 年的南方談話中進一步提出了時間表。他說："走社會主義道路，就是要逐步實現共同富裕。共同富裕的構想是這樣提出的：一部分地區有條件先發展起來，一部分地區發展慢點，先發展起來的地區帶動後發展的地區，最終達到共同富裕……什麼時候突出地解決這個問題，在什麼基礎上提出和解決這個問題，要研究。可以設想，在本世紀末達到小康水平的時候，就要突出地提出和解決這個問題。"

江澤民提出西部大開發戰略

　　根據鄧小平"兩個大局"的思想，江澤民明確提出了實施西部大開發戰略。1997年8月，他在一份關於西北地區治理水土流失、改善生態環境的調查報告上作出重要批示：對"歷史遺留下來的這種惡劣的生態環境，要靠我們發揮社會主義制度的優越性，發揚艱苦創業的精神，齊心協力地大抓植樹造林，綠化荒漠，建設生態農業去加以根本的改觀。經過一代一代人長期地、持續地奮鬥，再造一個山川秀美的西北地區，應該是可以實現的"。

　　1999年3月，在全國"兩會"黨員負責人會議上，江澤民談到西部地區大開發的問題。他說："西部地區遲早是要大開發的，不開發，我們怎麼實現全國的現代化？中國怎麼能成為經濟強國？美國當年如果不開發西部，它能發展到今天這個樣子？實施西部地區大開發，是全國發展的一個大戰略、大思路。對此，全黨全國上下要提高和統一認識，同時要精心研究、統籌規劃，科學地提出大開發的政策、辦法、實施步驟和組織形式等。"

　　1999年6月9日，在中央扶貧開發工作會議上，江澤民又講了這個問題。他說："加快中西部地區發展步伐的條件已經基本具備，時機已經成熟。我們如果看不到這些條件，不抓住這個時機，不把該做的事情努力做好，就會犯歷史性錯誤。從現在起，這要作為黨和國家一項重大戰略任務，擺到更加突出的位置。"

　　6月17日，在西安舉行的西北地區國有企業改革和發展座談會上，江澤民指出："我們正處在世紀之交，應該向全黨全國人民明確提出，必須不失時機地加快中西部地區發展，特別是要抓緊研究實施西部地區大開發。"他說："現在，加快中西部地區開發的時機已經到來。中西部地區範圍很大，如何加快開發，要有通盤考慮。我所以用'西部大開發'，就是說，不是小打小鬧，而是在過去發展的基礎上經過周密規劃和精心組織，邁開更大的開發步伐，形成全面推進的新局面。實施西部大開發，對於推進全國的改革和建設，對於國家的長治久安，具有重大的經濟意義和社會政治意義。"

　　江澤民指出，"加快開發西部地區是一個巨大的系統工程，也是一項空前艱難的歷史任務。既要有緊迫感，抓緊研究方案、步驟和政策措施，又要做好長期奮鬥的思想準備。西部各地區廣大幹部群眾要抓住這個歷史機遇，堅持發揚自力更生、艱苦奮鬥的光榮傳統，利用自己的比較優勢，創造新的業績。"他說："我們要下決心通過幾十年乃至整個下世紀的艱苦努力，建設一個經濟繁榮、社會進步、生活安定、民族團結、山川秀美的西部地區。經過我們一代又一代人持續不懈的奮鬥，使從唐代安史之亂以後一千二百年來逐漸衰落的西部地區，從生產環境到經濟、文化、社會發展來一個天翻地覆的根本改變，來一個舊貌換新顏。這將是中華民族發展史上一項驚天動地的偉業，也將是世界開發史上一個空前的壯舉！"

在中共十五屆四中全會上，江澤民再次強調：實施西部大開發和加快小城鎮建設，都是關係中國經濟和社會發展的重大戰略問題，應該提上議事日程，進行全面的調查研究，拿出方案，加緊實施。

制定措施，加緊實施

對於西部大開發，有的人提出，現在實施西部大開發戰略，條件是否具備、時機是否成熟？有的人認為，西部地區基礎差，投入產出率低，國家對西部地區投入五元的產出效益，不如對沿海地區投入一元的產出效益。有的人擔心，實施西部大開發會不會影響東部沿海地區經濟進一步發展？

2000 年 1 月，國務院西部地區開發領導小組召開會議，專門研究西部地區開發問題，強調統一思想，明確任務，不失時機實施西部地區大開發戰略。會議指出，實施西部大開發戰略，是一個規模宏大的工程，也是一項長期、艱巨的任務，既要有緊迫感，又要從長計議。要統籌規劃，突出重點，分步實施，分階段地達到目標。

2000 年 3 月 15 日，時任國務院總理的朱鎔基在人民大會堂會見了前來採訪九屆全國人大三次會議的中外記者並回答記者提問時說：

關於我國西部的開發，早在 80 年代就是鄧小平 "兩個大局" 戰略思想的內容。去年以來，江澤民總書記多次強調西部大開發，在開發前加了一個 "大" 字。這個戰略思想現在已經有了實施的機遇，因為中國的經濟發展已經到了這樣一個

西藏魯朗風光

西部大開發中加大退耕還林、退牧還草力度。圖為青海桂南苗圃為退耕還林、治理沙
化提供優良樹種。

階段：沿海地區經濟的發展，特別是傳統產業的發展已經趨於飽和，它要尋找新的市場，而西部地區的開發，現在也迫在眉睫。

西部要實行與東部相似的對外開放政策，我們歡迎外國的投資家，銀行、證券、保險業都可以到西部去發展。何時見效呢？我想基礎設施建設已經在見效，中國修公路、鐵路是拿手好戲，修這條四千二百公里的管道，分段施工，我認為兩年就可以建成；至於說種樹，時間要長一點，但是我親自考察過四川阿壩藏族羌族自治州的森林，植樹以後八年到十年就可以成林，因此我認為西部地區的開發見效可能是很快的。當然這是一個非常艱巨的事業，不是一代人能夠完成的，西部地區真正的開發恐怕需要一代人、兩代人，甚至幾代人的努力。

西部地區，在地理概念上指中國西北地區的陝西、甘肅、寧夏、青海、新疆五省區和西南地區的重慶、四川、貴州、雲南、西藏五省區市。中央作出西部大開發的決策後，國務院於 2000 年 10 月 26 日發出《關於實施西部大開發若干政策措施的通知》，明確了西部開發的政策適用範圍包括西北、西南地區的十個省區市，還包括內蒙古和廣西。國務院還先後批准，對湖南湘西土家族苗族自治州、湖北恩施土家族苗族自治州、吉林延邊朝鮮族自治州等地區，在實際工作中比照有關政策措施予以實施。

國務院關於實施西部大開發若干政策措施的通知，規定了制定政策的原則和支持的重點，增加資金投入的政策，改善投資環境的政策，擴大對外對內開放的政策，吸引人才和發展科技教育的政策。通知要求國務院西部開發辦要會同有關部門，根據以上政策措施，在 2000 年內抓緊研究制定有關政策細則或實施意見，經國務院批准後發佈實施。西部地區各級政府，要按照國家規定，執行統一的西部大開發政策。以上政策措施，主要適用於當前和今後十年（2001—2010 年）。隨著西部大開發戰略的實施，將作進一步完善。所規定的各項政策措施及其細則，自 2001 年 1 月 1 日起開始實施。

港澳回歸

"一國兩制"的提出。

"一國兩制"運用於香港問題的解決。

圍繞香港問題的中英之間的較量。

通過外交談判並以"一國兩制"方式解決港澳回歸問題，這是中國人民為世界和平、發展與進步事業作出的新貢獻。香港和澳門如期回歸祖國，開創了港澳兩地和祖國內地共同發展的新紀元，中國在完成祖國統一大業的道路上邁出了重要步伐。

"一國兩制"的提出

1987 年 4 月 16 日，鄧小平在北京人民大會堂會見香港特別行政區基本法起草委員會委員時說："我們的社會主義制度是有中國特色的社會主義制度，這個特色，很重要的一個內容就是對香港、澳門、台灣問題的處理，就是'一國兩制'。這是個新事物。這個新事物不是美國提出來的，不是日本提出來的，不是歐洲提出來的，也不是蘇聯提出來的，而是中國提出來的，這就叫做中國特色。"

"一國兩制"的提出首先是從台灣問題開始的。

實現祖國統一有和平與非和平兩種方式。中國共產黨和中國人民早就考慮和平方式統一祖國。20 世紀 50 年代，毛澤東、周恩來就曾表明和平統一的意向。1974 年 10 月 2 日，剛剛復出不久的鄧小平在會見台灣同胞、海外華僑時也說道：解放台灣有和平方式和非和平方式兩種，即使台灣解放，我們也不會把大陸的政策搬過去。

1979 年 1 月 1 日，鄧小平出席全國政協舉行的迎春茶話會，他在會上說，今年的元旦有三大特點：一是全國工作重點轉移到現代化建設上來了；二是中美關係實現了正常化；三是台灣和祖國大陸的和平統一問題已經提到了具體的日程上來。也就是在這一天，全國人大常委會發表了《告台灣同胞書》，宣佈了中國共產黨人關於和平統一祖國的大政方針。與此同時，長達幾十年之久的炮擊金門等島嶼的行動畫上了句號。隨後不久，正當中國人民歡度新春佳節時，鄧小平出訪美國，1 月 30 日，他向美國參、眾兩院解釋中國政府對台灣的主張時說："我們不再用'解放台灣'這個提法，只要台灣回歸祖國，我們將尊重那裏的現實和現行制度。"這表明，鄧小平在確定用和平方式解決台灣問題時，已經有了"一國兩制"的初步設想。

兩年後，即 1981 年國慶前夕，葉劍英以全國人大常委會委員長身份向新華社記者發表談話，進一步闡明關於實現祖國和平統一的九點方針政策。次年 1 月 10 日，鄧小平在接見一位海外朋友時又說，"葉九條"實際上就是"一個國家，兩種制度"。從此，"一國兩制"的概念開始正式使用。

1983 年 6 月 26 日，鄧小平又就此作了進一步的闡發。這天他在會見美國新澤西州西東大學教授楊力宇時指出："祖國統一後，台灣特別行政區可以有自己的獨立性，可以實行同大陸不同的制度。司法獨立，終審權不須到北京。台灣還可以有自己的軍隊，只是不能構成對大陸的威脅。大陸不派人駐台，不僅軍隊不去，行政人員也不去。台灣的黨、政、軍等系統，都由台灣自己來管。中央政府還要給台灣留出名額。""和平統一不是大陸把台灣吃掉，當然也不能是台灣把大陸吃掉。"

"一國兩制"運用於香港問題的解決

鄧小平在提出以"一國兩制"的構想解決台灣問題的同時，還說道："不只是台灣問題，還有香港問題，我們正在逐漸把這個問題提到日程上，澳門也屬類似的問題。當然，台灣問題是中國人和中國人之間的事情，是內政；香港、澳門問題，是中國和英國、中國和葡萄牙之間的事情，是恢復行使領土主權的問題。兩者有很大的不同點。"

1997 年 6 月 30 日，英國在香港的租借期滿，中國屆時將恢復行使對香港的主權。隨著這個日期的日益臨近，從 70 年代末英國就不斷試探中國關於解決香港問題的立場和態度。在這種情況下，解決香港問題的時機逐步成熟。

1975 年時任英國首相的希思訪華，毛澤東、周恩來、鄧小平會見了希思。當時希思曾問毛澤東將來如何解決香港問題。毛澤東說，"反正要到 1997 年，還早哪，還是年輕人去管吧。"

1979 年 3 月下旬，英國駐香港總督麥理浩爵士訪華，向中國政府提出香港問題。3 月 29 日，鄧小平接見了麥理浩爵士，闡述了中國政府的方針："我們歷來認為，香港主權屬於中華人民共和國，香港又有它的特殊地位，將來談判解決香港問題的前提是香港是中國的一部分。但我們將把香港作為一個特殊地區來處理，在相當長的時期內，香港還可以搞資本主義，而我們搞我們的社會主義。請所有外國投資者放心，怎麼變都不影響外國投資者的利益。"鄧小平的這個講話，實際上明確表示中國將以"一國兩制"的方針解決香港問題。

　　1982 年 4 月，英國前首相希思訪問中國時又向鄧小平提出香港問題。他說，"現在離 1997 年只有十五年的時間，你是如何考慮在這期間處理這個問題的？因為很多人都要在香港投資，怎樣才能使投資者不擔心呢？"鄧小平明確回答：香港的主權是中國的，中國到時要收回主權。同時指出，中國要維護香港作為自由港和國際金融中心的地位，也不影響外國人在那裏投資，在這個前提下，由香港的中國人管理香港。

　　這樣，英方經過多次試探，決定就香港問題同中方進行正式談判。這就是不久後開始的國際社會所說的"攝人心魄的反覆較量"。

　　1982 年 9 月 22 日，英國首相撒切爾夫人訪問中國，中英兩國政府高層決策者開始就解決香港問題進行接觸。這位被稱為"鐵娘子"的英國首相，帶著大批智囊謀士、新聞記者前來，是為舉世矚目的香港問題尋求答案的。因而，她的到來，在世界上引起了很大的關注。

　　9 月 24 日，人民大會堂福建廳。鄧小平就解決香港問題向撒切爾夫人攤牌。鄧小平坦誠地對撒切爾夫人說，香港"主權問題不是一個可以討論的問題。現在時機已經成熟了，應該明確肯定：1997 年中國將收回香港"。"如果中國在 1997 年，也就是中華人民共和國成立四十八年後還不把香港收回，任何一個中國領導人和政府都不能向中國人民交代，甚至也不能向世界人民交代。"並說："不遲於一兩年的時間，中國就要正式宣佈收回香港這個決策。"

　　撒切爾夫人對此並不意外，但試圖反擊。她認為，如果中國收回香港，將"帶來災難性的影響"。鄧小平平靜地回答，如果真是這樣，"我們要勇敢地面對這個災難，作出決策"。接著，鄧小平嚴肅指出："我擔心今後十一年過渡期中會出現很大的混亂，製造這些混亂的主要是英國人。希望英方不要做妨礙香港繁榮的事。"最後，雙方商定通過外交途徑開始進行香港問題的進一步磋商。

撒切爾夫人與鄧小平會見後的第二天，她告訴英國廣播公司電台記者戈登‧馬丁說：“我同鄧小平等中國領導人”的會談“是友好的，我們承認有分歧，但是我們共同的目的大於分歧”。同時，她還向全世界表示，中英雙方本著維護香港的繁榮和穩定的共同目的，同意在這次高層會晤後通過外交途徑繼續進行商談。

此後，中英雙方開始了一系列的談判。談判共進行了二十二輪，直到 1984 年 9 月結束，歷時兩年之久。而在這期間，鄧小平關於“一國兩制”的構想更加趨於成熟。

1984 年 2 月 22 日，鄧小平在同訪問中國的美國喬治城大學戰略與國際問題研究中心主任、曾經擔任國務卿的布熱津斯基談話時說道：“世界上有許多爭端，總要找個解決問題的出路。我多年來一直在想，找個什麼方法，不用戰爭手段而用和平方式，來解決這種問題。解決台灣問題可以用‘一個中國，兩種制度’。香港問題也是這樣，‘一個中國，兩種制度’。香港與台灣還不同，香港是自由港。”

1984 年 5 月 18 日，“一國兩制”的提法寫入《政府工作報告》，成為中國政府解決台灣、香港、澳門問題，實現祖國統一方針的概括性語言。

圍繞香港問題的中英之間的較量

中英關係中的首要問題是香港問題，要找到這一問題的答案，必須首先回顧一下中英關於香港問題談判的提起、分歧的由來和發展。按時間劃分，中英關係大體可分為兩個階段：1982 年至 1992 年為第一階段；1992 年到 1997 年香港回歸為第二階段。

1982 年 9 月，英國首相撒切爾夫人來華訪問時，中國政府向她正式提出關於中國將在 1997 年收回香港的決定。鄧小平當時在會見撒切爾夫人時指出：“應該明確肯定 1997 年中國將收回香港。”中英“在這個前提下來進行談判，商討解決香港問題的方式和辦法”。英國“應該贊成中國這個決策。中英兩國應該合作，共同來處理好香港問題”。

談判歷時兩年。從 1982 年 9 月撒切爾夫人訪華至 1983 年 6 月，雙方主要就原則和程序問題進行會談；從 1983 年 7 月至 1984 年 9 月，由兩國政府代表團就具體實質性問題進行了二十二輪會談。

　　當時由於英方一度堅持三個不平等條約仍然有效及"主權換治權"的主張，曾使談判難以進行。為此，鄧小平再次告訴英方，如繼續堅持上述錯誤立場，中國將於1984 年 9 月單方面公佈解決香港問題的方針政策。會談最後還是以中國政府提出的關於設立香港特別行政區、由港人治港和現行社會、經濟制度和生活方式不變等原則進行。1984 年 12 月中英雙方最終簽署關於香港問題的聯合聲明。這一聲明的簽署為全面解決香港回歸與平穩過渡問題奠定了基礎。

　　隨後，中國開始著手制定香港特別行政區《基本法》。從 1985 年 7 月基本法起草委員會正式成立，到 1990 年 4 月正式通過《基本法》，總共歷時四年零九個月。兩國外長在《基本法》即將頒佈的時候，在七封近萬字的信件往來中曾就香港 1995 年選舉，包括立法局分區直選數目等香港改制發展問題交換了意見，並在原則上達成一些

1997 年 10 月 1 日是香港回歸祖國後的第一個國慶日，這天，香港處處飄揚著五星紅旗。

1999 年 12 月 19 日晚，北京市人民迎接澳門回歸祖國聯歡晚會在天安門廣場澳門回歸倒計時牌前舉行，慶祝中華民族的這一歷史盛事。

諒解和協議。英國前外相傑弗里‧豪公開讚揚說，"我們能在基本法這份中國憲法文件中獲得 95% 我們熟知的法制，可算是奇跡"。

可以說，1982 年以後的幾年間，中英雙方在香港一些重大問題上有過較好的磋商合作，中英聯合聯絡小組和土地委員會的工作也取得不少成果。

但在 1989 年春夏之交的政治風波後，英方錯誤地分析中國國內和國際形勢，改變了對香港的政策，在香港問題上採取了與中國政府不合作、甚至對抗的態度，從中英聯合聲明的立場倒退。

鑒於英方的不合作態度，中國政府明確宣佈：依靠自己的力量，依靠廣大愛國愛港同胞，一定能夠實現香港的平穩過渡和按期恢復行使主權。為此，進行了一系列紮紮實實的準備工作。在經濟和民生問題上，尤其在一些跨越 1997 年的大型基建項目方面，例如新機場及有關工程的建設，中國政府為維護港人的長遠利益，保持香港的長期穩定繁榮，作出了積極的努力。

儘管英方採取不合作的態度，中方仍然希望英方能 "減少麻煩，多做實事，增加合作"，並在一系列問題上主動推動英方回到合作的軌道上來。

在中方的一再努力下，英方表示了希望改善兩國關係的願望。1995 年 3 月，英國前首相撒切爾夫人作為外交學會的客人訪華，隨後，前首相希思來華出席中國國際經濟論壇 1995 年會議。5 月，英國當時的貿工大臣赫塞爾廷應外經貿部部長吳儀的邀請也訪問了中國。英方在與中方合作的問題上採取了比較積極的態度，使一些有關平穩過渡的問題如香港終審法院和新機場財務安排等問題達成協議，受到各方的歡迎。

1995 年 10 月，時任國務院副總理兼外長的錢其琛訪問英國，並在訪問中會見了梅傑首相、赫塞爾廷副首相等英方領導人，同里夫金德外交大臣進行了會談。雙方就包括香港問題在內的雙邊關係和共同感興趣的國際問題交換了意見。

錢其琛的訪問使中英關係在經歷了曲折歷程後，走出低谷，對進一步改善兩國關係，起到積極的推動作用。1996 年初，里夫金德外交大臣應錢其琛的邀請對中國進行了為期三天的訪問。訪問期間，江澤民和李鵬分別會見了里夫金德，錢其琛還同他舉行了會談，就雙邊關係和香港問題等廣泛地交換了意見。雙方都表示重視中英關係。英方表示"與中國建立長期的、基礎廣泛的關係是英國明確的戰略取向"，中方對此表示歡迎。

1997 年 7 月 1 日，歷經坎坷與滄桑，香港終於回到了祖國的懷抱。

在香港回歸的示範效應下，經過努力，1999 年 12 月 20 日零時零分，中國政府恢復對澳門行使主權。

中國入世

一談就是十五個春秋。

中國代表團換了四任團長，美國換了五位首席談判代表，歐盟換了四位。

固守底線，絕不妥協。

最難打的硬仗，莫過於中美談判，其次是中歐談判。

朱鎔基："黑頭髮都談成了白頭髮，該結束這個談判了。"

加入世貿組織，是中共中央、國務院作出的重大戰略決策，是改革開放進程中具有歷史意義的一件大事，標誌著中國對外開放進入一個新的階段。

漫長的過程

　　自 1986 年 7 月 10 日中國正式向世貿組織（WTO）前身──關貿總協定（GATT）遞交復關（恢復關貿總協定締約國地位）申請起，國內外無數次預測這場談判的時間表。但誰也不曾料到，由於談判逐步被"政治化"及其本身的艱巨性、複雜性、特殊性和敏感性，這一談就是十五個春秋。中國代表團換了四任團長，美國換了五位首席談判代表，歐盟換了四位。

　　中國復關和入世（進入世貿組織）談判大致可分為三大階段：第一階段從 20 世紀 80 年代初到 1986 年 7 月，主要是醞釀、準備復關事宜；第二階段從 1987 年 2 月到 1992 年 10 月，主要是審議中國經貿體制，中方要回答的中心題目是到底要搞市場經濟還是計劃經濟；第三階段從 1992 年 10 月到 2001 年 9 月，中方進入實質性談判，即雙邊市場准入談判和圍繞起草中國入世法律文件的多邊談判。

　　1995 年 1 月，WTO 取代 GATT；同年，中方決定申請入世，並根據要求，與 WTO 的三十七個成員開始了拉鋸式的雙邊談判。從 1997 年 5 月與匈牙利最先達成協議，到 2001 年 9 月 13 日與最末一個談判對手墨西哥達成協議，直至 2001 年 9 月 17 日 WTO 中國工作組第十八次會議通過中國入世法律文件，這期間起伏跌宕，山重水複。

　　1999 年 3 月 15 日，朱鎔基總理在中外記者招待會上說：

　　　　中國進行復關和入世談判已經十三年，黑頭髮都談成了白頭髮，該結束這個談判了。現在存在這種機遇。第一，WTO 成員已經知道沒有中國的參加，WTO

就沒有代表性，就是忽視了中國這個潛在的最大市場。第二，中國改革開放的深入和經驗的積累，使我們對加入 WTO 可能帶來的問題提高了監管能力和承受能力。因此，中國準備為加入 WTO 作出最大的讓步。

中國入世談判的整個歷程，充分體現了第三代中央領導集體的高瞻遠矚和正確決策。江澤民親自給這場談判確定了三條原則：第一，WTO 沒有中國參與是不完整的；第二，中國必須作為發展中國家加入；第三，堅持權利和義務的平衡。這些原則對入世談判具有重大深遠的指導意義。

打贏中美、中歐談判這兩個硬仗

在中國入世談判中，最難打的硬仗，莫過於中美談判，其次是中歐談判，其中中美談判進行了二十五輪，中歐談判進行了十五輪。

備受矚目的中美談判範圍廣、內容多、難度大，美國憑藉其經濟實力，要價高，立場強硬，談判又不時受到各種政治因素干擾。1999 年 4 月 6 日至 13 日，朱鎔基訪美。4 月 10 日，中美簽署 "中美農業合作協議"，並就中國加入 WTO 發表聯合聲明。美方承諾 "堅定地支持中國於 1999 年加入 WTO"。

1999 年 5 月 8 日，以美國為首的北約襲擊中國駐南聯盟大使館，中國政府被迫中斷了 "入世" 談判。

1999 年 9 月 6 日，中美恢復談判。在最後一輪中美談判中，朱鎔基親臨現場，坐鎮指揮。中方代表堅持原則，經過六天六夜的艱苦談判，這場最關鍵的戰役取得了雙贏的結果。1999 年 11 月 15 日，中美兩國政府在北京簽署了關於中國加入世界貿易組織的雙邊協議，標誌著中美就中國加入全球最大貿易組織的長達十三年雙邊談判正式結束，從而為中國 "入世" 掃除了最大障礙，邁出了最關鍵性的一步。

2000 年 5 月 19 日，中國和歐盟在北京就中國加入世貿組織達成雙邊協議，這標誌著中國加入世貿組織的雙邊談判即將結束，中國加入世貿組織進入最後的加入程序階段。

在歷經十五年的艱苦談判後，2001 年 11 月 10 日，世界貿易組織第四屆部長級會議在卡塔爾首都多哈審議並通過了中國加入世貿組織的決定，中國對外開放從此進入一個新階段。

固守底線，絕不妥協

　　面對一個又一個 WTO 成員，中方力爭的焦點是什麼？儘管經過二十多年的改革開放，中國綜合國力和企業抗風險能力日益增強，但總體上國內產業素質和競爭力與國外差距甚大。所以，談判的核心，就是市場開放的速度和力度必須與中國的經濟發展水平相一致，這是中國的底線。雙邊談判的核心問題是確保中國以發展中國家地位加入，多邊談判的核心問題是確保權利與義務的平衡，具體內容包括關稅、非關稅措施、農業、知識產權、服務業開放等一系列問題，而農業和服務業又是雙方相持不下的難點。經過艱苦鬥爭，美歐等發達國家不得不同意 "以靈活務實的態度解決中國的發展中國家地位問題"，中方最終與所有 WTO 成員就中國加入 WTO 後若干年市場開放的領域、時間和程度等達成了協議。雙邊談判的結果是平衡的，符合 WTO 的規定和中國經濟發展的水平。

2001 年 11 月 11 日，中國外經貿部部長石廣生簽署中國加入世界貿易組織議定書。

　　2000 年 8 月 25 日，第九屆全國人民代表大會常務委員會第十五次會議聽取審議了對外貿易經濟合作部受國務院委託所作的《關於我國加入世界貿易組織進展情況的報告》，對中國政府為中國加入世界貿易組織所作的努力予以充分肯定。根據中國加入世界貿易組織談判的新的進展情況，本次會議決定：同意國務院根據上述原則完成加入世界貿易組織的談判和委派代表簽署的中國加入世界貿易組織議定書，經國家主席批准後，完成中國加入世界貿易組織的程序。

　　2001 年 11 月 10 日，世界貿易組織第四屆會議部長級會議在卡塔爾首都多哈以全體協商一致的方式，審議並通過了中國加入世貿組織的決定。在中國政府代表簽署中國加入世貿組織議定書，並向世貿組織秘書處遞交中國加入世貿組織批准書三十天後，中國將正式成為世貿組織成員。這標誌著中國長達十五年復關和加入世貿組織進程的結束，宣告了一個歷史性時刻的誕生。

　　11 月 11 日晚，中國代表團團長、外經貿部部長石廣生向世貿組織總幹事邁克爾・穆爾遞交了中國國家主席江澤民簽署的《中國加入世貿組織批准書》。

　　2001 年 12 月 11 日，中國正式成為世貿組織成員。

抗擊非典

一種新傳染病恐怖地突降中國廣東。

非典從廣東蔓延至北京、香港、台灣。

中國政府勇敢面對，積極抗擊。

2002 年底，一種類似肺炎的新傳染病恐怖地突降中國廣東。2003 年初，又很快蔓延至北京、香港、台灣。4 月 16 日，世界衛生組織正式確認，冠狀病毒的一個變種是引起非典型肺炎的病原體，正式將其命名為 SARS 病毒。

一種新型傳染病突現廣東

2002 年 11 月 16 日晚，廣東佛山市一鄉民，身體一向健康，突然出現發熱、頭疼等症狀，起初以為是一般感冒，在自己服用了一些感冒藥後，病情非但未見減輕，體溫還上升到 39 度以上，周身出現不適，高燒持續不退。20 日，他住進當地醫院院治療。當時，醫生和護士並不知道這是傳染病，自然在治療過程中沒有採取特別防護措施，連口罩都沒有戴！其後，在醫院看護他的親屬也相繼發燒。經過同廣州專家們的會診，醫院得出結論：這個病人及其家屬先後發病，證實這個病傳染性強；佛山醫院已使用了多種抗生素，但是效果不明顯，病人白細胞沒有明顯增多，病情引發原因很可能為某種病毒。

2003 年 1 月 20 日，中山市接到報告，當地三家醫院先後收治十五例病因不明但病症相同的病人，三家醫院一共有十三個醫務人員被感染發病，中山市發現了二十多例類似病例。

到 2 月上旬，廣東進入發病高峰期。截至 2 月 9 日，廣東省報告共發現三百零五例非典型肺炎病例，死亡五例。

2003 年 1 月，一些病人出院，但接診過他們的醫務人員卻先後出現與患者相同的症狀。於是，"謠言" 隨之誕生。謠言版本最早是這樣的：河源受一種不明病毒襲擊，已有一人死於此症，醫護人員亦同時患上此病。謠言在迅速傳播的同時，事件的表述還不斷被誇大：給病人治病的醫生和護士三人都已經死了。

　　　　　　　　　　　　　　　　　　　　　　細節的力量：新中國的偉大實踐

河源人恐慌了。當時河源遇上從來沒有過的寒冷天氣，可能正是這樣才使一些人有了咳嗽、發燒等類似症狀。這無疑更加重了市民的恐懼感。人們在河源各大藥店門口排起了長隊。當時的人們雖然都湧到了藥店，但是根本不清楚應該買什麼藥，只是跟風搶購一些抗病毒藥品。有人一下子竟然買十多盒。不久，全城藥店此類藥品脫銷，買不到藥的人更加恐慌，直到晚上 9 時多藥店關門還有人在排隊。更有的家長趕著去學校將孩子接回家避"禍"。

2 月 8 日，一條手機短信在廣州迅速流傳：春節期間，從中山等地傳入廣州一種怪病，該病潛伏期極短，一天發病，很快發展為呼吸衰竭，當天死亡。該病現在並無藥物醫治，已經造成多名病人死亡。最令人可怕的則是這種病的傳播途徑，只需和病人打個照面，或者是同乘了一輛公交車都可能被傳染。更恐怖的說法是某醫院的十幾名接觸過該病人的醫護人員全被傳染，上午得病，下午透視顯示肺部全是白點，晚上搶救無效死亡。禽流感、鼠疫、炭疽等猜測，說得有板有眼，成為人們手機短信、電子郵件的內容。

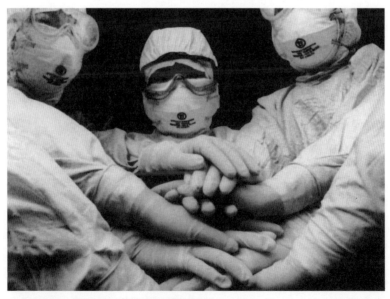

北京地壇醫院醫務工作者決心與疫病戰鬥到底

從廣東蔓延至北京、香港、台灣

3月5日上午，中國北京，軍方最著名的傳染病醫院——302醫院，突然接到301醫院的緊急電話，稱此前一天來該院急診室觀察的山西三患者病情怪異，懷疑是非典，需要轉到302醫院醫治。

3月10日，香港最大的兩家電視機構——無線和亞視，同時播報一條消息：位於沙田的威爾斯親王醫院透露，在過去的幾天內，有十多名醫護人員出現發燒及上呼吸道感染症狀，並發現該病具有傳染性。至3月13日，全港患非典的醫務人員增至一百一十五人。3月20日，非典走進社區，有五名年齡在二至十五歲的兒童被證實染病。此後，非典迅速闖入辦公樓、學校、公共場所，最高峰日增病例六十例以上。香港醫管局局長何兆煒也被感染。

3月14日，台灣發現首例非典疑似病例。5月21日，台北市SARS通報病例再創新高，達六十四例。5月22日，世界衛生組織決定，將原來對台北市的旅遊警告，擴大至全台灣。5月28日，台灣公佈島內SARS疫情最新數字，累計六百一十例，已突破六百大關；死亡病例新增五例，累計八十一例。

5月10日，澳門當地政府宣佈發現首例非典病例。

病毒蔓延到了北方交通大學（現名北京交通大學）。交大計算機系一名同學，4月1日在軍訓時得了感冒，之後多次到醫院治療。4月17日，他被確診為非典。到4月18日，其隔壁宿舍又有八人發燒。到4月19日，該樓十二層一個宿舍出現發燒症狀。到4月20日，人數驟增至二十多人。到4月25日為止，一共出現了六十五例發燒者，確診十例，疑似九例，分佈在不同的樓層，可能是電梯感染。

勇敢面對，終獲成功

面對非典這個傳染性極強的病魔，起初，個別部門隱瞞疫情，企圖通過靜悄悄的方式來殲滅它。但這只能加劇形勢的惡化。中共中央和國務院及時地認清了這一點，決心打一場科學的人民戰爭，來消滅這個惡魔！一系列行之有效的舉措緊急出台：

——黨和國家領導人親臨抗非前線，認真佈置抗擊非典工作；

——懲治失職官員；

——建立每日疫情報告制度；

——設立定點醫院，建立嚴格的防治制度；

——藥物研究；

——保障物資供應；

——採取及時的隔離措施；

……

6月19日，北京絕大多數醫院恢復正常醫療秩序。

6月20日，北京小湯山醫院送走了最後十八名治癒患者。小湯山醫院共收治六百八十名非典患者，六百七十二名痊癒出院，八人死亡，治癒率超過98.8%。1383名醫護人員無一感染。

6月23日，北京住院非典確診病例僅剩四十六人，已經達到世界衛生組織對一個地區撤銷旅遊警告所需條件之一"住院非典病人少於六十人"的標準。24日，世界衛生組織宣佈撤銷對北京的旅遊警告，並將北京從非典疫區名單中刪除。

為了戰勝非典，北京市、區兩級財政共投入10.0654億元人民幣，這個數字還不包括海內外捐助的錢和物資，而全國各級財政共耗去資金一百多億人民幣。但中國畢竟勝利了，而且花的時間還這麼短！實踐證明了中國政府是合格的，中國的醫務工作者是崇高的，中國民眾是偉大的！

從 "兩彈一星" 到飛天中國

"兩彈一星" 激勵民族精神。

一次次飛天探索,不斷刷新著中國高度。

"神五" 楊利偉,創造了中國歷史上首次載人航天的完美旅程。

"神七" 翟志剛,茫茫太空第一次留下中國人的身影。

嫦娥一號,實現了中華民族的千年奔月夢想。

年近九旬的 "兩彈一星" 功勳科學家孫家棟院士說:"這一刻,

我們都是幸福的追夢人!"

習近平指出，探索浩瀚宇宙，發展航天事業，建設航天強國，是中國不懈追求的航天夢。經過幾代航天人的接續奮鬥，中國航天事業創造了以"兩彈一星"、載人航天、月球探測為代表的輝煌成就，走出了一條自力更生、自主創新的發展道路，積澱了深厚博大的航天精神。

1964 年 10 月 16 日，大漠深處一聲巨響，中國第一顆原子彈爆炸成功；1966 年 10 月 27 日，中國第一顆裝有核彈頭的地地導彈飛行爆炸成功；1967 年 6 月 17 日，中國第一顆氫彈空爆試驗成功；1970 年 4 月 24 日，中國第一顆人造地球衛星發射成功⋯⋯

從 "兩彈一星" 到月球探測，一次次飛天探索，不斷刷新著中國高度。從 2003 年神舟五號飛船首次將楊利偉送入太空，到首次太空行走、首次交會對接、首次太空加油⋯⋯從嫦娥 "四姐妹" 的奔月征程，到更遠更深的火星之旅⋯⋯中國在建設航天強國的征程上步履鏗鏘，碩果累累。

從 "神五" 到 "神十一"

2003 年 10 月 15 日上午 9 時整，中國自主研製的神舟五號載人飛船在酒泉衛星發射中心用 "長征" 二號 F 型運載火箭發射升空。9 時 9 分 50 秒，飛船準確進入預定軌道，將中國第一名航天員楊利偉成功送上太空。10 月 16 日，神舟五號載人飛船繞地球飛行十四圈後，按預定時間在內蒙古主著陸場成功著陸，與理論著陸點僅相差 4.8 公里，與飛船一起平安回來的還有中國航天第一人楊利偉。短暫的二十一小時，創造了中國歷史上首次載人航天的完美旅程。

11 月 7 日，中共中央、國務院、中央軍委在人民大會堂舉行慶祝中國首次載人航天飛行圓滿成功大會。中共中央總書記、國家主席胡錦濤發表重要講話。他指出：

神舟五號載人飛船把我國首位航天員成功送入浩瀚的太空並安全返回，這一舉世矚目的重大科技活動向世界莊嚴宣告，中國已成為世界上第三個獨立掌握載人航天技術的國家。……我國首次載人航天飛行的圓滿成功充分表明，中華民族是具有非凡智慧和偉大創造力的民族，是勤勞勇敢、自強不息的民族。我們有志氣、有信心、有能力屹立於世界民族之林，為人類和平與發展的崇高事業作出自己的貢獻。

2005年10月12日，神舟再度飛天，中華續寫輝煌。9時9分52秒，中國自主研製的神舟六號載人飛船，在酒泉衛星發射中心發射升空後，準確進入預定軌道。神舟六號載人飛船的飛行，是中國第二次進行載人航天飛行，也是中國第一次將兩名航天員同時送上太空。17日凌晨4時33分，在經過115小時32分鐘的太空飛行，完成中國真正意義上有人參與的空間科學實驗後，神舟六號載人飛船返回艙順利著陸，航天員費俊龍、聶海勝安全返回。

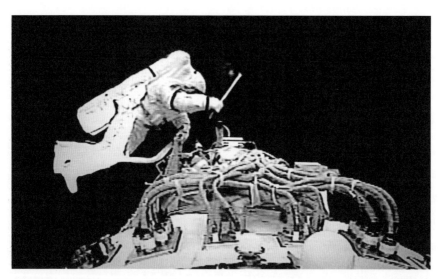

2008年9月，神舟七號載人航天飛行圓滿成功，航天員翟志剛實現了太空行走，中國成為世界上第三個獨立掌握空間出艙關鍵技術的國家。圖為9月27日，翟志剛出艙後揮動中國國旗。

2008 年 9 月 27 日 16 時 41 分 00 秒，中國航天員翟志剛打開神舟七號載人飛船軌道艙艙門，首度實施空間出艙活動，實現了中國空間技術發展具有里程碑意義的重大跨越，標誌著中國成為世界上第三個獨立掌握空間出艙關鍵技術的國家，茫茫太空第一次留下中國人的身影。

2012 年 6 月 18 日、24 日，神舟九號載人飛船與天宮一號目標飛行器先後成功進行自動交會對接和航天員手控交會對接。2016 年 10 月 17 日，神舟十一號飛船發射升空，在軌飛行期間，兩名航天員在天宮二號與神舟十一號組合體內開展了為期三十天的駐留，完成一系列空間科學實驗和技術試驗，11 月 18 日成功返回。

改革開放四十多年來，中國的綜合國力得到了極大提升，這是中國載人航天工程在比較短的時間裏不斷取得歷史性突破的重要保障。自 1992 年中國啟動載人航天工程以來，神舟飛船已經十餘次出征。中國載人航天事業一步一個腳印，走得堅定而從容：從無人到多人，從艙內到艙外……這是中國航天人的新高度，是中國航天事業的新高度，是中華民族的新高度。

嫦娥奔月

2007 年 10 月 24 日 18 時，世界的目光再次對準了位於大涼山腹地的西昌衛星發射場。再過五分鐘，中國首顆繞月衛星嫦娥一號將在此升空，國際探月舞台上將增添一名新成員。

為提高嫦娥一號入軌成功率，此次發射提出了"零發射窗口"的目標，即在預先計算好的發射時間段內，分秒不差地將火箭點火升空。經專家嚴密測算，嫦娥一號的"零發射窗口"為 18 時 05 分。隨著一聲令下，有"金手指"之稱的操作手皮水兵果斷地按下紅色"點火"按鈕。數秒鐘之後，烈焰四起，聲震山谷，長征三號甲運載火箭如一條白色的巨龍拔地而起，直衝雲霄。起飛約十秒後，火箭按程序轉彎，向東南方向飛去，很快鑽入雲層；隆隆巨響在天地間迴蕩。

18 時 24 分，衛星成功入軌的消息從北京航天飛行控制中心傳來，指揮控制大廳內頓時爆發出熱烈的掌聲。

18 時 30 分，北京航天飛行控制中心成功將嫦娥一號衛星近地點從兩百公里抬升到六百公里，順利完成了第一次變軌控制。

10 月 26 日 17 時 44 分，北京航天飛行控制中心向嫦娥一號衛星發出指令，開始實施第二次變軌。十一分鐘後，遠望三號測量船傳來消息，衛星變軌成功。

10 月 29 日 18 時 01 分，嫦娥一號成功實施了第三次變軌。

10 月 31 日 17 時 28 分，嫦娥一號衛星成功實施第四次變軌，順利進入地月轉移軌道，開始飛向月球。

11 月 5 日 11 時 37 分，北京航天飛行控制中心嫦娥一號衛星成功實施了第一次近月制動，順利完成第一次 "太空剎車" 動作。衛星被月球捕獲，進入環月軌道，成為中國第一顆月球衛星。

11 月 26 日，國家航天局正式公佈嫦娥一號傳回的第一幅月面圖像，這標誌著中國首次月球探測工程取得圓滿成功。該幅月球表面圖，拍攝於距離月球兩百公里的飛行軌道上，成像區域面積為 128800 平方公里，相當於近八個北京市大小。12 月 9 日，國家航天局公佈嫦娥一號傳回的最新一批月球圖片，其中包括中國首張月球三維立體圖片。12 月 11 日，國家航天局向媒體發佈信息，嫦娥一號衛星 CCD 相機已對月球背面進行成像探測，並獲取了月球背面部分區域的影像圖。

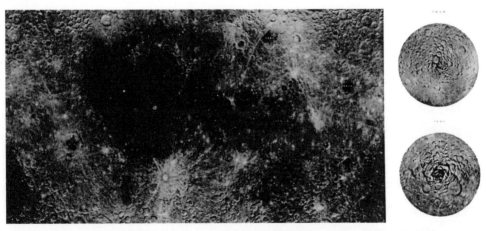

2007 年 10 月 24 日，首顆探月衛星嫦娥一號發射成功。圖為根據衛星獲取的科學數據製作的全月球影像圖，這是目前世界上已公佈的最為清晰、完整的月球影像圖。

12 月 12 日上午，慶祝中國首次月球探測工程圓滿成功大會在北京人民大會堂舉行。胡錦濤在大會上發表講話強調：

我國首次月球探測工程的成功，是繼人造地球衛星、載人航天飛行取得成功之後我國航天事業發展的又一座里程碑，實現了中華民族的千年奔月夢想，開啟了中國人走向深空探索宇宙奧秘的時代，標誌著我國已經進入世界具有深空探測能力的國家行列。這是我國推進自主創新、建設創新型國家取得的又一標誌性成果，是中華民族在攀登世界科技高峰征程上實現的又一歷史性跨越，是中華民族為人類和平開發利用外層空間作出的又一重大貢獻。全體中華兒女都為我們偉大祖國取得的這一輝煌成就感到驕傲和自豪。

從繞月探測工程正式立項，到"中國第一幅月圖"完美亮相，這項浩大的科技工程僅僅經過了三年多時間。2004 年 1 月 23 日，國家正式批准了嫦娥一號計劃的實施方案。2007 年 10 月 24 日，嫦娥一號承載著中華民族千年的奔月夢想從西昌成功發射，精確入軌。

2009 年 3 月 1 日 16 時 13 分 10 秒，嫦娥一號衛星在北京航天飛行控制中心科技人員的精確控制下，準確受控撞擊在月球東經 52.36 度、南緯 1.50 度的月球豐富海區域，為中國探月一期工程畫上圓滿的句號。

2013 年 12 月 14 日，嫦娥三號著陸月球虹灣區域。15 日，嫦娥三號著陸器和巡視器 "玉兔" 號月球車互拍成像。中國探月工程第二步戰略目標圓滿完成，成為世界上第三個擁有月球軟著陸和巡視探測技術的國家。

2018 年 12 月 8 日 2 時 23 分，中國在西昌衛星發射中心用長征三號乙運載火箭成功發射嫦娥四號探測器，開啟了月球探測的新旅程。

2019 年 1 月 3 日 10 時 26 分，嫦娥四號探測器成功自主著陸在月球背面南極——艾特肯盆地內的馮·卡門撞擊坑內，實現人類探測器首次月背軟著陸。嫦娥四號的成功著陸，是人類又一個航天夢想的成功 "落地"。

3 日 11 時 40 分，通過 "鵲橋" 中繼星的 "牽線搭橋"，嫦娥四號著陸器獲取了月背影像圖並傳回地面。這是人類探測器在月球背面拍攝的第一張圖片。年近九旬的 "兩彈一星" 功勳科學家孫家棟院士說："這一刻，我們都是幸福的追夢人！"

汶川救災

胡錦濤：“儘快搶救傷員，保證災區人民生命安全。”

溫家寶：“第一位是救人！”“一線希望，百倍努力！”

一方有難，八方支援。

2008 年 5 月 12 日 14 時 28 分，一場裏氏 8.0 級的特大地震突然襲來，四川、甘肅、陝西等多省受災。這是中華人民共和國成立以來破壞性最強、波及範圍最廣、救災難度最大的一次地震。一方有難，八方支援。在突如其來的天災面前，中華民族的凝聚力如火山噴發般迸發出來。

突如其來的特大地震

2008 年 5 月 12 日 14 時 28 分，四川省汶川縣發生 8.0 級特大地震。

這次地震強度烈度高，震級達里氏 8.0 級，最大烈度達 11 度，均超過唐山大地震，相當於數百顆原子彈的能量，在十萬平方公里的區域瞬間釋放；影響範圍廣，波及四川、甘肅、陝西、重慶等 16 個省（區、市），417 個縣、4624 個鄉（鎮）、46574 個村莊受災，災區總面積 44 萬平方公里，受災人口 4561 萬人；救災難度大，重災區多為交通不便的高山峽谷地帶，加上地震造成交通、通信中斷，河道阻塞，天氣惡劣，救援人員、物資、車輛和大型救援設備無法及時進入現場。

地震造成極大破壞，人員傷亡慘重。截至 6 月 27 日 12 時，四川汶川地震已造成 69186 人遇難，374174 人受傷，18457 人失蹤。房屋大面積倒塌，倒塌房屋 652.5 萬間，損壞房屋 2314.3 萬間。北川縣城、汶川縣映秀鎮等部分城鎮夷為平地。

災情就是命令，時間就是生命。在第一時間，中共中央、國務院果斷決策，緊急號令。中共中央總書記、國家主席、中央軍委主席胡錦濤立即作出重要指示：盡快搶救傷員，保證災區人民生命安全。中共中央政治局常委會連夜召開，全面部署抗震救災工作。由國務院總理溫家寶任總指揮的抗震救災總指揮部迅速成立，指揮機構高效運轉。主題只有一個："第一位是救人！""一線希望，百倍努力！"

人民生命高於一切！在第一時間，解放軍、武警、公安快速反應。震後十三分鐘，全軍啟動應急機制。到 12 日 24 時，近兩萬名解放軍和武警部隊官兵已到達災區開展救援。兩萬四千名官兵緊急空運到重災區，一萬名官兵通過鐵路向災區進發。在第一時間，受災地區省委、省政府部署救災，各級幹部奔赴現場指揮。在第一時間，國家減災委、中國地震局、民政部等啟動應急預案，派遣救援隊伍，調撥救災物資。在第一時間，中國紅十字會、中華慈善總會等發出緊急呼籲，號召全社會伸出援手。

12 日當天，地震發生兩小時後，16 時 40 分許，溫家寶總理乘專機趕赴四川災區指導救災工作。19 時 10 分，距地震發生還不到五小時，溫家寶飛抵成都。隨後，溫家寶一行在餘震中驅車一個多小時，於 21 時許抵達都江堰市，指揮抗震救災工作。23 時 40 分，他在都江堰臨時搭起的帳篷內召開國務院抗震救災指揮部會議，分析當前抗震救災形勢，部署下一步抗震救災工作。此間，溫家寶跑遍了所有重災區，指揮抗震救災工作。

2008 年 5 月 13 日，三歲男孩郎錚從北川廢墟中獲救後，向解救他的解放軍戰士敬禮。

爭分奪秒抗震救災

5月16日至18日，在抗震救災的危急時刻，胡錦濤總書記深入北川、汶川等重災縣市，察看災情，慰問群眾，實地指導抗震救災工作。

5月22日，溫家寶總理再赴災區，指導抗震救災工作。

按照中央的部署，抗震救災工作爭分奪秒地全面展開。

累計派出解放軍、武警部隊兵力超過13萬餘人，公安民警、消防官兵和特警2萬餘人，國內外地震專業救援隊5257人；累計出動各種飛機4560架次，解救被困人員、運送緊急物資。截至5月27日12時，共解救被困群眾69.8萬人，其中救活被掩埋人員6541人。截至6月26日24時，搶險救災人員已累計解救和轉移1471534人。

從各地（包括軍隊）向災區派出14950名醫療衛生人員，共投入醫療衛生人員約9.13萬人，其中投入一線6.5萬人。截至5月27日12時，累計救治傷員36萬人。

5月17日，迄今為止人類歷史上最大規模的由政府組織的傷員跨省轉送救治工作正式啟動。到6月4日，99架包機、21列專列和部分汽車，向重慶、浙江、江蘇、山西、廣東、雲南、山東、湖南等20個省市轉送傷員10015人。截至6月27日12時，因地震受傷住院治療累計96316人（不包括災區病員人數），已出院84438人，共救治傷病員2246948人次。

全力搶修受損設施。各重災縣和主要城鎮實現了至少有一條幹線公路對外連接。寶成線等因災中斷的五條鐵路線均已恢復正常運行。四川54個重災縣已基本恢復或部分恢復供電。加強水庫、水電站、堰塞湖險情及地質災害監測排查、防險搶險工作，未發生重大次生災害。

一方有難，八方支援

為表達全國各族人民對四川汶川大地震遇難同胞的深切哀悼，國務院決定2008年

5月19日至21日為全國哀悼日。

19日14時28分起，全國人民默哀三分鐘，汽車、火車、艦船鳴笛，防空警報鳴響。

這一刻，大江南北，長城內外，神州共悲；這一刻，山巒無語，江河嗚咽，舉國同哀！為四川汶川大地震中我們同胞失去的生命，為四川汶川大地震中我們同胞遭受的災難……

一方有難，八方支援。地震災害深深牽動全球華人的心。全國人民向災區伸出援助之手。

中華大地奔湧空前規模的愛心熱流。許許多多城市，獻血長龍將血站"擠爆"；7300多萬名共產黨員以67億多元的"特殊黨費"，表達了對災區人民的真情牽掛；全國宣傳文化系統《愛的奉獻》募捐現場，短短4小時募集15億元；各式衣著各方口音，近20萬志願者奔向災區；大江南北長城內外，全國各族人民伸出援手。

血脈相通，骨肉相連，全球華人結成空前親密的生命整體。香港特區搜救隊、台灣紅十字會搜救隊趕赴災區，港澳台同胞、海外華僑華人遙寄哀思、慷慨解囊。

截至6月27日12時，全國共接收國內外社會各界捐贈款物總計541.31億元，實際到賬款物536.52億元，已向災區撥付捐贈款物合計191.61億元。

再建家園，法制是保障。6月9日，國務院公佈《汶川地震災後恢復重建條例》。這是中國首個專門針對一個地方地震災後恢復重建的條例，為災後過渡性安置、調查評估、恢復重建規劃、恢復重建等不同階段提供了行動指南和法律依據。

舉全國之力，支援災區重建。

5月26日，中共中央作出了"建立對口支援機制"的決定。

5月27日，國務院明確提出："實行一省幫一重災縣，幾省幫一重災市（州），舉全國之力，加快恢復重建。"

面對災難，從大風大浪中走來的擁有五千年歷史的中華民族，不會屈服於任何災難，不會被任何艱難困苦所壓倒。正是這種偉大力量，推動著中華民族生生不息，開拓前進。歷史已經證明並且將繼續證明："任何困難都難不倒英雄的中國人民！"

全國人民心繫災區、情繫災區。圖為北京市民在王府井街頭排隊為災區義務獻血。

北京奧運

漫漫申奧路。

舉國歡慶。

北京，呈現給世人一屆真正無與倫比的奧運會。

2001 年 7 月 13 日，中國北京終於以絕對優勢奪得 2008 年奧運會主辦權。神州大地頓時成了一片歡樂的海洋……這是中華民族的盛事，全體中華兒女揚眉吐氣，為之振奮。

漫漫申奧路

1979 年 11 月 26 日下午 4 時，國際奧林匹克委員會領導人在洛桑總部宣佈，經過投票表決，國際奧委會委員以六十二票贊成、十七票反對、兩票棄權，批准了執委會在日本名古屋會議上通過的關於中國代表權問題的決議。這個被人們稱為"名古屋決議"的莊嚴文件，根據"一個中國"的原則，確認代表全中國奧林匹克運動的是中國奧林匹克委員會，它將使用中華人民共和國的國旗和國歌；台灣地區的奧委會，作為中國的一個地方機構，只能使用"中國台北奧林匹克委員會"的名稱，不得使用原來的旗、歌和徽記，只能使用與之有別、並經國際奧委會批准的旗、歌和徽。"名古屋決議"使中國在國際奧林匹克運動中的合法權利得到了恢復，結束了中國與國際奧委會中斷關係二十一年之久的不正常局面。

1990 年秋天中國北京成功舉辦第十一屆亞運會。當亞運聖火在北京熄滅的時候，中國人民就把目光投向了奧運會。亞運會的成功舉辦，證明中國完全有條件、有能力辦好大型國際運動會，同時也為舉辦奧運會打下了基礎。1991 年 2 月 26 日，中國奧委會經過認真討論，一致同意北京市為中國舉辦 2000 年第二十七屆奧運會的候選城市，中國政府對此表示完全支持。北京爭取承辦 2000 年奧運會的消息宣佈後，在海內外引起了極大的反響。1991 年 4 月北京 2000 年奧林匹克運動會申辦委員會正式成立。

美國眾議院不顧中國奧委會的抗議和國際奧委會及美國體育界人士要求其停止干預國際奧委會事務的多次呼籲，於 1993 年 7 月 26 日通過了一項違反奧林匹克運動憲章原則的決議案，反對北京舉辦 2000 年奧運會。這項由加利福尼亞州民主黨眾議員蘭托斯提出的議案，藉口所謂的 "人權" 問題，反對在北京或其他中國城市舉行 2000 年奧運會，還要求美國在國際奧委會的代表在 9 月蒙特卡洛會議上投北京的反對票。6 月 29 日，國際奧委會主席薩馬蘭奇在羅馬表示，國際奧委會不接受美國眾議院就反對在北京舉辦 2000 年奧運會所施加的壓力。中國奧委會 1993 年 7 月 27 日發表聲明，強烈譴責美國眾議院粗暴干涉國際奧林匹克事務。

1993 年 9 月 24 日北京時間凌晨 2 時 27 分 40 秒，出席國際奧委會第 101 次會議的八十九名國際奧委會委員們在當天的秘密記名投票中，選擇了悉尼作為 2000 年第二十七屆奧運會的舉辦城市。當天的投票一共進行了四輪，土耳其的伊斯坦布爾和德國的柏林分別在前兩輪中被淘汰。在第三輪投票中，北京、悉尼和英國的曼徹斯特三個城市的得票數分別為 40、37 和 11 票，曼徹斯特被淘汰。在前三輪投票中，北京的得票數分別為 32、37 和 40 票，一直處於領先地位。在最後一輪投票中，悉尼和北京的得票數分別為 45 票和 43 票，這樣悉尼成為 2000 年奧運會的舉辦城市。

2001 年 7 月 12 日晚上 7 時，國際奧委會第 112 次全會開幕式在莫斯科舉行。

7 月 13 日，在離投票表決 2008 年奧運會主辦城市還有三小時前，北京奧申委向國際奧委會全體委員做最後的陳述。按照抽籤順序，北京排在大阪、巴黎和多倫多之後作陳述。每個城市分別有四十五分鐘的陳述時間，並在剩下的十五分鐘裏回答委員們的提問。北京市市長、北京奧申委主席劉淇，中國奧委會主席、北京奧申委執行主席袁偉民，北京奧申委體育主任樓大鵬和北京奧申委秘書長王偉，運動員代表鄧亞萍作了陳述。隨後出場的著名主持人楊瀾在四分鐘的演講中，從一位文化人的角度講述了中國古老文化的神奇魅力。作為國際奧委會委員的何振梁，最後富有感情地總結了北京申奧的歷史意義。他對國際奧委會的同事說道："無論你們今天做出什麼選擇，都將創造歷史。但是只有一個決定有改變歷史的力量。你們今天這個決定將通過運動促進世界和中國的友誼，從而使全人類受益。" 7 月 13 日下午，中國國務院副總理李嵐清在莫斯科就中國政府支持北京申辦 2008 年夏季奧運會向國際奧委會第 112 次全體會議作陳述報告，代表中國政府再次確認中國政府堅定支持北京申請舉辦 2008 年奧運會的立場。

7 月 13 日北京時間晚間 10 時 10 分，當國際奧委會主席薩馬蘭奇用平穩的語調宣佈北京成為 2008 年奧運會主辦城市時，聚集在莫斯科世界貿易中心的中國人眼睛濕潤了。

北京在國際奧委會第 112 次全會選定 2008 年奧運會主辦城市的第二輪投票中，就以過半數優勢贏得了奧運會主辦權。在這輪投票中，北京獲得了 56 票，多倫多為 22 票，巴黎為 18 票，伊斯坦布爾為 9 票。國際奧委會委員投給北京的票數比第二名城市多出 34 票，在申辦奧運的歷史上還從未有這樣懸殊的結果，北京申辦成功創造了奧運申辦史上的紀錄。

7 月 14 日零時 35 分，國家主席江澤民致信國際奧委會主席薩馬蘭奇，表示中國政府和中國人民將全力以赴支持北京辦好 2008 年奧運會。

舉國歡慶

2001 年 7 月 13 日晚，當北京申奧成功的消息傳來，聚集在中華世紀壇的各界群眾爆發出排山倒海的歡呼。四十萬北京群眾自發來到天安門廣場，歡慶申奧成功。

當晚的中華世紀壇，成為億萬中國人民激情迸發的縮影。22 時 20 分，江澤民來到中華世紀壇南端的聖火台前，與參加聯歡活動的大學生、運動員、勞動模範及群眾代表見面。此刻，世紀壇成為歡樂的海洋。江澤民向全場群眾發表講話。

在全城的歡慶聲中，江澤民等黨和國家領導人驅車來到天安門廣場，向聚集在廣場上的四十萬各界群眾招手致意。廣場上，人們載歌載舞，揮動彩旗，縱情歡呼。隨後，江澤民等黨和國家領導人高興地登上天安門城樓，觀看滿城的燈火和群眾歡慶的場面，與人們共度這個美好的夜晚。當晚，上海、西安、合肥、天津、武漢、長沙、蘭州、太原、拉薩、銀川、瀋陽、烏魯木齊、大連、南寧、呼和浩特、珠海、哈爾濱、昆明、深圳、海口、成都、南京、濟南、延安、杭州等地舉行了各種慶祝活動。

在得知北京獲得 2008 年奧運會主辦權後，全球各地的華僑華人感到無比高興與自豪，紛紛通過各種形式表達自己的喜悅之情，熱烈祝賀北京申奧成功。中國人民向全世界承諾要把 2008 年奧運會辦成一屆最精彩、最出色的奧運會。

一屆真正無與倫比的奧運會

北京奧運，百年夢圓。四十五億不同膚色、不同語言、不同國家和地區的觀眾共同分享北京奧運會的快樂。來自二百零四個國家和地區的一萬多名運動員挑戰極限、攀越新高，刷新了三十八項世界紀錄、八十五項奧運會紀錄。

中國健兒以五十一枚金牌、一百枚獎牌的優異成績和嶄新風貌令世界矚目；百萬志願者以他們的親切微笑和周到服務令世人稱頌。

"兩個奧運，同樣精彩"。北京殘奧會上，殘疾運動員自強不息、奮勇拚搏，為世人詮釋了"同一個世界，同一個夢想"的主題，傳播了"超越、融合、共享"的理念，展現了人類堅忍不拔的精神。

北京，呈現給世人一屆真正無與倫比的奧運會。

北京奧運會上中國代表團入場

北京奧運會場館和相關設施令人讚歎，實施“三大理念”成果顯著。北京奧運會計劃使用三十七個比賽場館，五十六個訓練場館。比賽場館中，在京三十一個，其中新建十二個，改擴建十一個，臨建八個。其餘六個分別為：青島的帆船賽場、香港的馬術賽場以及天津、上海、瀋陽、秦皇島四個城市的足球賽場。在奧運場館建設中，落實“三個奧運”理念，實施了六百多個項目，在技術保障、生態環境、人文環境等方面取得了重要成果。在所有奧運場館建設中廣泛採用建築節能、數字模擬、體育工藝等先進技術。同時建成了第一個智能光傳送網絡，使北京奧運會成為第一個寬帶奧運會。

北京奧運會會徽、吉祥物、獎牌、口號成為特色。籌辦奧運以來，先後發佈了北京奧運會會徽、吉祥物、主題口號等主要標誌，得到了國內外的廣泛好評。這些標誌有三個特點：一是突出中國文化的特色；二是與奧運標誌巧妙結合；三是突出了體育運動的特點。火炬採用了如意的造型，裝飾了祥雲圖案。金、銀、銅三種獎牌都採用了“金玉良緣”的設計。把玉用在奧運獎牌上，這在奧運史上是第一次。

火炬接力為展示中華文明、傳播和諧世界的理念搭建了巨大平台。2007 年 4 月 26 日，發佈了北京奧運會火炬接力計劃路線。火炬接力於 2008 年 3 月下旬至 8 月 8 日舉行，歷時 130 天。共有 21880 名火炬手參加接力活動。火炬接力分為境內、境外兩部分，以境內傳遞為主。境外傳遞以“和諧之旅”為主題，絲綢之路為主線，立足亞洲，前往五大洲 19 個國家的 19 個城市。境內傳遞的口號是“點燃激情，傳遞夢想”。歷時 97 天，經過 31 個省、自治區和直轄市的 113 個城市，並抵達珠穆朗瑪峰。

這是一屆消除隔閡、充滿友善的奧運會。

8 月 20 日晚上，博爾特創造了新的世界紀錄。第二天是他的二十二歲生日，“鳥巢”九萬餘觀眾為他唱起“祝你生日快樂”。全世界幾十億電視觀眾目睹這一幕。還有比這更豪華氣派的生日嗎？誰人能比？

在開幕式上，日本代表團入場，每個人手持日中兩國國旗。這在北京奧運會上是唯一，在奧運會歷史上也屬罕見。各國代表團的旗手，通常是身材高大的、獲得過世界冠軍的明星擔任，如果按照這個思維，日本代表團的旗手應該是世界蛙王北島康介。但日本代表團的出場旗手是身高 1.55 米、沒有拿過金牌的小姑娘福原愛。福原愛在中國學打乒乓球，會講帶東北味的普通話，是一個清純可愛的“瓷娃娃”，她對中國有感情，中日兩國人民都喜歡她。她就是一位中日兩國人民友善的大使。我們有理由相信，這是日本人民向中國人民釋放的友善信號。

閉幕式的前一天，美國花樣游泳隊在“水立方”入場時，用中英文打出一個巨大的條幅：“謝謝你，中國。”

這是一屆創造奇跡、超越夢想的奧運會。

蒙古、多哥、阿富汗、塔吉克斯坦等代表團實現了各自國家金牌、獎牌的歷史性突破；菲爾普斯獨得八金並打破七項世界紀錄；博爾特包攬男子 100 米、200 米這兩顆奧運會“皇冠上的明珠”並雙破世界紀錄；中國代表團歷史上首次躍居金牌榜首位……一項項優異的成績，一個個輝煌的瞬間，讓人類驕傲，讓世界沸騰。

這是一屆彰顯人性、迸發真情的奧運會。

俄羅斯選手帕傑林娜和格魯吉亞選手薩魯克瓦澤在女子氣手槍決賽結束後相擁相吻，讓人類追求和平的天性盡情展現；從一群年齡只有自己一半的小女孩手中奪得一

在北京奧運會上，中國體育代表團第一次登上奧運金牌榜榜首。圖為中國體操男隊隊員奪得團體決賽冠軍後領獎。

枚銀牌，德國體操女選手丘索維金娜“高齡”參賽，為自己的兒子籌措治病費用，偉大的母愛感天動地；頒獎儀式上，德國舉重選手施泰納眼含熱淚把亡妻蘇珊的照片和奧運金牌高高舉起，現場和電視機前的觀眾無不動容；南非殘疾姑娘杜托伊特在游完十公里游泳馬拉松後直言“我從來沒想到過自己少一條腿”，激情四射，豪氣沖天。

……

2008 年 8 月 8 日到 8 月 24 日，人類文明史將收錄、珍藏、傳誦這輝煌的日子！

“同一個世界、同一個夢想”。熱情好客的中國人民為了北京奧運會的成功傾注了心血，詮釋了這個古老而青春勃發的民族對奧運理念的認識。人類共有的理想，超越了膚色、信仰、文化、語言的障礙。一句句問候、一次次握手、一個個微笑，多少年以後，也許人們會忘記金牌的歸屬，但崇高的人性光輝，將被永遠地珍藏。一位位英雄的問世，一幕幕經典的誕生，一個個奇跡的出現，一份份情感的湧動，多少年以後，人們也許各自天南海北，但同一份美好的記憶，將被深深地鐫刻。

習近平："努力向歷史、向人民交出一份合格的答卷"

一個國家、一個政黨，領導核心至關重要。

毛澤東說："一個桃子剖開來有幾個核心嗎？只有一個核心"，"要建立領導核心，反對'一國三公'"。

鄧小平也多次闡釋中央領導核心問題，強調"要以高度的自覺性來理解和處理"這個問題。

2012 年 11 月 15 日上午，中國共產黨第十八屆中央委員會第一次全體會議選舉產生二十五人組成的十八屆中央政治局，選舉習近平、李克強、張德江、俞正聲、劉雲山、王岐山、張高麗為中央政治局常務委員會委員，選舉習近平為中央委員會總書記；通過了中央書記處成員；決定了中央軍事委員會組成人員；批准了中央紀律檢查委員會第一次全體會議選舉產生的領導機構。11 時 53 分，剛剛當選的十八屆中央政治局常委在熱烈的掌聲中，同中外記者親切見面。

　　習近平逐一介紹了新當選的其他六位中央政治局常委，代表新一屆中央領導機構成員感謝全體黨員的信任，並表示定當不負重託，不辱使命。他說："全黨同志的重託，全國各族人民的期望，是對我們做好工作的巨大鼓舞，也是我們肩上的重大責任。"

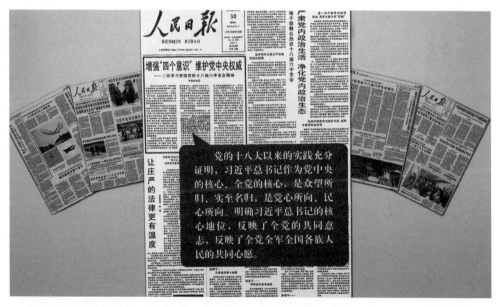

中共十八屆六中全會召開後，《人民日報》連續刊發的五篇評論員文章。

習近平強調："人民是歷史的創造者，群眾是真正的英雄。人民群眾是我們力量的源泉。我們深深知道，每個人的力量是有限的，但只要我們萬眾一心、眾志成城，就沒有克服不了的困難；每個人的工作時間是有限的，但全心全意為人民服務是無限的。責任重於泰山，事業任重道遠。我們一定要始終與人民心心相印、與人民同甘共苦、與人民團結奮鬥，夙夜在公，勤勉工作，努力向歷史、向人民交出一份合格的答卷。"

時間在這一刻被賦予了新的歷史含義。鄧小平曾經指出："辦好中國的事情，關鍵在黨，關鍵在人。""關鍵在於共產黨要有一個好的政治局，特別是好的政治局常委會。只要這個環節不發生問題，中國就穩如泰山。"組成一個好的政治局及其常務委員會，對於在國際國內形勢深刻變化的條件下維護和推進中國改革發展穩定大局，保障黨和國家事業繼往開來、與時俱進，具有十分重要的意義。

2016 年，金秋北京。在錘頭鐮刀的巨大黨徽前，中央委員會以舉手表決的方式，一致通過了中共十八屆六中全會公報，這份舉世矚目的公報中正式提出"以習近平同志為核心的黨中央"。

一個國家、一個政黨，領導核心至關重要。回顧世界社會主義發展的歷史，維護權威歷來是馬克思主義政黨建設的重大課題。在總結巴黎公社失敗教訓時，馬克思恩格斯曾深刻指出："巴黎公社遭到滅亡，就是由於缺乏集中和權威。"列寧也高度重視維護黨的權威和革命領袖的權威。他指出："造就一批有經驗、有極高威望的黨的領袖是一件長期的艱難的事情。但是做不到這一點，無產階級專政、無產階級的'意志統一'就只能是一句空話。"

從中國共產黨的歷史來看，形成堅強的中央領導核心，並維護這個核心的權威，對中國共產黨這樣的大黨、中國這樣的大國尤為重要。毛澤東說："一個桃子剖開來有幾個核心嗎？只有一個核心"，"要建立領導核心，反對'一國三公'"。鄧小平也多次闡釋中央領導核心問題，強調"要以高度的自覺性來理解和處理"這個問題。1935年遵義會議前，由於沒有形成成熟的中共中央，黨的事業幾經挫折，甚至面臨失敗危險。遵義會議確立了毛澤東在紅軍和中共中央的領導地位，中國共產黨開始形成堅強的領導核心，從此中國革命便煥然一新。正是在中共中央堅強有力的領導下，經過一代又一代中國共產黨人團結帶領人民接續奮鬥，中國革命、建設、改革事業才取得舉世矚目的偉大成就。

2017 年 9 月 25 日，"砥礪奮進的五年"大型成就展在北京展覽館舉辦。

中國正處在世界格局深刻調整、國際競爭日趨激烈的時代條件下，正處在國內改革全面深化、發展全面推進的重要時期，黨內"四大考驗""四種危險"現實地擺在面前，治國理政擔子之重、難度之大超乎想象，中國比任何時候都更需要一個堅強的領導核心。習近平為中共中央的核心、全黨的核心，是在偉大鬥爭中形成的。中共十八大以來，習近平帶領全黨全軍全國各族人民開創了中國特色社會主義偉大事業和黨的建設新的偉大工程新局面，在改革發展穩定、內政外交國防、治黨治國治軍等方面取得了一系列具有重大現實意義和深遠歷史意義的成就，實現了黨和國家事業的繼往開來，贏得了全黨全軍全國各族人民衷心擁護，受到了國際社會高度讚譽。中共十八大以來，習近平事實上已經成為中央的核心、全黨的核心。確立習近平為黨中央的核心、全黨的核心，是中國共產黨的鄭重選擇，是眾望所歸、名副其實、當之無愧。

　　維護習近平黨中央的核心、全黨的核心地位，維護黨的權威和集中統一領導，是保證全黨團結統一、步調一致，帶領全國各族人民決勝全面建成小康社會、奮力奪取新時代中國特色社會主義偉大勝利的根本政治保證。全體黨員必須增強"四個意識"，堅定"四個自信"，堅決做到"兩個維護"，在以習近平為核心的中央堅強領導下，為實現"兩個一百年"奮鬥目標、實現中華民族偉大復興的中國夢闊步前行。

全面建成小康社會

全面建成小康社會，中國已進入"倒計時"。

所謂小康水平，是指在溫飽的基礎上，生活質量進一步提高，達到豐衣足食。

從"建設"到"建成"的一字之改，目標更加明確，任務更加具體，時間更加緊迫。

2012 年 11 月，中共十八大報告鄭重提出，"確保到 2020 年實現全面建成小康社會宏偉目標"，"實現國內生產總值和城鄉居民人均收入比 2010 年翻一番"，從而把全面建成惠及十幾億人口的更高水平小康社會美好前景，更加清晰地呈現在全國人民面前。

　　從"建設"到"建成"，一字之變，引起外界普遍關注。分析人士認為，全面建成小康社會，中國已進入"倒計時"。

　　"小康"一詞是人們對美好生活的嚮往，最早見於《詩經‧大雅‧民勞》："民亦勞止，汔可小康"，意思就是輕徭薄賦，予民休息，讓老百姓過上小安康樂的日子。

　　1979 年 12 月，鄧小平在會見來訪的日本首相大平正芳時，首次提出"小康之家"的全新概念。他說："我們要實現的四個現代化，是中國式的四個現代化。我們的四個

1989 年，小崗村豐收景象。

現代化的概念，不是像你們那樣的現代化的概念，而是‘小康之家’。”

在這裏，鄧小平用“小康之家”這樣一個中國歷史上普通百姓一直嚮往的吃穿不愁、日子好過的理想社會狀態，來定位中國共產黨在 20 世紀末所要實現的戰略目標，從而把黨和國家的戰略目標同人民群眾的生活密切地聯繫起來，使長期以來十分抽象的經濟發展戰略，變成了與每一個中國人都利益攸關的具體的、明確的發展目標。

1982 年 9 月，中共十二大正式把鄧小平提出的 20 世紀末實現小康目標的構想確定為今後二十年中國經濟建設總的奮鬥目標，即：從 1981 年到 20 世紀末的二十年，力爭使全國工農業的年總產值翻兩番，即由 1980 年的 7100 億元增加到 2000 年的 2.8 萬億元左右，人民的物質文化生活達到小康水平。

1987 年 4 月，鄧小平在與西班牙工人社會黨副總書記、政府副首相格拉會談時，第一次完整地描繪了“三步走”經濟發展戰略。他說：“我們原定的目標是，第一步在八十年代翻一番。以 1980 年為基數，當時國民生產總值人均只有二百五十美元，翻一番，達到五百美元。第二步是到本世紀末，再翻一番，人均達到一千美元。實現這個目標意味著我們進入小康社會，把貧困的中國變成小康的中國。那時國民生產總值超過一萬億美元，雖然人均數還很低，但是國家的力量有很大增加。我們制定的目標更重要的還是第三步，在下世紀用三十年到五十年再翻兩番，大體上達到人均四千美元。做到這一步，中國就達到中等發達的水平。這是我們的雄心壯志。目標不高，但做起來可不容易。”

1987 年 10 月，中共十三大正式確認了鄧小平提出的“三步走”發展戰略：第一步，實現國民生產總值比 1980 年翻一番，解決人民溫飽問題。第二步，到 20 世紀末，國民生產總值再增長一倍，人民生活達到小康水平。第三步，到 21 世紀中葉，人均國民生產總值達到中等發達國家水平，人民生活比較富裕，基本實現現代化。

中共十三大後，在經濟改革和對外開放的推動下，中國經濟高速增長，到 1988 年，提前實現了國民生產總值比 1980 年翻一番的目標，“三步走”第一步發展戰略提前實現。中國人民生活水平逐步實現由貧困到溫飽的歷史性跨越。

越是接近實現小康目標，越需要對小康目標和小康水平這類概念作出更全面規範和更具可操作性的表述。1990 年 12 月，中共十三屆七中全會通過《關於制定國民經濟和社會發展十年規劃和“八五”計劃的建議》指出：“所謂小康水平，是指在溫飽的基礎上，生活質量進一步提高，達到豐衣足食。這個要求既包括物質生活的改善，也包

玉門市小金灣民族學校歡樂的移民村同學們

括精神生活的充實；既包括居民個人消費水平的提高，也包括社會福利和勞動環境的改善。"

1992 年 10 月，中共十四大報告指出："從現在起到下個世紀中葉，對於祖國的繁榮昌盛和社會主義事業的興旺發達，是很重要很寶貴的時期。我們的擔子重，責任大。在九十年代，我們要初步建立起新的經濟體制，實現達到小康水平的第二步發展目標。再經過二十年的努力，到建黨一百週年的時候，我們將在各方面形成一整套更加成熟更加定型的制度。在這樣的基礎上，到下世紀中葉建國一百週年的時候，就能夠達到第三步發展目標，基本實現社會主義現代化。"

到 1995 年，原定 2000 年國民生產總值比 1980 年翻兩番的目標提前完成；1997 年，人均國民生產總值翻兩番的目標提前完成，由此也實現了由溫飽到總體小康的歷史性跨越。1997 年 9 月，中共十五大報告首次提出 21 世紀初開始"進入和建設小康社會"。

21 世紀之初，中國總體上實現了小康。2002 年，面對社會發展不平衡，城鄉差別、區域差別很大的現狀，十六大提出全面建設小康社會的目標。2007 年，十七大提出了實現全面建設小康社會奮鬥目標的新要求。

根據目前全面建設小康社會的進展情況，中共十八大在原來"全面建設小康社會"的基礎上，進一步提出到 2020 年"全面建成小康社會"的任務。其關鍵和點睛之處，是將"建設"改成了"建成"。這一改動，是十八大審時度勢，根據現實情況和人民意願作出的重大決策。從"建設"到"建成"的一字之改，目標更加明確，任務更加具體，時間更加緊迫。

根據中國經濟社會發展實際，十八大提出的全面建成小康社會，要在十六大、十七大確立的全面建設小康社會目標的基礎上，努力實現以下的新要求：經濟持續健康發展，人民民主不斷擴大，文化軟實力顯著增強，人民生活水平全面提高，資源節約型、環境友好型社會建設取得重大進展。

全面建成小康社會是中國共產黨對人民的鄭重承諾，承載著全體人民過上美好生活的新期待，也承載著全體中華兒女實現中華民族偉大復興中國夢的期盼。只要按照十八大描繪的宏偉藍圖，全面把握機遇，沉著應對挑戰，頑強奮鬥，就一定能贏得主動、贏得優勢、贏得未來，確保到 2020 年實現全面建成小康社會宏偉目標。

中國特色社會主義進入新時代

中國特色社會主義進入了新時代，這是中國發展新的歷史方位。

中國仍處於並將長期處於社會主義初級階段的基本國情沒有變，中國是世界最大發展中國家的國際地位沒有變。

2017 年 10 月 18 日至 24 日，中國共產黨第十九次全國代表大會在北京舉行。習近平在中共十九大報告中莊嚴宣告："經過長期努力，中國特色社會主義進入了新時代，這是我國發展新的歷史方位。"

　　中國特色社會主義進入新時代，有著重大國際國內意義。它意味著近代以來久經磨難的中華民族迎來了從站起來、富起來到強起來的偉大飛躍，迎來了實現中華民族偉大復興的光明前景；意味著科學社會主義在 21 世紀的中國煥發出強大生機活力，在世界上高高舉起了中國特色社會主義偉大旗幟；意味著中國特色社會主義道路、理論、制度、文化不斷發展，拓展了發展中國家走向現代化的途徑，給世界上那些既希望加快發展又希望保持自身獨立性的國家和民族提供了全新選擇，為解決人類問題貢獻了中國智慧和中國方案。

　　這個新時代，是承前啟後、繼往開來、在新的歷史條件下繼續奪取中國特色社會主義偉大勝利的時代，是決勝全面建成小康社會、進而全面建設社會主義現代化強國

2017 年 5 月 5 日，由中國自行研製、具有完全自主知識產權的噴氣式大型客機 C919，在上海浦東國際機場一躍而起，直上雲霄。

2018 年 11 月 5 日，以 "新時代，共享未來" 為主題的首屆中國國際進口商品博覽會在上海隆重開幕。

的時代，是全國各族人民團結奮鬥、不斷創造美好生活、逐步實現全體人民共同富裕的時代，是全體中華兒女勠力同心、奮力實現中華民族偉大復興中國夢的時代，是中國日益走近世界舞台中央、不斷為人類作出更大貢獻的時代。

繼而，習近平在中共十九大報告中作出中國社會主要矛盾已經轉化為人民日益增長的美好生活需要和不平衡不充分的發展之間的矛盾這一重大政治論斷。他說："我國穩定解決了十幾億人的溫飽問題，總體上實現小康，不久將全面建成小康社會，人民美好生活需要日益廣泛，不僅對物質文化生活提出了更高要求，而且在民主、法治、公平、正義、安全、環境等方面的要求日益增長。同時，我國社會生產力水平總體上顯著提高，社會生產能力在很多方面進入世界前列，更加突出的問題是發展不平衡不充分，這已經成為滿足人民日益增長的美好生活需要的主要制約因素。"

對於中國社會主要矛盾的轉化，習近平進一步提出兩個"必須認識到"，即：一是必須認識到，"我國社會主要矛盾的變化是關係全局的歷史性變化，對黨和國家工作提出了許多新要求。我們要在繼續推動發展的基礎上，著力解決好發展不平衡不充分問題，大力提升發展質量和效益，更好滿足人民在經濟、政治、文化、社會、生態等方面日益增長的需要，更好推動人的全面發展、社會全面進步。"二是必須認識到，"我國社會主要矛盾的變化，沒有改變我們對我國社會主義所處歷史階段的判斷，我國仍處於並將長期處於社會主義初級階段的基本國情沒有變，我國是世界最大發展中國家的國際地位沒有變。全黨要牢牢把握社會主義初級階段這個基本國情，牢牢立足社會主義初級階段這個最大實際，牢牢堅持黨的基本路線這個黨和國家的生命線、人民的幸福線，領導和團結全國各族人民，以經濟建設為中心，堅持四項基本原則，堅持改革開放，自力更生，艱苦創業，為把我國建設成為富強民主文明和諧美麗的社會主義現代化強國而奮鬥。"

總之，中國特色社會主義進入新時代，在中華人民共和國發展史上、中華民族發展史上具有重大意義，在世界社會主義發展史上、人類社會發展史上也具有重大意義。中國特色社會主義必將在新時代展現出更加強大的生命力！

新發展理念引領中國經濟

鮮明提出創新、協調、綠色、開放、共享的新發展理念。

2018 年中國經濟總量跨過九十萬億元人民幣大關，人均國內生產總值接近一萬美元。

穩中向好、長期向好是中國經濟沒有改變也不會改變的大趨勢。

解放和發展社會生產力，是社會主義的本質要求。中共十八大以來，習近平順應時代和實踐發展的新要求，堅持以人民為中心的發展思想，鮮明提出創新、協調、綠色、開放、共享的新發展理念。以新發展理念為引領，以推進供給側結構性改革為主線，中國經濟實現中高速增長。

2013 年至 2018 年，國內生產總值年均增長 7.0%，高於同期世界 2.9% 左右的平均增長水平，成為世界經濟增長的動力之源、穩定之錨。經濟總量連年上新台階，國內生產總值在 2016 年超過七十萬億元，2017 年超過八十萬億元，2018 年突破九十萬億元，穩居世界第二位。

而如何看待中國經濟發展前景？2019 年 6 月 4 日，對俄羅斯聯邦進行國事訪問並出席第二十三屆聖彼得堡國際經濟論壇前夕，國家主席習近平在接受俄羅斯塔斯社、《俄羅斯報》聯合採訪中回答了這一問題。他說：

新中國成立七十年來，特別是改革開放四十年來，中國經濟發展取得舉世矚目的成就，中國成為世界第二大經濟體以及製造業、貨物貿易、外匯儲備第一大國。2018 年，中國經濟總量跨過九十萬億元人民幣大關，人均國內生產總值接近一萬美元，經濟增速 6.6%，位居世界前列，對世界經濟增長貢獻率約 30%。

今年以來，面對世界經濟增長和國際貿易有所放緩的大環境，中國經濟開局良好，主要經濟指標保持在合理區間。一季度國內生產總值增長 6.4%，連續十四個季度經濟增速保持在 6.4% 至 6.8% 區間，延續近年來平穩增長態勢，國內消費繼續發揮對經濟增長的主引擎作用；就業持續增加，前四個月城鎮新增就業四百五十九萬人，居民收入增長略快於經濟增長；物價水平保持總體穩定，居民消費價格溫和上漲 2%；進出口總額同比增長 4.3%，外匯儲備保持在三萬億美元以上。同時，中國的經濟結構在優化，發展方式在轉變，質量效益在提升，穩中向好態勢更趨明顯。

穩中向好、長期向好是中國經濟沒有改變也不會改變的大趨勢。展望未來，中國經濟平穩健康可持續發展具備充足支撐條件。一是資源潛力，中國有近

呈 "四葉草" 造型的國家會展中心（上海）

十四億人口、九億勞動力、1.7億受過高等教育和擁有技能的人才資源、全球最大的中等收入群體、一億多個市場主體；二是內生動力，中國經濟增長主要靠內需拉動，2018年內需對經濟增長貢獻率達108.6%，其中最終消費貢獻率達76.2%；三是發展活力，中國研發投入全球排名第二，約佔經濟總量2.18%，以戰略性新興產業、分享經濟等為代表的新動能不斷壯大；四是調控能力，有中國共產黨的堅強領導，有集中力量辦大事的政治優勢，有萬眾一心、眾志成城的民族精神，有改革開放以來持續高速發展積累的雄厚物質技術基礎，有巨大發展韌性、潛力、迴旋餘地，有豐富的宏觀調控經驗和充足的政策空間，我們完全有條件、有能力、有信心應對各種風險挑戰。

2019年7月29日，中共中央在中南海召開黨外人士座談會，就當前經濟形勢和下半年經濟工作聽取各民主黨派中央、全國工商聯負責人和無黨派人士代表的意見和建議。習近平主持座談會並發表重要講話。他指出，要增強信心、保持定力、堅定底氣，統籌國內國際兩個大局，堅持穩中求進工作總基調，促進經濟持續健康發展。既要看到經濟運行中的困難和問題，又要看到中國經濟長期向好的趨勢沒有變，堅定不移深化供給側結構性改革，培育新的經濟增長點，紮紮實實推動經濟高質量發展。他強調，"新中國成立七十年來，我們走過了不平凡的路程。我們既要堅信中國的發展前途光明，又要充分認識到道路曲折、困難很多，發揮中國共產黨領導和我國社會主義制度的政治優勢，集中力量辦大事，打好防範和抵禦風險的有準備之戰，打好化險為夷、轉危為機的戰略主動戰。"

總之，持之以恆貫徹新發展理念，必將更加激發全社會創造力和發展活力，實現中國經濟更高質量、更有效率、更加公平、更可持續的發展！

中央治疆方略落地生根

習近平多次強調："新疆的問題最長遠的還是民族團結問題。"

"像愛護自己的眼睛一樣愛護民族團結，像珍視自己的生命一樣珍視民族團結，像石榴籽那樣緊緊抱在一起。"

"社會穩定和長治久安是新疆工作的總目標。"

五年來新疆一般公共預算支出 70% 以上用於保障改善民生。

2018 年新疆經濟總量比 1952 年增長了兩百倍。

中華人民共和國成立以來中央財政對新疆補助累計達 2.35 萬億元。

習近平多次強調："新疆的問題最長遠的還是民族團結問題。""像愛護自己的眼睛一樣愛護民族團結，像珍視自己的生命一樣珍視民族團結，像石榴籽那樣緊緊抱在一起。"

2014 年 5 月 28 日至 29 日，第二次中央新疆工作座談會在北京召開。以習近平為核心的中央從戰略和全局高度謀劃新疆未來，明確"社會穩定和長治久安是新疆工作的總目標"。此後，新疆圍繞總目標謀劃和推進各項工作。

2019 年 6 月 27 日《人民日報》發表新華社記者曹志恆、于濤《闊步走向長治久安——第二次中央新疆工作座談會召開五週年綜述》一文，回顧總結了第二次新疆工作會議五年來新疆各方面建設取得的輝煌成績。7 月 30 日，在國務院新聞辦舉行的中華人民共和國成立七十週年省（區、市）系列主題新聞發佈會上，新疆維吾爾自治區

新疆喀什大巴扎

2014 年 11 月 16 日，新疆高鐵正式迎來首發之旅。共有三對動車組從烏魯木齊和哈密站對開。

領導介紹了新疆的發展狀況，並回答記者提問。7 月 31 日《人民日報》以《新疆　同心協力共繁榮》（權威發佈）為題進行了報道。

堅持穩中求進工作總基調，保持新疆經濟平穩健康發展。中華人民共和國成立七十年來，新疆與祖國同奮進共成長，天山南北發生了翻天覆地的變化。新疆經濟總量從 1952 年的 7.91 億元，增長到 2018 年的 1.2 萬億元，扣除物價上漲因素，增長了 200 倍，年均增長 8.3%；人均生產總值從 1952 年的 166 元，增長到 2018 年的 4.9 萬元，增長了 37.7 倍，年均增長 5.7%。

持續開展嚴打專項鬥爭，打好反恐維穩 "組合拳"。黨政軍警兵民協調聯動，打一場人民戰爭，鑄就反恐維穩鋼鐵長城。一手抓依法打擊暴恐分子，一手抓最大限度爭取和凝聚人心，持續深入開展發聲亮劍活動，匯聚起實現社會穩定和長治久安的強大正能量。

"不是一家人，勝似一家親"。自 2017 年起，隨著 "民族團結一家親號" 列車開通，走在結對認親路上的幹部職工絡繹不絕，先後有 112 萬幹部職工與 169 萬戶各族基層群眾結成超越血緣的親人，民族團結之花開遍天山南北。新疆的少數民族幹部由 1950 年的約 3000 人，增加到 2018 年的 42.8 萬人，佔全區幹部總數的 50.3%。其中，少數民族女性幹部 23.3 萬人，佔新疆女性幹部總數的 51.8%。

堅持民生優先，推進脫貧攻堅、擴大就業增收、堅持教育優先發展等具體措施。

新疆城鄉居民收入由 1978 年的 319 元和 119 元，分別提高到 2018 年的 32764 元和 11975 元，年均分別增長 12.3% 和 12.2%。新疆連續多年將一般公共預算支出 70% 以上用於保障改善民生，持續推進各項惠民工程，發展成果更多更公平地惠及各族群眾。2014 年至 2018 年，新疆累計實現 231.47 萬人脫貧，貧困發生率由 2013 年底的 19.4% 降至 2018 年底的 6.1%。全區城鎮零就業家庭始終保持二十四小時內動態清零，保證至少有一人就業。在集中連片深度貧困地區南疆四地州實施三年 10 萬人就業計劃。2016 年至 2018 年，新疆累計實現城鎮新增就業 140 萬餘人次、農村富餘勞動力轉移就業 830.5 萬人次。完善控輟保學機制，截至 2018 年底，新疆學前三年幼兒毛入園率達 96.9%，九年義務教育鞏固率達 94.2%。

援疆工作持續推進。中華人民共和國成立以來，中央財政對新疆補助累計達 2.35 萬億元，2018 年達到 3022 億元，佔當年新疆財政支出的 60.3%；2010 年以來，全國十九個省市對口支持新疆，已累計投入援助資金 1035 億元，引進合作資金近 1.8 萬億元。一座座由援疆資金建設的現代化學校、醫院、工廠拔地而起，一批批凝聚著全國人民關愛的民生工程、民族團結工程竣工投產，天山南北走上社會發展快車道。

2018 年，新疆全年旅遊人數突破 1.5 億人次，同比增長 40.09%。

今天的新疆，各族群眾正以更加堅定的決心、更加團結的力量、更加堅實的腳步，在中華民族偉大復興的征程上繼續昂首前行。

治邊穩藏寫華章

治國必治邊，治邊先穩藏。

國家累計投入 1 萬多億元實施了 800 多個重點建設項目。

2018 年城鄉居民人均可支配收入分別達到 33797 元和 11450 元，分別是 1965 年的 73 倍和 105 倍。

人均預期壽命從 35.5 歲提高到 68.2 歲。

2019 年是西藏實行民主改革六十週年，也是西藏百萬農奴解放六十週年。

2015 年 8 月 24 日，習近平在中央第六次西藏工作座談會上講話指出，必須堅持治國必治邊、治邊先穩藏的戰略思想，堅持依法治藏、富民興藏、長期建藏、凝聚人心、夯實基礎的重要原則。必須全面正確貫徹黨的民族政策和宗教政策，把維護祖國統一、加強民族團結作為工作的著眼點和著力點，不斷增進各族群眾對偉大祖國、中華民族、中華文化、中國共產黨、中國特色社會主義的認同。

六十年來，中共中央一直高度重視西藏工作，親切關懷西藏各族人民。在中央堅強領導下，在中央民族政策光輝照耀下，在全國人民的無私援助下，全區各族人民沿著中國特色社會主義道路砥礪奮進，譜寫了革命、建設、改革的壯美篇章。中共十八大以來，全區各族幹部群眾緊密團結在以習近平為核心的中共中央周圍，高舉中國特色社會主義偉大旗幟，深入學習貫徹習近平新時代中國特色社會主義思想和十八大、

2013 年 10 月 31 日，全長約 117 公里、總投資近 16 億元的墨脫公路正式建成通車。

十九大以及中央第六次西藏工作座談會精神，貫徹習近平關於治邊穩藏的重要論述和關於西藏工作的一系列重要指示批示精神，感恩奮進、守望相助，開創了長足發展和長治久安的新局面。

中共西藏自治區委員會在《求是》2019 第 6 期發表《黨的光輝照耀雪域高原》一文，詳細回顧總結了西藏民主改革六十年來各項事業取得的輝煌成就，讀來令人欣喜和振奮。

經濟持續健康發展、社會面貌日新月異。社會主義制度的建立，改革開放政策的實施，極大地解放和發展了西藏的社會生產力，特別是中央先後召開六次西藏工作座談會，制定了一系列特殊優惠政策，為西藏經濟社會發展注入了強大動力。1959 年，全區地區生產總值只有 1.74 億元，2018 年，達到 1477.6 億元，增長了 191 倍。國家累計投入 1 萬多億元實施了 800 多個重點建設項目，基礎設施實現超常規發展，公路總里程達到 9.74 萬公里，拉貢等 7 條高等級公路建成通車，青藏鐵路、拉日鐵路建成運營，川藏鐵路拉林段建設進展順利，建成運營民航機場 5 個，滿拉、旁多等一大批水利樞紐工程建成投入使用，青藏、川藏電力聯網工程架起了電力"天路"。以青稞、犛牛等為主要內容的特色種養業和綠色有機農畜產品加工業不斷發展壯大，旅遊文化、清潔能源、生態環保、現代服務、邊貿物流、高新數字等產業加快發展，資源優勢正在轉化為經濟優勢。

人民生活水平大幅提高，各族群眾獲得感幸福感不斷增強。黨的各項富民政策全面落實，西藏各族群眾享受到了全國最優惠的政策。2018 年城鄉居民人均可支配收入分別達到 33797 元和 11450 元，分別是 1965 年的 73 倍和 105 倍，城鄉居民人均自有住房面積分別達到 28.6 平方米和 33.9 平方米，拉薩、那曲、阿里等城鎮集中供暖工程建成投入使用，結束了祖祖輩輩靠燒牛糞取暖的歷史。義務教育"三包"政策全面落實，15 年免費教育政策不斷完善，學前雙語教育全面普及，城鄉義務教育一體化改革發展深入推進，2018 年學前教育毛入園率 77.9%，青壯年文盲率下降到 0.52%，勞動力人口受教育平均年限達到 8.6 年。覆蓋城鄉的醫療衛生服務網絡逐步形成，以免費醫療為基礎的農村醫療制度和城鎮居民基本醫療保險、公共醫療保障制度實現全覆蓋，人均預期壽命從 35.5 歲提高到 68.2 歲。覆蓋城鄉的社會保障體系日益健全，城鄉低保等多項惠民政策連

青藏鐵路通車

續提標擴面。優秀傳統文化繁榮發展，格薩爾、藏紙、藏戲等世界文化遺產璀璨奪目，公共文化設施網絡基本形成，廣播電視人口綜合覆蓋率分別達到 97.1%、98.2%。

民族團結進步事業鞏固發展，宗教信仰自由受到充分尊重。黨的民族政策和宗教政策在西藏得到全面貫徹落實。民族團結進步教育和民族團結進步創建活動廣泛開展，各族群眾交得了知心朋友、做得了和睦鄰居、結得了美滿姻緣，民族團結家庭、民族團結大院比比皆是，四十多個民族攜手並肩守護神聖國土、建設幸福家園堅如磐石。群眾的宗教信仰自由得到充分尊重，正常的宗教活動依法受到保護。

社會局勢保持和諧穩定，各族群眾安居樂業幸福祥和。深入揭批達賴集團的反動本質，"團結穩定是福、分裂動亂是禍"已成為各族群眾的廣泛共識，各族群眾"我要穩定"的願望越來越強。社會治理創新不斷加強，平安西藏建設不斷深化，群眾安全感滿意度達到 99% 以上。

生態環境持續良好，西藏仍是世界上環境質量最好的地區之一。堅持生態保護第一，尊重自然、順應自然、保護自然，實行最嚴格的生態保護制度，全面建立河湖長制，生態環境保護制度體系初步建成。國土綠化行動深入開展，全區森林覆蓋率提高到 12.14%，各類自然保護區佔全區國土面積的 34.35%。七個地市環境空氣質量平均優良率達 95% 以上。

六十年櫛風沐雨、六十年春華秋實。相信西藏的明天會更美好。

社會主義核心價值觀

核心價值觀是文化軟實力的靈魂、文化軟實力建設的重點。

牢固的核心價值觀，都有其固有的根本。

社會主義核心價值觀是當代中國精神的集中體現，凝結著全體人民共同的價值追求。

在國際國內思想激盪、各種思潮迸發的新形勢下，黨和國家非常重視社會主義核心價值體系建設。2012 年中共十八大開啟了中國社會主義現代化建設新征程，中國特色社會主義進入新時代。中共十八大也提出了積極培育和踐行社會主義核心價值觀問題。

在新的歷史進程中，如何把握正確航向，怎樣匯聚強人力量？

"推進國家治理體系和治理能力現代化，要大力培育和弘揚社會主義核心價值體系和核心價值觀，加快構建充分反映中國特色、民族特性、時代特徵的價值體系。"——習近平的重要講話，從戰略高度闡明了核心價值體系對於國家治理現代化的重要性，為中華文化的傳承與創新指明了前進方向。

2014 年 2 月 24 日下午，中共中央政治局就培育和弘揚社會主義核心價值觀、弘揚中華傳統美德進行第十三次集體學習。習近平在主持學習時發表了重要講話。他指出，"核心價值觀是文化軟實力的靈魂、文化軟實力建設的重點。這是決定文化性質和方向的最深層次要素。一個國家的文化軟實力，從根本上說，取決於其核心價值觀的生命力、凝聚力、感召力。培育和弘揚核心價值觀，有效整合社會意識，是社會系統得以正常運轉、社會秩序得以有效維護的重要途徑，也是國家治理體系和治理能力的重要方面。歷史和現實都表明，構建具有強大感召力的核心價值觀，關係社會和諧穩定，關係國家長治久安。"

習近平強調，培育和弘揚社會主義核心價值觀必須立足中華優秀傳統文化。牢固的核心價值觀，都有其固有的根本。拋棄傳統、丟掉根本，就等於割斷了自己的精神命脈。博大精深的中華優秀傳統文化是中國在世界文化激盪中站穩腳跟的根基。中華文化源遠流長，積澱著中華民族最深層的精神追求，代表著中華民族獨特的精神標識，為中華民族生生不息、發展壯大提供了豐厚滋養。中華傳統美德是中華文化精髓，蘊含著豐富的思想道德資源。不忘本來才能開闢未來，善於繼承才能更好創新。對歷史文化特別是先人傳承下來的價值理念和道德規範，要堅持古為今用、推陳出新，有鑒別地加以對待，有揚棄地予以繼承，努力用中華民族創造的一切精神財富來以文化人、以文育人。

江西弋陽方志敏紀念館成為黨員幹部主題教育和精神補"鈣"的重要基地

習近平強調，要切實把社會主義核心價值觀貫穿於社會生活方方面面。要通過教育引導、輿論宣傳、文化熏陶、實踐養成、制度保障等，使社會主義核心價值觀內化為人們的精神追求，外化為人們的自覺行動。榜樣的力量是無窮的，廣大黨員、幹部必須帶頭學習和弘揚社會主義核心價值觀，用自己的模範行為和高尚人格感召群眾、帶動群眾。要從娃娃抓起、從學校抓起，做到進教材、進課堂、進頭腦。要潤物細無聲，運用各類文化形式，生動具體地表現社會主義核心價值觀，用高質量高水平的作品形象地告訴人們什麼是真善美，什麼是假惡醜，什麼是值得肯定和讚揚的，什麼是必須反對和否定的。

習近平強調，要發揮政策導向作用，使經濟、政治、文化、社會等方方面面政策都有利於社會主義核心價值觀的培育。要用法律來推動核心價值觀建設。各種社會管理要承擔起倡導社會主義核心價值觀的責任，注重在日常管理中體現價值導向，使符合核心價值觀的行為得到鼓勵、違背核心價值觀的行為受到制約。

2017 年中共十九大進一步提出："社會主義核心價值觀是當代中國精神的集中體現，凝結著全體人民共同的價值追求。""發揮社會主義核心價值觀對國民教育、精神

浙江安吉南北湖村開展說家規議村規樹新風活動

文明創建、精神文化產品創作生產傳播的引領作用，把社會主義核心價值觀融入社會發展各方面，轉化為人們的情感認同和行為習慣。"

　　在中國特色社會主義的偉大實踐中，培育和踐行社會主義核心價值觀，必將越來越融入國民教育全過程，落實到經濟發展實踐和社會治理全過程，成為鞏固全黨全國各族人民團結奮鬥的共同思想基礎。

脫貧攻堅戰

"沒有農村的小康,特別是沒有貧困地區的小康,就沒有全面建成小康社會。"

"小康不小康,關鍵看老鄉。"

"精準扶貧。"

"靶向治療。"

"真扶貧、扶真貧、真脫貧。"

"不獲全勝決不收兵。"

中共十八大以來，以習近平為核心的中共中央把脫貧攻堅工作納入"五位一體"總體佈局和"四個全面"戰略佈局，作為實現第一個百年奮鬥目標的重點任務，作出一系列重大部署和安排，全面打響脫貧攻堅戰。

2012 年 12 月，習近平在考察河北保定阜平縣扶貧開發工作時指出："全面建成小康社會，最艱巨最繁重的任務在農村、特別是在貧困地區。沒有農村的小康，特別是沒有貧困地區的小康，就沒有全面建成小康社會。"由於"大水漫灌式"的扶貧難以惠及所有貧困人口，2013 年 11 月，習近平在考察湖南花垣縣十八洞村時提出了"精準扶貧"的概念，強調扶貧要實事求是，因地制宜。2015 年 11 月，中共中央、國務院印發《關於打贏脫貧攻堅戰的決定》。精準脫貧，也是中共十九大提出的全面建成小康社會必須堅決打好的三大攻堅戰之一（另兩大攻堅戰分別是防範化解重大風險和污染防治）。

中國首檔精準扶貧公益紀實節目《我們在行動》

2015 年以來，習近平先後六次針對扶貧問題召開座談會。在這些座談會上，習近平飽含深情地關注和全力解決扶貧過程中遇到的各種問題，提出許多溫暖人心的政策措施。

"小康不小康，關鍵看老鄉""把錢真正用到刀刃上""拔窮根""吃苦在前、享受在後"。

——2015 年 2 月 13 日陝西延安陝甘寧革命老區脫貧致富座談會。

"形勢逼人，形勢不等人""精準扶貧""靶向治療"。

——2015 年 6 月 18 日貴州貴陽集中連片特困地區扶貧攻堅座談會。

"認清形勢、聚焦精準、深化幫扶、確保實效""扶到點上、扶到根上""不搞層層加碼""真扶貧、扶真貧、真脫貧"。

——2016 年 7 月 20 日寧夏銀川東西部扶貧協作座談會。

"扶貧標準不能隨意降低""不搞數字脫貧、虛假脫貧""防止形式主義"。

——2017 年 6 月 23 日山西太原深度貧困地區脫貧攻堅座談會。

"消除絕對貧困""完善建檔立卡""推進精準施策""堅持問題導向""扶貧作風"。

——2018 年 2 月 12 日四川成都打好精準脫貧攻堅戰座談會。

"既要看數量，更要看質量""摘帽不摘責任、摘帽不摘政策、摘帽不摘幫扶、摘帽不摘監管""注意幹部培養使用"。

——2019 年 4 月 16 日重慶解決"兩不愁三保障"突出問題座談會。

五年六次召開座談會，足以看出以習近平為核心的中共中央對扶貧工作的高度重視。為了打贏扶貧攻堅這場硬仗，中央動員了空前規模的人力、物力和財力。這場舉全黨全國之力的戰役已經取得決定性進展。全國農村貧困人口從 2012 年末的 9899 萬人減少至 2018 年末的 1660 萬人，貧困發生率從 10.2% 降至 1.7%。

2019 年 4 月 16 日，習近平在解決"兩不愁三保障"突出問題座談會上的講話中指出："脫貧攻堅戰進入決勝的關鍵階段，務必一鼓作氣、頑強作戰，不獲全勝決不收兵。"

脫貧攻堅吹響了大決戰的號角！

"綠水青山就是金山銀山"

"綠水青山就是金山銀山！"

"生態興則文明興，生態衰則文明衰。"

把藍天保衛戰作為污染防治攻堅戰的重中之重。

通過推動綠色發展"一微克一微克地降 PM2.5"。

"綠水青山就是金山銀山！" 2005 年 8 月 15 日，時任中共浙江省委書記習近平在浙江省湖州市安吉縣首次提出了這一關係文明興衰、人民福祉的發展理念。

　　習近平對生態環境工作歷來看得很重。在河北正定，福建廈門、寧德和福建、浙江、上海等地工作期間，都把這項工作作為一項重大工作來抓。中共十八大以來，習近平分別就嚴重破壞生態環境事件以及長江經濟帶"共抓大保護、不搞大開發"作出指示批示，要求嚴肅查處，扭住不放，一抓到底，不徹底解決絕不鬆手，確保綠水青山常在、各類自然生態系統安全穩定。

　　中共十八大以來，中共中央把生態文明建設作為統籌推進"五位一體"總體佈局和協調推進"四個全面"戰略佈局的重要內容，開展一系列根本性、開創性、長遠性工作，提出一系列新理念新思想新戰略，生態文明理念日益深入人心，污染治理力度之大、制度出台頻度之密、監管執法尺度之嚴、環境質量改善速度之快前所未有，推動生態環境保護發生歷史性、轉折性、全局性變化。

　　2018 年 5 月 18 日至 19 日，全國生態環境保護大會在北京召開，這是中國生態文明建設史上一次十分重要的會議，習近平在大會上發表重要講話，深入分析中國生態文明建設面臨的形勢任務，深刻闡述加強生態文明建設的重大意義、重要原則，對全面加強黨對生態文明建設的領導，堅決打好污染防治攻堅戰作出了全面部署。這篇重要講話，全面系統概括了習近平生態文明思想，具有重大的政治意義、理論意義和實踐意義。

　　關於生態文明建設的重要意義，習近平指出：

　　"生態文明建設是關係中華民族永續發展的根本大計。""中華民族向來尊重自然、熱愛自然，綿延五千多年的中華文明孕育著豐富的生態文化。""這些觀念都強調要把天地人統一起來、把自然生態同人類文明聯繫起來，按照大自然規律活動，取之有時，用之有度，表達了我們的先人對處理人與自然關係的重要認識。"

　　"生態興則文明興，生態衰則文明衰。生態環境是人類生存和發展的根基，生態環境變化直接影響文明興衰演替。"

　　"以史為鑒，可以知興替。我之所以反覆強調要高度重視和正確處理生態文明建設

雲南臨滄市鳳慶縣安石村退耕還林後的核桃產業基地

問題，就是因為我國環境容量有限，生態系統脆弱，污染重、損失大、風險高的生態環境狀況還沒有根本扭轉，並且獨特的地理環境加劇了地區間的不平衡。'胡煥庸線'東南方 43% 的國土，居住著全國 94% 左右的人口，以平原、水網、低山丘陵和喀斯特地貌為主，生態環境壓力巨大；該線西北方 57% 的國土，供養大約全國 6% 的人口，以草原、戈壁沙漠、綠洲和雪域高原為主，生態系統非常脆弱。說基本國情，這就是其中很重要的內容。"

中共十八大以來，經過全體黨員和社會各方的共同努力，中國生態文明建設取得歷史性成就。包括：

一是通過全面深化改革，加快推進生態文明頂層設計和制度體系建設。相繼出台《關於加快推進生態文明建設的意見》《生態文明體制改革總體方案》，制定了四十多項涉及生態文明建設的改革方案，從總體目標、基本理念、主要原則、重點任務、制度保障等方面對生態文明建設進行全面系統部署安排。全國人大常委會、最高人民法院、最高人民檢察院對環境污染和生態破壞界定入罪標準，加大懲治力度，形成高壓態勢。

二是大力推動綠色發展，取得明顯成效。國土空間佈局得到優化，京津冀、長江經濟帶省區市和寧夏等十五個省區市的生態保護紅線已經劃定。供給側結構性改革深入推進，產業結構不斷優化，一大批高污染企業有序退出，京津冀及周邊地區"散亂污"企業整治力度空前。能源消費結構發生積極變化，中國成為世界利用新能源和可再生能源第一大國。全面節約資源有效推進，資源消耗強度大幅下降。

三是深入實施大氣、水、土壤污染防治三大行動計劃。中國是世界上第一個大規模開展 PM2.5 治理的發展中大國，形成全世界最大的污水處理能力。作為發展中大國、全球第二大經濟體，中國近年來強力推進藍天保衛戰的舉措和成果，舉世矚目。中國在大氣污染防治方面重視程度之高、工作力度之大、環境質量改善速度之快，在世界上也是罕見的。自 2013 年以來，中國相繼實施《大氣污染防治行動計劃》和《打贏藍天保衛戰三年行動計劃》，把藍天保衛戰作為污染防治攻堅戰的重中之重。越來越多的地方黨委政府負責人扛起生態文明建設的政治責任，通過推動綠色發展"一微克一微克地降 PM2.5"。越來越多的企業經營者看清了"企業不能消滅污染，污染就可能毀掉企業"，加大治污設備和運行的投入。越來越多的公眾認識到"同呼吸"就得"共奮鬥"，從綠色出行、隨手關燈等點滴小事做起，呵護清新空氣。經過持續努力，

綠水青山就是金山銀山

天空湛藍、繁星閃爍的動人景象日益增加。2018 年，全國首批實施新空氣質量標準的四十七個城市，PM2.5 年均濃度比 2013 年下降 41.7%；北京市 PM2.5 濃度從 2013 年的 89.5 微克／立方米，降到 2018 年的 51 微克／立方米；珠三角 PM2.5 濃度連續四年達標，浙江省也邁入總體達標行列；重污染天氣的發生頻次、影響範圍、污染程度都大幅減少。同時，地表水國控斷面 I—III 類水體比例增加到 67.9%，劣 V 類水體比例下降到 8.3%。森林覆蓋率由本世紀初的 16.6% 提高到 22% 左右。

四是中國率先發佈《中國落實 2030 年可持續發展議程國別方案》，實施《國家應對氣候變化規劃（2014—2020 年）》，向聯合國交存《巴黎協定》批准文書。中國消耗臭氧層物質的淘汰量佔發展中國家總量的 50% 以上，成為對全球臭氧層保護貢獻最大的國家。2017 年，同聯合國環境署等國際機構一道發起，建立"一帶一路"綠色發展國際聯盟。

總之，經過不懈努力，中國生態環境質量持續改善。同時，必須清醒看到，中國生態文明建設挑戰重重、壓力巨大、矛盾突出，推進生態文明建設還有不少難關要過，還有不少硬骨頭要啃，還有不少頑瘴痼疾要治，形勢仍然十分嚴峻。

習近平語重心長地強調：

　　　　到 2020 年全面建成小康社會，是我們黨向人民作出的莊嚴承諾。不能一邊宣佈全面建成小康社會，一邊生態環境質量仍然很差，這樣人民不會認可，也經不起歷史檢驗。不管有多麼艱難，都不可猶豫、不能退縮，要以壯士斷腕的決心、背水一戰的勇氣、攻城拔寨的拼勁，堅決打好污染防治攻堅戰。各級黨委和政府要自覺把經濟社會發展同生態文明建設統籌起來，堅持黨委領導、政府主導、企業主體、公眾參與，堅決摒棄"先污染、後治理"老路，堅決摒棄損害甚至破壞生態環境的增長模式。要充分發揮黨的領導和我國社會主義制度能夠集中力量辦大事的政治優勢，充分利用改革開放四十年來積累的堅實物質基礎，加大力度推進生態文明建設、解決生態環境問題。

我們相信，正如習近平指出的，"中國生態文明建設進入了快車道，天更藍、山更綠、水更清將不斷展現在世人面前。"

中國特色強軍之路

軍委管總、戰區主戰、軍種主建。

軍隊是要準備打仗的，一切工作都必須堅持戰鬥力標準，向能打仗、打勝仗聚焦。

堅持富國和強軍相統一。

中共十八大以來，習近平在新時代堅持和發展中國特色社會主義歷史進程中，著眼實現中華民族偉大復興的中國夢，圍繞新時代建設一支什麼樣的強大人民軍隊、怎樣建設強大人民軍隊，深入進行理論探索和實踐創造，鮮明提出政治建軍、改革強軍、科技興軍、依法治軍，形成了習近平強軍思想。

　　政治建軍是立軍之本。2014 年 10 月 30 日至 11 月 2 日，全軍政治工作會議在福建

古田會議舊址

古田舉行。10 月 31 日，習近平在講話中闡明新的歷史條件下黨從思想上政治上建設軍隊的重大問題，強調軍隊政治工作的時代主題是緊緊圍繞實現中華民族偉大復興的中國夢，為實現黨在新形勢下的強軍目標提供堅強政治保證；當前最緊要的是把理想信念、黨性原則、戰鬥力標準、政治工作威信四個帶根本性的東西在全軍牢固立起來。12 月 30 日，中共中央轉發《關於新形勢下軍隊政治工作若干問題的決定》。

2015 年 11 月 23 日，中央軍委印發《領導指揮體制改革實施方案》。11 月 24 日，習近平在中央軍委改革工作會議上講話指出，要全面實施改革強軍戰略，堅定不移走中國特色強軍之路，建設同中國國際地位相稱、同國家安全和發展利益相適應的鞏固國防和強大軍隊。11 月 28 日，中央軍委印發《關於深化國防和軍隊改革的意見》，指出：牢牢把握軍委管總、戰區主戰、軍種主建的原則，以領導管理體制、聯合作戰指揮體制改革為重點，協調推進規模結構、政策制度和軍民融合深度發展改革。2016 年 2 月 29 日，全軍按新的領導指揮體制運行。

2017 年 11 月，習近平在中共十九大報告中提出全面推進國防和軍隊現代化建設目標：

適應世界新軍事革命發展趨勢和國家安全需求，提高建設質量和效益，確保到二〇二〇年基本實現機械化，信息化建設取得重大進展，戰略能力有大的提升。同國家現代化進程相一致，全面推進軍事理論現代化、軍隊組織形態現代化、軍事人員現代化、武器裝備現代化，力爭到二〇三五年基本實現國防和軍隊現代化，到本世紀中葉把人民軍隊全面建成世界一流軍隊。

加強軍隊黨的建設，開展"傳承紅色基因、擔當強軍重任"主題教育，推進軍人榮譽體系建設，培養有靈魂、有本事、有血性、有品德的新時代革命軍人，永葆人民軍隊性質、宗旨、本色。繼續深化國防和軍隊改革，深化軍官職業化制度、文職人員制度等重大政策制度改革，推進軍事管理革命，完善和發展中國特色社會主義軍事制度。樹立科技是核心戰鬥力的思想，推進重大技術創新、自主創新，加強軍事人才培養體系建設，建設創新型人民軍隊。全面從嚴治軍，推動治軍方式根本性轉變，提高國防和軍隊建設法治化水平。

軍隊是要準備打仗的，一切工作都必須堅持戰鬥力標準，向能打仗、打勝仗聚焦。緊實做好各戰略方向軍事鬥爭準備，統籌推進傳統安全領域和新型安全領

某部進行改革強軍主題教育

2015 年 9 月 3 日，紀念抗日戰爭勝利七十週年大閱兵中的三軍儀仗隊女兵。

域軍事鬥爭準備，發展新型作戰力量和保障力量，開展實戰化軍事訓練，加強軍事力量運用，加快軍事智能化發展，提高基於網絡信息體系的聯合作戰能力、全域作戰能力，有效塑造態勢、管控危機、遏制戰爭、打贏戰爭。

堅持富國和強軍相統一，強化統一領導、頂層設計、改革創新和重大項目落實，深化國防科技工業改革，形成軍民融合深度發展格局，構建一體化的國家戰略體系和能力。完善國防動員體系，建設強大穩固的現代邊海空防。組建退役軍人管理保障機構，維護軍人軍屬合法權益，讓軍人成為全社會尊崇的職業。深化武警部隊改革，建設現代化武裝警察部隊。

總之，建設一支聽黨指揮、能打勝仗、作風優良的人民軍隊，是中國共產黨在新時代的強軍目標。在習近平強軍思想指引下，人民軍隊力爭到 2035 年基本實現國防和軍隊現代化，到本世紀中葉全面建成世界一流軍隊。

兩岸領導人首次會面

兩岸領導人見面，翻開了兩岸關係歷史性的一頁。

大陸與台灣同屬一個中國，兩岸關係不是國與國關係，也不是"一中一台"。

對兩岸關係和平發展的最大現實威脅是"台獨"勢力及其分裂活動。

兩岸同胞是打斷骨頭連著筋的同胞兄弟，是血濃於水的一家人。

2008 年 3 月，在台灣地區舉行的選舉中，國民黨重新執政。7 月 4 日，兩岸正式開通週末包機直航。2009 年 8 月 31 日，兩岸定期航班正式開通，兩岸民眾企盼三十年之久的全面直接雙向"三通"終於實現。

2015 年 11 月 7 日下午，中共中央總書記、國家主席習近平同台灣地區領導人馬英九在新加坡會面，就進一步推進兩岸關係和平發展交換意見。這是中華人民共和國成立六十六年來兩岸領導人的首次會面，翻開了兩岸關係歷史性的一頁。

習近平指出，今天是一個很特別的日子。曾幾何時，台海陰雲密佈，兩岸軍事對峙，同胞隔海相望，親人音訊斷絕，給無數家庭留下了刻骨銘心的傷痛，甚至是無法彌補的遺憾。然而，海峽隔不斷兄弟親情，擋不住同胞對家鄉故土的思念和對家人團聚的渴望。同胞親情的力量，終於在 20 世紀 80 年代衝開了兩岸封鎖的大門。2008 年以來，兩岸關係走上和平發展道路。過去七年，台海局勢安定祥和，兩岸關係發展成果豐碩。兩岸雙方和廣大同胞為此付出了大量心血。正因為有了這七年的積累，兩岸雙方才能邁出今天這歷史性的一步。

習近平指出，兩岸關係六十六年的發展歷程表明，不管兩岸同胞經歷過多少風雨、有過多長時間的隔絕，沒有任何力量能把我們分開。當前，兩岸關係發展面臨方向和道路的抉擇。兩岸雙方應該從兩岸關係發展歷程中得到啟迪，以對民族負責、對歷史負責的擔當，作出經得起歷史檢驗的正確選擇。

習近平強調，我們今天坐在一起，是為了讓歷史悲劇不再重演，讓兩岸關係和平發展成果不得而復失，讓兩岸同胞繼續開創和平安寧的生活，讓我們的子孫後代共享美好的未來。面對新形勢，站在兩岸關係發展的新起點上，兩岸雙方應該胸懷民族整體利益、緊跟時代前進步伐，攜手鞏固兩岸關係和平發展大格局，共同實現中華民族偉大復興。習近平就此提出四點意見。

第一，堅持兩岸共同政治基礎不動搖。七年來兩岸關係能夠實現和平發展，關鍵在於雙方確立了堅持"九二共識"、反對"台獨"的共同政治基礎。沒有這個定海神針，和平發展之舟就會遭遇驚濤駭浪，甚至徹底傾覆。

雖然兩岸迄今尚未統一，但中國的主權和領土完整從未分裂。兩岸同屬一個國家、兩岸同胞同屬一個民族，這一歷史事實和法理基礎從未改變，也不可能改變。

希望台灣各黨派、各團體能正視"九二共識"。無論哪個黨派、團體，無論其過去主張過什麼，只要承認"九二共識"的歷史事實，認同其核心意涵，我們都願意同其交往。對任何分裂國家的行為，兩岸同胞絕不會答應。在維護國家主權和領土完整這一原則問題上，我們的意志堅如磐石，態度始終如一。

第二，堅持鞏固深化兩岸關係和平發展。近三十多年來，兩岸關係總體面貌發生了歷史性變化。2008年後，兩岸關係走上和平發展道路，處於1949年以來最好的時期。要和平不要衝突、要交流不要隔絕、要協商合作不要零和對抗，成為兩岸同胞的共同心聲。兩岸關係已經不再處於以前那種激烈衝突、尖銳對抗的敵對狀態。

中國了解台灣同胞對參與國際活動問題的想法和感受，重視並推動解決了許多與之相關的問題。只要不造成"兩個中國""一中一台"，兩岸雙方可以通過務實協商作出合情合理的安排。

海峽隔不斷骨肉親情。圖為一對失散母子重逢時的情景。

當前，對兩岸關係和平發展的最大現實威脅是"台獨"勢力及其分裂活動。"台獨"煽動兩岸同胞敵意和對立，損害國家主權和領土完整，破壞台海和平穩定，阻撓兩岸關係發展，只會給兩岸同胞帶來深重禍害。對此，兩岸同胞要團結一致、堅決反對。

第三，堅持為兩岸同胞多謀福祉。兩岸一家親，家和萬事興。中國推動兩岸關係和平發展，著眼點和落腳點是要增進同胞的親情和福祉，讓兩岸同胞過上更加美好的生活。只要是有利於增進兩岸同胞的親情和福祉的事，只要是有利於推動兩岸關係和平發展的事，只要是有利於維護中華民族整體利益的事，兩岸雙方都應該盡最大努力去做，並把好事辦好。

第四，堅持同心實現中華民族偉大復興。中華民族有延綿五千多年的燦爛文明，但近代以來卻屢遭列強欺凌。一百二十年前，台灣慘遭外族侵佔，成為全民族的刻心之痛。1945年抗戰勝利，台灣光復，才洗刷了半個世紀的民族恥辱。透過歷史風雲變幻，可以深切體會到，兩岸是不可分割的命運共同體。民族強盛，是兩岸同胞之福；民族弱亂，是兩岸同胞之禍。實現中華民族偉大復興，與兩岸同胞前途命運息息相關。

當前，中國比以往任何時候都更加接近、更有能力實現這個偉大夢想。中國在幾十年的時間內走完了世界上很多國家幾百年的發展歷程。我相信，實現中華民族偉大復興，台灣同胞定然不會缺席。

馬英九表示，2008年以來，兩岸共同創造和平穩定的台海局勢，獲得兩岸及國際社會普遍讚揚，要善加珍惜。"九二共識"是實現兩岸關係和平發展的共同政治基礎，兩岸要鞏固"九二共識"，擴大深化交流合作，增進互利雙贏，拉近兩岸心理距離，對外展現兩岸關係可以由海峽兩岸和平處理，同心協力，為兩岸下一代創造更美好的未來。

雙方肯定2008年以來兩岸關係和平發展取得的重要成果。雙方認為應該繼續堅持"九二共識"，鞏固共同政治基礎，推動兩岸關係和平發展，維護台海和平穩定，加強溝通對話，擴大兩岸交流，深化彼此合作，實現互利共贏，造福兩岸民眾，兩岸同胞同屬中華民族，都是炎黃子孫，應該攜手合作，致力於振興中華，致力於民族復興。

正如習近平多次強調的，"兩岸同胞是打斷骨頭連著筋的同胞兄弟，是血濃於水的一家人。我們應該以行動向世人表明：兩岸中國人完全有能力、有智慧解決好自己的問題，並共同為世界與地區和平穩定、發展繁榮作出更大貢獻。"

"一帶一路"

習近平總覽世界大勢，提出共建"一帶一路"這一重大國際合作倡議。

"一帶一路"精神被寫入聯合國、中非合作論壇、上海合作組織、亞歐會議等重要國

際機制成果文件。

2019 年 4 月 25 日至 27 日，第二屆 "一帶一路" 國際合作高峰論壇在北京成功舉辦。這是中華人民共和國成立七十週年之際中國舉辦的最重要的外交盛會。習近平出席開幕式並發表重要主旨演講，全程主持領導人圓桌峰會、舉行系列外事活動並面向中外媒體介紹峰會成果。四十位國家元首、政府首腦等領導人和國際組織負責人齊聚一堂，一百五十個國家、九十二個國際組織的六千餘名外賓共襄盛舉。論壇期間召開了高級別會議，舉辦了十二場分論壇和企業家大會。高峰論壇成功舉行，開啟高質量共建 "一帶一路" 新征程，奏響中國開放發展新樂章，發出維護多邊主義的時代強音，樹立了中國與世界攜手構建人類命運共同體的又一座里程碑。

2013 年，習近平總覽世界大勢，著眼構建中國全方位對外開放新格局，推動構建人類命運共同體，提出了共建 "一帶一路" 這一重大國際合作倡議。倡議旨在聚焦互聯互通，深化務實合作，攜手應對人類面臨的各種挑戰，實現互利共贏、共同發展。第二屆高峰論壇的召開成為盤點共建 "一帶一路" 進展的重要契機。

國務委員、外交部部長王毅在 2019 年《求是》第 9 期發表《開啟 "一帶一路" 高質量發展新征程》一文，凝練地總結了 "一帶一路" 提出六年來的實踐成果：

六年來，中國同 "一帶一路" 國家貿易總額超過六萬億美元，對 "一帶一路" 國家直接投資超過九百億美元，"六廊六路多國多港" 的互聯互通架構基本形成，一大批合作項目落地生根，首屆高峰論壇各項成果順利落實。"一帶一路" 國際合作的成功實踐，為國際貿易和投資搭建了新平台，為世界經濟增長開闢了新空間。

六年來，"一帶一路" 秉承和平合作、開放包容、互學互鑒、互利共贏的絲路精神，倡導共商共建共享的全球治理觀，以實際行動邁出建設開放型世界經濟的堅定步伐，為構建更加公正合理的全球治理體系勾畫了新願景。聯合國秘書長古特雷斯指出，"一帶一路" 倡議使全球化更加健康。

六年來，中國同 "一帶一路" 國家共建八十二個境外合作園區，上繳東道國稅費二十多億美元，帶動當地就業近三十萬人，為各國民眾帶來了更便利生活條件、更良好營商環境、更多樣發展機遇。得益於共建 "一帶一路"，有的國家建

2014 年 11 月 18 日，義新歐（義烏—馬德里）班列正式運行。

　　起第一條高速公路、第一條現代化鐵路，有的國家第一次發展起自己的汽車製造業，有的國家解決了困擾多年的電力緊缺問題。共建"一帶一路"成果有力改善了各國民眾的衣食住行，也為推動聯合國 2030 年可持續發展議程作出了重要貢獻。世界銀行認為，"一帶一路"建設使全球減貧"提速"。

　　在各方支持下，"一帶一路"精神被寫入聯合國、中非合作論壇、上海合作組織、亞歐會議等重要國際機制成果文件，中巴經濟走廊、中老鐵路、中泰鐵路、匈塞鐵路、雅萬高鐵等一大批標誌性項目穩步推進，多個發達國家主動與中國開展三方合作，"一帶一路"國際商事爭端解決機制啟動建立。

　　六年來的成功實踐充分證明，共建"一帶一路"倡議雖源於中國，但機會和成果屬於世界，已經成為最受歡迎的國際公共產品和最大規模的國際合作平台，是中國大國外交謀篇佈局的"大寫意"。共建"一帶一路"的成果越來越多，人氣越聚越旺，道路越走越寬，展現出更加廣闊的發展前景。

"天網行動"

"百名紅通人員"莫佩芬選擇回國投案並積極退贓，表示"不希望在國外了此殘生"。

"不得罪成百上千的腐敗分子，就要得罪十三億人民。"

把外逃人員名單公之於眾後，使外逃人員一夜之間成"過街老鼠"。

2019 年 9 月 11 日，在中央反腐敗協調小組國際追逃追贓工作辦公室統籌協調下，經廣東省追逃辦和汕頭市監委不懈努力，"百名紅通人員"、職務犯罪嫌疑人黃平回國投案自首並積極退贓。這是中共十九大以來第十二名歸案的"百名紅通人員"，也是開展"天網行動"以來第六十名歸案的"百名紅通人員"。

2019 年 5 月 29 日深夜，經過近二十個小時的跨洋飛行，雲南錫業集團有限責任公司原董事長、雲南省人大財政經濟委員會原副主任委員蕭建明走下昆明長水國際機場的舷梯，成為第五十八名歸案的"百名紅通人員"；而在此前一天，"百名紅通人員"、浙江省外逃犯罪嫌疑人莫佩芬選擇回國投案並積極退贓，表示"不希望在國外了此殘生"。

兩天內兩名"百名紅通人員"歸案，是近年來反腐敗國際追逃追贓工作取得重大突破的一個縮影。一段時間，外逃貪腐分子"貪了就跑、跑了就了"的現象令廣大群眾切齒痛恨；而中共十八大以來短短幾年，外逃分子們緣何紛紛主動歸國投案？

巨大的轉變，源自以習近平為核心的中共中央以"抓鐵有痕"的決心根治腐敗。十八屆中共中央共批准立案審查省軍級以上黨員幹部及其他中管幹部四百四十人，嚴肅查處了周永康、薄熙來、郭伯雄、徐才厚、孫政才、令計劃等嚴重違紀違法案件。從中共十九大閉幕到 2018 年底，先後有七十七名中管幹部被立案審查。習近平的話語斬釘截鐵："不得罪成百上千的腐敗分子，就要得罪十三億人民。這是一筆再明白不過的政治賬，人心向背的賬。"在"打虎""拍蠅""獵狐"的同時，中央用巡視派駐、機制創新、法規建設，構築起一道道制度的"防火牆"；用科學理論、優秀文化、良好家風，建立起一座座理想信念的精神家園；用群眾路線教育實踐活動、"三嚴三實"專題教育、"兩學一做"學習教育、"不忘初心、牢記使命"主題教育，營造出風清氣正的政治生態。

"不管腐敗分子逃到哪裏，都要緝拿歸案、繩之以法。"習近平高度重視反腐敗國際追逃追贓工作，在多個場合就此發表重要講話。特別是經中共中央批准，中央反腐敗協調小組於 2014 年 6 月 27 日建立追逃追贓工作協調機制，設立國際追逃追贓工作辦公室（以下簡稱"中央追逃辦"）。2019 年 6 月 27 日《人民日報》發表姜潔、江琳、

2014 年 4 月，上海松江方塔園廉政教育基地"清風"志願者服務隊成立。

　　　　　　　　　　　　　　　　細節的力量：新中國的偉大實踐

張丹峰《佈下反腐敗追逃追贓天羅地網——中央追逃辦成立五週年工作回眸》一文，對中央追逃辦成立五年來反腐敗國際追逃追贓工作取得的成績進行了回顧總結。

2014 年至 2019 年 5 月，全國共追回外逃人員 5974 人，其中共產黨黨員和國家工作人員 1425 人。通過追逃追贓佈下天羅地網，切斷腐敗分子後路，有效遏制住了外逃多發勢頭，為反腐敗鬥爭取得壓倒性勝利提供了有力支撐。

正是在中共中央集中統一領導下，反腐敗追逃追贓工作發揮出了前所未有的制度優勢。"追逃追贓工作涉及國內、國際兩個戰場，司法、執法、反洗錢等多個部門，但過去追逃追贓往往是單打獨鬥、分兵作戰，綜合效應發揮不出來。"中央追逃辦成立後，把以前發散的職能、力量集中起來：在中央層面，中央紀委國家監委、中組部、最高法、最高檢、公安部、人民銀行分別牽頭開展追逃追贓專項行動，中央政法委加強法規制度建設的督促協調，外交部積極推動與有關國家締結司法協助類條約，司法部推動國際刑事司法協助立法和個案合作；在地方層面，各省區市反腐敗協調小組逐案分解任務，明確職責，統籌法院、檢察、公安、反洗錢、僑務等各方面力量集中突破。

集中統一、高效順暢的協調機制，整合了國內外資源力量，改變了過去"九龍治水"，責任不清、協調不力的局面，一系列重點案件捷報頻傳：

2014 年 12 月 22 日，涉嫌嚴重違紀違法潛逃美國兩年半的遼寧省鳳城市原市委書記王國強回國投案自首，這是中央追逃辦成立後，第一個從美國主動投案的職務犯罪嫌疑人，也是十餘年來從美國歸案的首名外逃腐敗分子；

2015 年 5 月 9 日，夥同他人侵吞 9400 萬元公款、潛逃新加坡 4 年之久的"百名紅通人員"二號嫌犯李華波被遣返回國；

2016 年 11 月 12 日，潛逃海外 15 年之久的"百名紅通人員"閆永明退還巨額贓款，繳納巨額罰金並回國投案自首，實現"人贓俱獲、罪罰兼備"的目標；

2016 年 11 月 16 日，"百名紅通人員"頭號嫌犯、浙江省建設廳原副廳長楊秀珠歸國投案；

2017 年 10 月 12 日，原勝利油田青島石油實業有限公司總經理兼臨沂中孚天然氣開發利用有限公司總經理孔廣生投案自首；

2018 年 7 月 11 日，外逃 17 年的中國銀行開平支行案主犯許超凡被從美國強制遣返回中國；

　　……

　　中共十八大以來，中國通過勸返、遣返、異地追訴、聯合辦案等多種方式開展追逃追贓工作，開闢了反腐敗鬥爭新戰場，初步形成"不敢逃""不能逃"的機制和氛圍；把外逃人員名單公之於眾後，使外逃人員一夜之間成"過街老鼠"，人人喊打，有效增強了人民群眾在反腐敗鬥爭中的參與感、獲得感；主導通過亞太經合組織《北京反腐敗宣言》《二十國集團反腐敗追逃追贓高級原則和 2017—2018 年反腐敗行動計劃》，提出亞太經合組織《腐敗資產追繳國際合作十條倡議》，發起《廉潔絲綢之路北京倡議》，增強國際話語權，對外逃人員持續形成輿論聲勢，為全球反腐敗治理貢獻中國智慧和中國方案。

打鐵必須自身硬

辦好中國的事情，關鍵在黨。

中國共產黨是世界上最大的政黨，大就要有大的樣子。

中國共產黨黨員總數突破 9000 萬名，比 1949 年中華人民共和國成立時的 448.8 萬

名增長約 19 倍。

習近平指出，"辦好中國的事情，關鍵在黨。""中國共產黨的領導，是中國革命、建設、改革不斷取得勝利最根本的保證，是中國特色社會主義最本質的特徵，也是中國特色社會主義的最大優勢，必須毫不動搖堅持和完善。"

中華人民共和國成立以來，在中國共產黨領導下，全國各族人民團結一心，艱苦奮鬥，完成社會主義革命，推進社會主義建設，加速發展改革開放和社會主義現代化建設事業，人民生活得到根本改善，中國社會主義制度極大鞏固和發展，迎來了中華民族偉大復興的光明前景。

中國共產黨在帶領人民進行偉大的社會革命的同時，也不斷進行偉大的自我革命。現在，世人在驚歎中國理論創新、實踐創新、制度創新步伐之快，驚歎中國社會面貌變化之大的同時，也看到了這些發展變化背後是中國共產黨永不自滿、永不懈怠的品格，是中國共產黨不斷自我淨化、自我完善、自我革命、自我提高的精神。在應對國內外各種風險和考驗的歷史進程中，中國共產黨始終成為全國人民的主心骨，在堅持和發展中國特色社會主義的歷史進程中始終成為堅強領導核心。

2019 年七一前夕，中央組織部公佈了中國共產黨這一世界上最大的政黨的最新統計數據。截至 2018 年底，具體統計分析如下：

中國共產黨黨員總數為 9059.4 萬名，突破 9000 萬名，比 1949 年新中國成立時的 448.8 萬名增長約 19 倍。黨員隊伍結構不斷優化，新鮮血液不斷充實。現有黨員中，99.8% 是新中國成立後入黨的，其中 1978 年黨的十一屆三中全會後入黨的 7423.0 萬名、佔 81.9%，"80 後、90 後"黨員已超過總數的 1/3。文化程度明顯提高。大專及以上學歷黨員已達 4493.7 萬名，佔 49.6%。女黨員、少數民族黨員比重不斷提升。與新中國成立初相比，全國女黨員增加約 45 倍、達 2466.5 萬名，佔比由 11.9% 提高到 27.2%；少數民族黨員增加約 32 倍、達 664.5 萬名，佔比由 2.5% 提高到 7.3%，全國 55 個少數民族都有一定數量的黨員，5 個民族自治區的黨員中少數民族比例達 35.6%。黨的階級基礎和群眾基礎不斷鞏固擴大。工人和農民仍是黨員隊伍主體，佔總數的 35.3%，數量是新中國成立時的 12 倍。黨員隊伍中，經營管理人員 980.0 萬名、佔 10.8％，專業技術人員 1400.7 萬名、佔 15.5％。2018 年發展的 205.5 萬名黨員中，來自生產、工作第一線的佔 52.6％。

全國黨的基層組織從 1949 年的 19.5 萬個，增加到 2018 年的 461.0 萬個，增長近 23 倍，全面覆蓋各個領域。54.3 萬名村黨組織書記中，大專及以上學歷的佔 20.7％，45 歲及以下的佔 29.2％，致富帶頭人佔 51.2％；10.1 萬名社區黨組織書記中，大專及以上學歷的佔 63.7％，45 歲及以下的佔 45.9％。基層基礎保障力度加大。68.3％的村、89.8％的社區黨建活動場所面積達到 200 平方米以上，90.7％的縣、93.1％的社區落實了服務群眾專項經費。

西柏坡紀念館 "兩個務必" 展牌

數字是令人振奮的，也是催人奮進的。習近平指出，中國共產黨是世界上最大的政黨，大就要有大的樣子。"中國特色社會主義進入新時代，我們黨一定要有新氣象新作為。打鐵必須自身硬。黨要團結帶領人民進行偉大鬥爭、推進偉大事業、實現偉大夢想，必須毫不動搖堅持和完善黨的領導，毫不動搖把黨建設得更加堅強有力。"

中國共產黨成立近一百年來，中華人民共和國成立七十年來，中國共產黨初心不改、矢志不渝，團結帶領人民歷經千難萬險，付出巨大犧牲，敢於面對曲折，勇於修正錯誤，攻克了一個又一個看似不可攻克的難關，創造了一個又一個彪炳史冊的人間奇跡。今天，中國比歷史上任何時期都更接近、更有信心和能力實現中華民族偉大復興的目標。

早在中華人民共和國成立前夕的 1949 年 3 月，中共七屆二中全會在河北西柏坡召開。全會清醒準確地判斷革命即將取得勝利的形勢，著重討論了黨的工作重心的戰略轉移即由鄉村轉移到城市的問題，規劃了新中國的美好藍圖。與中共七屆二中全會一起載入史冊、成為中國共產黨最可寶貴精神財富的，還有毛澤東提出的"兩個務必"。他在全會的報告中深刻指出："奪取全國勝利，這只是萬里長征走完了第一步。如果這一步也值得驕傲，那是比較渺小的，更值得驕傲的還在後頭。在過了幾十年之後來看中國人民民主革命的勝利，就會使人們感覺那好像只是一齣長劇的一個短小的序幕。劇是必須從序幕開始的，但序幕還不是高潮。"為此，毛澤東提出："務必使同志們繼續地保持謙虛、謹慎、不驕、不躁的作風，務必使同志們繼續地保持艱苦奮鬥的作風。"

時隔七十年，再次學習毛澤東的報告，閱讀這富含哲理的文字，中國共產黨的理想之崇高、精神之偉大、氣勢之磅礴、作風之優良仍躍然紙上，令人怦然心動、心潮澎湃。這的確是一個成熟的黨、一個勝利在望的黨、一個任何力量都戰勝不了的黨！

歷史是不斷向前的，要達到理想的彼岸，就要沿著已經確定的道路不斷前進。正如習近平指出，"每一代人有每一代人的長征路，每一代人都要走好自己的長征路。"

七十年砥礪奮進，七十年成就輝煌。在新時代新的長征路上，全體黨員要不忘初心，牢記使命，不負人民重託，無愧歷史選擇，越是勝利在望，越要謙虛、謹慎、不驕、不躁；越是國家繁榮富強，越要努力學習、艱苦奮鬥，敢於鬥爭、善於鬥爭，不鬆勁、不停歇，更加緊密地團結在以習近平為核心的中共中央周圍，帶領全國各族人民在新時代創造中華民族的新輝煌。

2015 年 9 月 3 日，紀念抗日戰爭勝利七十週年大閱兵。

主要參考書目

中共中央黨史研究室著：《中國共產黨的九十年》，中共黨史出版社、黨建讀物出版社 2016 年版。

中共中央黨史研究室著：《中國共產黨的七十年》，中共黨史出版社 1991 年版。

中共中央黨史研究室著：《中國共產黨歷史》第二卷（1949—1978）（上、下冊），中共黨史出版社 2011 年版。

中共中央黨史研究室著：《中國共產黨簡史》，中共黨史出版社 2001 年版。

中共中央黨史研究室第三研究部著：《中國改革開放 30 年》，遼寧人民出版社 2008 年出版。

中共中央文獻研究室編：《毛澤東年譜（1949—1976）》（第 1—6 卷），中央文獻出版社 2013 年版。

中共中央文獻研究室編：《周恩來年譜（1949—1976）》（上、中、下），中央文獻出版社 1997 年版。

中共中央文獻研究室編：《劉少奇年譜（1898—1969）》（上、中、下），中央文獻出版社 1996 年版。

中共中央文獻研究室編：《朱德年譜（1886—1976）》（上、中、下），中央文獻出版社 2006 年版。

中共中央文獻研究室編：《鄧小平年譜（1904—1974）》（上、中、下），中央文獻出版社 2009 年版。

中共中央文獻研究室編：《鄧小平思想年譜》（1975—1997），中央文獻出版社 1998 年版。

中共中央文獻研究室編：《陳雲年譜》（修訂本）（上、中、下），中央文獻出版社 2015 年版。

中國人民解放軍軍事科學院編：《葉劍英年譜（1897—1986）》（上、下），中央文獻出版社 2007 年版。

中共中央文獻研究室編：《毛澤東傳》（上、下），中央文獻出版社 2003 年版。

中共中央文獻研究室編：《周恩來傳》（上、下），中央文獻出版社 2008 年版。

中共中央文獻研究室編：《劉少奇傳》（上、下），中央文獻出版社 1998 年版。

中共中央文獻研究室編：《朱德傳》（修訂本），中央文獻出版社 2006 年版。

中共中央文獻研究室編：《鄧小平傳（1904—1974）》（上、下），中央文獻出版社 2014 年版。

中共中央文獻研究室編：《陳雲傳》（上、下），中央文獻出版社 2005 年版。

林強、魯冰主編：《葉飛傳》（上、下），中央文獻出版社 2007 年版。

《鄧小平文選》第二卷，人民出版社 1994 年版。

《鄧小平文選》第三卷，人民出版社 1993 年版。

《毛澤東外交文選》，中央文獻出版社、世界知識出版社 1994 年版。

《毛澤東軍事文選》（內部本），中國人民解放軍戰士出版社 1981 年版。

中共中央文獻研究室、中國人民解放軍軍事科學院編：《建國以來毛澤東軍事文稿》（上、中、
　　下），軍事科學出版社、中央文獻出版社 2010 年版。

中共中央文獻研究室編：《三中全會以來重要文獻選編》（上、下），人民出版社 1982 年版。

中共中央文獻研究室編：《三中全會以來重要文獻彙編》（上、下），人民出版社 1982 年版。

中共中央文獻研究室編：《十二大以來重要文獻選編》（上、中），人民出版社 1986 年版。

中共中央文獻研究室編：《十二大以來重要文獻選編》（下），人民出版社 1988 年版。

中共中央文獻研究室編：《改革開放三十年重要文獻選編》（上、下），中央文獻出版社 2008
　　年版。

中共中央文獻研究室編：《十八大以來重要文獻選編》（上），中央文獻出版社 2014 年版。

中共中央文獻研究室編：《十八大以來重要文獻選編》（中），中央文獻出版社 2016 年版。

中共中央文獻研究室編：《十八大以來重要文獻選編》（下），中央文獻出版社 2018 年版。

中共中央宣傳部編：《習近平新時代中國特色社會主義思想三十講》，學習出版社 2018 年版。

中共中央宣傳部編：《習近平新時代中國特色社會主義思想學習綱要》，學習出版社、人民出版
　　社 2019 年版。

中共中央黨史和文獻研究院、中央“不忘初心、牢記使命”主題教育領導小組辦公室編：《習
　　近平關於“不忘初心、牢記使命”重要論述選編》，黨建讀物出版社、中央文獻出版社
　　2019 年版。

薄一波著：《若干重大決策與事件的回顧》（上、下），中共黨史出版社 2008 年版。

彭德懷著：《彭德懷自述》，人民出版社 1981 年版。

楊尚昆著：《楊尚昆回憶錄》，中央文獻出版社 2007 年版。

楊尚昆著：《追憶領袖戰友同志》，中央文獻出版社 2001 年版。

楊尚昆著：《楊尚昆日記》（上、下），中央文獻出版社 2001 年版。

李維漢著：《回憶與研究》（上、下），中共黨史資料出版社 1986 年版。

伍修權著：《我的歷程》，解放軍出版社 1984 年版。

李雪峰著：《李雪峰回憶錄》，中共黨史出版社 1998 年版。

師哲著：《在歷史巨人身邊 —— 師哲回憶錄》，中央文獻出版社 1991 年版。

張震著：《張震回憶錄》（上、下），解放軍出版社 2003 年版。

李嵐清著：《突圍 —— 國門初開的歲月》，中央文獻出版社 2008 年版。

陳錦華著：《國事憶述》，中共黨史出版社 2005 年版。

楊天石主編：《親歷者記憶》（上、下），《百年潮》精品系列，上海辭書出版社 2005 年版。

于光遠著：《我所親歷的那次歷史轉折 —— 十一屆三中全會的台前幕後》，中央編譯出版社
　　1998 年版。

范碩著：《葉劍英在 1976》（修訂本），中共中央黨校出版社 1995 年版。

張樹軍著：《中國歷史大轉折：十一屆三中全會實錄》，深圳報業集團出版社 2008 年版。

張湛彬著：《大轉折的日日夜夜》，中國經濟出版社 1998 年版。

張靜如主編：《中國共產黨全國代表大會史叢書》（1—16 冊），萬卷出版公司 2008 年版。

中國革命博物館黨史研究室編：《共和國重大歷史事件述實》，人民出版社 1999 年版。

程美東主編：《透視當代中國重大突發事件》，中共黨史出版社 2008 年版。

李穎、程美東主編：《與毛澤東一起感受歷史》（上、下），湖北人民出版社 2005 年版。

程美東主編：《與周恩來一起走過歷史》，湖北人民出版社 2006 年版。

李穎、程美東主編：《與鄧小平一起親歷歷史》，湖北人民出版社 2005 年版。

張樹軍、史言主編：《中國共產黨八十年重大事件實錄》（上、下），湖南人民出版社 2001 年版。

張樹軍、齊生主編：《中國共產黨八十年重大會議實錄》（上、下），湖南人民出版社 2001 年版。

《求是》《新華月報》《中共黨史研究》《黨的文獻》《百年潮》《中共黨史資料》《人民日報》《光
    明日報》《解放軍報》等報刊。

責任編輯　　陳思思

書籍設計　　吳丹娜

書　　名　　細節的力量：新中國的偉大實踐

著　　者　　李　穎

出　　版　　三聯書店（香港）有限公司

　　　　　　香港北角英皇道 499 號北角工業大廈 20 樓

　　　　　　Joint Publishing (H.K.) Co., Ltd.

　　　　　　20/F., North Point Industrial Building,

　　　　　　499 King's Road, North Point, Hong Kong

香港發行　　香港聯合書刊物流有限公司

　　　　　　香港新界荃灣德士古道 220-248 號 16 樓

印　　刷　　美雅印刷製本有限公司

　　　　　　香港九龍觀塘榮業街 6 號 4 樓 A 室

版　　次　　2021 年 8 月香港第一版第一次印刷

規　　格　　16 開（170 × 230 mm）304 面

國際書號　　ISBN 978-962-04-4798-3